2023-2024
旅客編

# 運行管理者試験

## 重要問題厳選集

### ポイント解説付き

JN123250

# 目　次

はじめに ——————————————— 4

受験ガイド ——————————————— 9

第1章　道路運送法 ——————————————— 13

第2章　道路運送車両法 ——————————————— 69

第3章　道路交通法 ——————————————— 97

第4章　労働基準法 ——————————————— 131

第5章　実務上の知識及び能力 ——————————————— 179

模擬試験　運行管理者試験問題（旅客）第1回 ——————— 243
模擬試験　第1回　解答＆解説 ——————————————— 268

模擬試験　運行管理者試験問題（旅客）第2回 ——————— 281
模擬試験　第2回　解答＆解説 ——————————————— 303

# はじめに

①本書は、（公財）運行管理者試験センターが行う運行管理者試験（旅客）の過去出題問題をジャンル別に区分し、それぞれにポイント解説を加えた練習問題集です。

②過去4回分の受験者数及び合格率は次のとおりです。

| 実施時期 | 令和4年度第1回 | 令和3年度第2回 | 令和3年度第1回 | 令和2年度第2回 |
|---|---|---|---|---|
| 受験者数 | 5,403人 | 5,787人 | 6,740人 | 7,610人 |
| 合格率 | 40.1% | 34.5% | 32.6% | 47.4% |

③各章の順序は、試験問題と同じく、次のとおりとしました。

第1章 道路運送法　　第2章 道路運送車両法　　第3章 道路交通法

第4章 労働基準法　　第5章 実務上の知識及び能力

④収録問題数は全221問（模擬試験60問を含む）です。掲載問題は、弊社で過去10回分以上の出題問題を分析した上で、出題頻度の高い重要問題を収録しています。

⑤収録している問題は、現行の法令（令和5年3月現在）等に対応するよう編集しているので、そのまま学習することができます。

※『自動車運転者の労働時間等の改善のための基準（改善基準告示）』が令和4年12月23日に改正されましたが、令和5年3月現在、この新改善基準告示は**令和6年4月1日から適用**となっています。編集部では、本書の内容について旧改善基準告示に沿って編集しています。

⑥各問題には★印の三段階で重要度を示しています。★印が多いほど重要度の高い（＝出題頻度が高い）問題であり、これを集中的に解き、理解することで、確実な得点につながります。

⑦各問題には ☑☑☑☑☑ を用意してあります。正解した問題にチェックを入れ、学習の習熟度を測る目安として活用して下さい。

⑧重要な部分や文字だけでは理解しづらい部分は、イラストや表でまとめています。

⑨ 用語 では問題の理解を深めるために必要な法令用語等を解説しています。

⑩ 覚えておこう ✎ ではよく出題されるポイントを収録しました。試験前など、短時間で要点を確認するときにご利用下さい。

⑪解説では、問題を解く上で参照すべき法令等を掲載しています。より詳しく学習するときなどに活用して下さい。

⑫法令の仕組みについて簡単に説明します。一つの法は、それに続く政令、省令、告示などを含めて成り立っています。政令、省令、告示などにより、法のより細かい部分が定められています。本書で関係する主な法をまとめると、次のとおりとなります。

| 法　律 | 政令、省令、告示 |
|---|---|
| 道路運送法 | ◎道路運送法施行規則（省令） |
| | ◎旅客自動車運送事業運輸規則（省令） |
| | ◎自動車事故報告規則（省令） |
| | ◎旅客自動車運送事業者が事業用自動車の運転者に対して行う指導及び監督の指針（省令） |
| 道路運送車両法（車両法） | ◎道路運送車両法施行規則（省令） |
| | ◎自動車点検基準（省令） |
| | ◎道路運送車両の保安基準（省令） |
| | ◎道路運送車両の保安基準の細目を定める告示（告示） |
| 道路交通法（道交法） | ◎道路交通法施行令（政令） |
| 労働基準法（労基法） | ◎自動車運転者の労働時間等の改善のための基準（告示） |
| 労働安全衛生法（安衛法） | ◎労働安全衛生規則（告示） |

※政令は内閣が制定する命令、省令は各省の大臣が主任の事務につき発する命令をいいます。また、告示は各省庁などが広く一般に向けて行う通知をいいます。

⑬法令の原文は、次のように表されています。

カッコ内は、その条文の表題を表す。
本書では、主に小見出しで表示してある。

（目的）
第１条 ……………………………………………
……………………………。
　（1）………………………
　（2）………………
（定義）
第２条 ………………………………
……………………………………。
　（1）……………………………………
……………………………………
　（2）………………………………
２ …………………………………………
………………。

第１条第１項という。ただし、第１項の「1」は表記しない。本書では、原則として全て「1」を表記してある。また、その条が第１項しかない場合、区別する必要がないため、第１項を表記しないことがある。

第１条第１項第１号という。ただし、第１項しかない場合、第１条第１号と表記する場合がある。また、本書では第１号、第２号…、を①、②…と表記した。

第２条第１項第１号という。

⑭本書の解説において、法令等の名称は以下の略称を用いて表しています。

| | 名称 | 本書略称 | 法令等原文 |
|---|---|---|---|
| 第1章 | 道路運送法 | ― | |
| | 道路運送法施行規則 | ― | |
| | 旅客自動車運送事業運輸規則 | 運輸規則 | |
| | 旅客自動車運送事業運輸規則の解釈及び運用について（配置基準含む） | 運輸規則の解釈及び運用 | |
| | 自動車事故報告規則 | 事故報告規則 | |
| | 旅客自動車運送事業者が事業用自動車の運転者に対して行う指導及び監督の指針 | 指導・監督の指針 | |
| | 旅客自動車運送事業運輸規則第47条の9第3項、第48条の4第1項、第48条の5第1項及び第48条の12第2項の運行の管理に関する講習の種類等を定める告示 | 講習の種類等を定める告示 | |
| 第2章 | 道路運送車両法 | 車両法 | |
| | 道路運送車両法施行規則 | 車両法施行規則 | |
| | 自動車点検基準 | 点検基準 | |
| | 道路運送車両の保安基準 | 保安基準 | |
| | 道路運送車両の保安基準の細目を定める告示 | 細目告示 | |

| | 名称 | 本書略称 | 法令等原文 |
|---|---|---|---|
| 第3章 | 道路交通法 | 道交法 | |
| | 道路交通法施行規則 | 道交法施行規則 | |
| | 道路交通法施行令 | 道交法施行令 | |
| 第4章 | 労働基準法 | 労基法 | |
| | 労働安全衛生法 | 安衛法 | |
| | 労働安全衛生規則 | 衛生規則 | |
| | 自動車運転者の労働時間等の改善のための基準 | 改善基準 | |
| | 一般乗用旅客自動車運送以外の事業に従事する自動車運転者の拘束時間及び休息期間の特例について | 特例通達 | |
| 第5章 | 国土交通省自動車局 事業用自動車の交通事故統計 （令和2年版） | 交通事故統計 | |
| | 国土交通省自動車局 自動車運送事業用自動車事故統計年報 （自動車交通の輸送の安全にかかわる情報）（令和2年） | 事故統計年報 | |
| | 内閣府 交通安全白書 令和4年版 | 交通安全白書 | |

令和5年3月10日時点

⑮最後に模擬試験※とその解答＆ポイント解説を2回分収録しました。実力チェックに活用して下さい。

※次回試験の予想問題ではないため、出題されなかった等の苦情は受け付けておりません。

⑯本書の内容に訂正がある場合は、弊社のホームページに掲載致します。

## 書籍の訂正について

**株式会社公論出版 ホームページ**
**書籍サポート／訂正**
URL：https://kouronpub.com/book_correction.html

⑰本書の内容で分からないことがありましたら、**必要事項を明記の上、メール又は**FAXにて下記までお問い合わせ下さい。

※電話でのお問合せは、受け付けておりません。

※回答まで時間がかかる場合があります。ご了承ください。

※必要事項に記載漏れがある場合、問合せにお答えできない場合がありますのでご注意ください。

※キャリアメールをご使用の場合、下記メールアドレスの受信設定を行なってからご連絡ください。

## 本書籍に関するお問い合わせ

| メール | inquiry@kouronpub.com | 問合せフォーム |
|---|---|---|
| | または | |

| FAX | 03-3837-5740 | 必要事項<br>・お客様の氏名とフリガナ<br>・FAX番号（FAXの場合のみ）<br>・書籍名　・該当ページ数　・問合せ内容 |
|---|---|---|

※お問い合わせは、**本書の内容に限ります。**運行管理者試験の詳細や実施時期、運行管理者の実務等については直接、運行管理者試験センターや最寄りの運輸局等へお問い合わせ下さい。

‥‥‥‥‥‥‥‥‥‥‥‥‥‥‥‥‥‥‥‥‥‥‥‥‥

## 1．運行管理者とは

　運行管理者は、事業用自動車の安全運行を管理するために、運送事業者の選任を受けた者をいいます。業務は、道路運送法及び関係法令に基づき、事業用自動車の運転者の乗務割の作成、休憩・睡眠施設の保守管理、運転者の指導監督、点呼による運転者の疲労・健康状態等の把握や安全運行の指示等、事業用自動車の運行の安全を確保するため必要なことを行います。

## 2．運行管理者試験受験資格

　自動車運送事業者は、一定の数以上の事業用自動車を有している営業所ごとに、一定の人数以上の運行管理者を選任しなければなりません。

　運行管理者として選任されるためには、自動車運送事業の種類に応じた運行管理者資格者証を取得する必要があります。

　運行管理者資格者証を取得するためには、次の2つの方法があります。

### ①運行管理者試験に合格する

　年齢などの制限はありませんが、以下のいずれかに該当しなければ受験できません。

| | |
|---|---|
| 実務経験1年以上 | 試験日の前日において、自動車運送事業（貨物軽自動車運送事業を除く。）の用に供する事業用自動車又は特定第二種貨物利用運送事業者の事業用自動車（緑色のナンバーの車）の運行の管理に関し、1年以上の実務の経験を有する方。 |
| 基礎講習修了 | 国土交通大臣が認定する講習実施機関において、平成7年4月1日以降の試験の種類に応じた基礎講習を修了した方。 |
| 基礎講習修了予定 | 国土交通大臣が認定する講習実施機関において、試験の種類に応じた基礎講習を受講予定の方（試験日の2週間前までに基礎講習を修了予定の方）。 |

### ②事業用自動車の運行の安全の確保に関する業務について一定の実務の経験その他の要件を備える

　旅客自動車運送事業の事業用自動車の運行の管理に関し**5年以上**の実務の経験を有し、かつ、その間に、国土交通大臣が告示で定めるところにより、国土交通大臣が告示で定める講習であって国土交通省令の規定により国土交通大臣の認定を受けたものを**5回以上（少なくとも1回は基礎講習）**受講した者。ただし、**一般貸切旅客自動車運送事業運行管理者資格者証**については除く。

## 3．運行管理者試験について

　運行管理者試験は、国土交通大臣が指定した指定試験機関の（公財）運行管理者試験センターにより実施されています。試験の期日・場所などについてはあらかじめ公示されます。

### ●試験形式

CBT試験形式で行われます。

※Computer Based Testing の略で、パソコンを使用して行う試験。

### ●試験実施時期

　1年度に2回、8月頃（第1回）と3月頃（第2回）にそれぞれ1ヵ月程度実施されます。

　日程の詳細は、（公財）運行管理者試験センターのHPでご確認下さい。

公益財団法人
運行管理者試験センター
［HP］https://www.unkan.or.jp/

### ●試験地

　CBT試験は、全国47都道府県で行われ、複数の試験実施日時や試験会場から、希望する受験日時・会場を選択できます。また、試験会場については、その都度決定されます。

### ●試験出題分野

配点は1問1点で30点満点です。

| 出題分野 | 出題数 | 試験時間 |
|---|---|---|
| ①道路運送法関係 | 8問 | |
| ②道路運送車両法関係 | 4問 | |
| ③道路交通法関係 | 5問 | 90分 |
| ④労働基準法関係 | 6問 | |
| ⑤その他運行管理者の業務に関し、必要な実務上の知識及び能力 | 7問 | |
| 合　計 | 30問 | |

※法令等の改正があった場合は、法令等の改正施行後6ヵ月は改正部分を問う問題は出題しません。

●合格基準

合格基準は、次の（1）及び（2）の得点が必要です。

| 合格基準 |
| --- |
| （1）原則として、総得点が満点の60%（30問中18問）以上であること。 |
| （2）前ページの①～④の出題分野ごとに正解が1問以上であり、⑤については正解が2問以上であること。 |

●受験申請手続等（令和5年3月時点）

◎受験手数料　6,000円（非課税）

◎システム利用料　660円（税込）

◎試験結果レポート　140円（税込・希望者のみ）

　※試験結果レポートは、出題分野ごとの得点及び総合得点等が記載されたものです。試験結果レポートを希望し、別途申込みを行った受験者に通知されます。

●運行管理者試験受験に関するお問い合わせ先

公益財団法人

運行管理者試験センター　試験事務センター

［電話］０４７６－８５－７１７７（受付時間：平日9：00～17：00）

［FAX］０４７６－４８－１０４０

［ホームページ］https://www.unkan.or.jp/

# 第 1 章

# 道路運送法

1−1．法律の目的と定義と種類

1−2．許可と運送約款

1−3．事業計画

1−4．禁止行為と乗合旅客の運送

1−5．運転者の選任

1−6．過労運転の防止

1−7．点呼

1−8．輸送の安全

1−9．乗務記録・事故の記録

1−10．運転基準図と運行指示書

1−11．乗務員台帳と乗務員証

1−12．特別な指導

1−13．運行管理者の選任

1−14．運送事業者による運行管理

1−15．運行管理者の業務

1−16．運転者の遵守事項

1−17．旅客自動車運送事業者による輸送の安全に係る情報の公表

1−18．事故の報告（定義・報告・速報）

# 1−1 法律の目的と定義と種類

## 問1 ★☆☆ ✓✓✓✓✓

道路運送法の目的についての次の文中、A、B、C、Dに入るべき字句としていずれか正しいものを1つ選びなさい。

この法律は、貨物自動車運送事業法と相まって、道路運送事業の運営を（A）なものとし、並びに道路運送の分野における利用者の需要の多様化及び高度化に的確に対応したサービスの円滑かつ確実な提供を促進することにより、輸送の安全を確保し、道路運送の（B）の利益の保護及びその利便の増進を図るとともに、道路運送の（C）を図り、もって（D）を増進することを目的とする。

A ① 適正かつ合理的　② 健全かつ効率的
B ① 事業者　② 利用者
C ① 輸送秩序の確保　② 総合的な発達
D ① 公共の福祉　② 公正な競争

### ポイント解説

この法律は、貨物自動車運送事業法と相まって、道路運送事業の運営を（**適正かつ合理的**）なものとし、並びに道路運送の分野における利用者の需要の多様化及び高度化に的確に対応したサービスの円滑かつ確実な提供を促進することにより、輸送の安全を確保し、道路運送の（**利用者**）の利益の保護及びその利便の増進を図るとともに、道路運送の（**総合的な発達**）を図り、もって（**公共の福祉**）を増進することを目的とする。道路運送法第1条第1項を参照。

▶答え　A−①，B−②，C−②，D−①

## 問2 ★☆☆ ✓✓✓✓✓

道路運送法における定義等に関する次の記述のうち、正しいものを2つ選びなさい。

1. 一般旅客自動車運送事業の種別は、①一般乗合旅客自動車運送事業 ②一般貸切旅客自動車運送事業 ③一般乗用旅客自動車運送事業である。

2. 自動車運送事業とは、旅客自動車運送事業、貨物自動車運送事業及び自動車道事業をいう。

3. 自動車とは、原動機により陸上を移動させることを目的として製作した用具で軌条若しくは架線を用いないもの又はこれにより牽引して陸上を移動させることを目的として製作した用具であって、原動機付自転車以外のものをいう。

4. 旅客自動車運送事業とは、他人の需要に応じ、有償で、自動車を使用して旅客を運送する事業であって、法令に定める一般旅客自動車運送事業をいう。

### ポイント解説

1. **正しい**。道路運送法第3条第1項第1号イ・ロ・ハを参照。
2. 誤り。自動車運送事業に**自動車道事業は含まれない**。道路運送法第2条第2項を参照。
3. **正しい**。道路運送法第2条第6項、車両法第2条第2項を参照。
4. 誤り。旅客自動車運送事業は、法令に定める**一般旅客自動車運送事業**と**特定旅客自動車運送事業**をいう。道路運送法第2条第3項、道路運送法第3条第1項第1号・第2号を参照。

▶答え　**1と3**

### 用語

| 一般旅客自動車運送事業 | 特定旅客自動車運送事業以外の旅客自動車運送事業をいい、更に一般乗合旅客自動車運送事業、一般貸切旅客自動車運送事業、一般乗用旅客自動車運送事業に分けられる。 |
|---|---|
| 一般乗合旅客自動車運送事業 | 乗合旅客を運送する一般旅客自動車運送事業をいう。例：路線バス・コミュニティバスなど |
| 一般貸切旅客自動車運送事業 | 一個の契約により乗車定員11人以上の自動車を貸し切って旅客を運送する一般旅客自動車運送事業をいう。例：観光バスなど |
| 一般乗用旅客自動車運送事業 | 一個の契約により乗車定員11人未満の自動車を貸し切って旅客を運送する一般旅客自動車運送事業をいう。例：タクシー・ハイヤー |
| 特定旅客自動車運送事業 | 特定の者の需要に応じ、一定の範囲の旅客を運送する事業をいう。例：工場従業員などの送迎バスなど |

# 1-2 許可と運送約款

## 問1 ★☆☆ ✓✓✓✓✓

　一般旅客自動車運送事業に関する次の記述のうち、正しいものを2つ選びなさい。なお、解答にあたっては、各選択肢に記載されている事項以外は考慮しないものとする。

1. 一般旅客自動車運送事業の許可の取消しを受けた者は、その取消しの日から2年を経過しなければ、新たに一般旅客自動車運送事業の許可を受けることができない。
2. 一般貸切旅客自動車運送事業の許可は、5年ごとにその更新を受けなければ、その期間の経過によって、その効力を失う。
3. 一般旅客自動車運送事業者は、運送約款を定め、又はこれを変更しようとするときは、あらかじめ、その旨を国土交通大臣に届け出なければならない。
4. 一般旅客自動車運送事業を経営しようとする者は、一般乗合旅客自動車運送事業、一般貸切旅客自動車運送事業、一般乗用旅客自動車運送事業の種別ごとに国土交通大臣の許可を受けなければならない。

### ポイント解説

1. 誤り。一般旅客自動車運送事業の許可の取消しを受けた者は、取消しの日から**5年**を経過しなければ、許可を受けることができない。道路運送法第7条第1項第2号を参照。
2. **正しい**。道路運送法第8条第1項を参照。
3. 誤り。運送約款を定め、又はこれを変更しようとするときは、国土交通大臣の**認可を受けなければならない**。道路運送法第11条第1項を参照。
4. **正しい**。道路運送法第4条第1項・第2項を参照。

▶答え　2と4

# 1-3 事業計画

## 問1 ★★☆ ✓✓✓✓✓

　一般旅客自動車運送事業に関する次の記述のうち、<u>正しいものを2つ</u>選びなさい。なお、解答にあたっては、各選択肢に記載されている事項以外は考慮しないものとする。

1．一般乗合旅客自動車運送事業に係る停留所又は乗降地点の名称及び位置並びに停留所間又は乗降地点間のキロ程の変更をするときは、遅滞なく、その旨を国土交通大臣に届け出なければならない。

2．路線定期運行を行う一般乗合旅客自動車運送事業者は、路線（路線定期運行に係るものに限る）の休止又は廃止に係る事業計画の変更をしようとするときは、その6ヵ月前（旅客の利便を阻害しないと認められる国土交通省令で定める場合にあっては、その30日前）までに、国土交通大臣の認可を受けなければならない。

3．一般旅客自動車運送事業者は、「営業所ごとに配置する事業用自動車の数」の事業計画の変更をしたときは、遅滞なく、その旨を国土交通大臣に届け出なければならない。

4．一般旅客自動車運送事業の許可の取消しを受けた者は、その取消しの日から5年を経過しなければ、新たに一般旅客自動車運送事業の許可を受けることができない。

### ポイント解説

1．**正しい**。道路運送法第15条第4項・道路運送法施行規則第15条の2第1項第3号を参照。

2．誤り。路線（路線定期運行に係るものに限る。）の休止又は廃止に係る変更は、6ヵ月前までに、その旨を国土交通大臣に**届け出なければならない**。道路運送法第15条の2第1項を参照。

3．誤り。事業者は、「営業所ごとに配置する事業用自動車の数」の事業計画の変更をしようとするときは、**あらかじめ**、その旨を、国土交通大臣に**届け出なければならない**。道路運送法第15条第3項を参照。

4．**正しい**。道路運送法第7条第1項第2号を参照。

▶答え　**1と4**

## 問2 ★★☆ ✓✓✓✓✓

一般旅客自動車運送事業者（以下「事業者」という。）の事業計画の変更等に関する次の記述のうち、誤っているものを1つ選びなさい。なお、解答にあたっては、各選択肢に記載されている事項以外は考慮しないものとする。

1．路線定期運行を行う一般乗合旅客自動車運送事業者の路線（路線定期運行に係るものに限る。）の休止又は廃止に係る変更をしようとするときは、6ヵ月前までに、その旨を国土交通大臣に届け出なければならない。

2．事業者は、「自動車車庫の位置及び収容能力」の事業計画の変更をしようとするときは、あらかじめ、その旨を、国土交通大臣に届け出なければならない。

3．事業者は、「営業所ごとに配置する事業用自動車の数」の事業計画の変更をしたときは、あらかじめ、その旨を、国土交通大臣に届け出なければならない。

4．一般貸切旅客自動車運送事業者は、「営業所の名称」の変更をしたときは、遅滞なく、その旨を国土交通大臣に届け出なければならない。

### ポイント解説

1．正しい。道路運送法第15条の2第1項を参照。

2．**誤り**。事業者は、「自動車車庫の位置及び収容能力」の事業計画の変更をしようとするときは、国土交通大臣の**認可を受けなければならない**。道路運送法第15条第1項を参照。

3．正しい。道路運送法第15条第3項を参照。

4．正しい。道路運送法第15条第4項を参照。

▶答え　2

## 問3 ★★☆ ☑☑☑☑☑

　一般旅客自動車運送事業に関する次の記述のうち、<u>正しいものを２つ</u>選びなさい。なお、解答にあたっては、各選択肢に記載されている事項以外は考慮しないものとする。

1．一般旅客自動車運送事業を経営しようとする者は、一般乗合旅客自動車運送事業、一般貸切旅客自動車運送事業、一般乗用旅客自動車運送事業の種別ごとに国土交通大臣の許可を受けなければならない。

2．一般旅客自動車運送事業の許可の取消しを受けた者は、その取消しの日から２年を経過しなければ、新たに一般旅客自動車運送事業の許可を受けることができない。

3．事業者は、「営業所ごとに配置する事業用自動車の数」の事業計画の変更をしたときは、遅滞なく、その旨を国土交通大臣に届け出なければならない。

4．事業者は、「営業区域」の事業計画の変更をしようとするときは、国土交通大臣の認可を受けなければならない。

### ポイント解説

1．**正しい**。道路運送法第４条第１項・第２項を参照。

2．誤り。取消しの日から**5年**を経過しなければ、新たに一般旅客自動車運送事業の許可を受けることができない。道路運送法第７条第１項第２号を参照。

3．誤り。事業者は、「営業所ごとに配置する事業用自動車の数」の事業計画の変更をしようとするときは、**あらかじめ**、その旨を国土交通大臣に届け出なければならない。道路運送法第15条第３項を参照。

4．**正しい**。道路運送法第15条第１項を参照。

▶答え　**1と4**

### 覚えておこう✐【道路運送法における諸手続（運賃関係を除く）】

| 許可 | 一般旅客自動車運送事業の経営（第４条） | | |
|---|---|---|---|
| 認可 | 運送約款（第11条第１項）、事業計画の変更（第15条第１項） | | |
| 届け出 | あらかじめ | 営業所ごとに配置する事業用自動車の数（自動車車庫の収容能力の増加を伴う事業用自動車の数の増加に係るものを除く。）などの事業計画の変更（第15条第３項） |
| | | 運行計画（路線定期運行を行う一般乗合旅客自動車運送事業者）（第15条の３第１項） |
| | 遅滞なく | 営業所の名称などの軽微な事項の事業計画の変更（第15条第４項） |
| | ６ヵ月前 | 路線の休止又は廃止の事業計画の変更（第15条の２第１項） |

# 1-4 禁止行為と乗合旅客の運送

## 問1 ★☆☆ ✓✓✓✓✓

　一般旅客自動車運送事業に関する次の記述のうち、正しいものを2つ選びなさい。なお、解答にあたっては、各選択肢に記載されている事項以外は考慮しないものとする。

1．一般旅客自動車運送事業を経営しようとする者は、一般乗合旅客自動車運送事業、一般貸切旅客自動車運送事業、一般乗用旅客自動車運送事業の種別ごとに国土交通大臣の認可を受けなければならない。

2．一般貸切旅客自動車運送事業者は、「営業所の名称」に係る事業計画の変更をしようとするときは、あらかじめ、その旨を国土交通大臣に届け出なければならない。

3．一般貸切旅客自動車運送事業者及び一般乗用旅客自動車運送事業者は、災害の場合その他緊急を要するとき、又は一般乗合旅客自動車運送事業者によることが困難な場合において、一時的な需要のために国土交通大臣の許可を受けて地域及び期間を限定して行う場合に限り、乗合旅客の運送をすることができる。

4．一般旅客自動車運送事業者は、発地及び着地のいずれもがその営業区域外に存する旅客の運送（路線を定めて行うものを除く。第二号において「営業区域外旅客運送」という。）をしてはならない。ただし、次に掲げる場合は、この限りでない。

　一　災害の場合その他緊急を要するとき。

　二　地域の旅客輸送需要に応じた運送サービスの提供を確保することが困難な場合として国土交通省令で定める場合において、地方公共団体、一般旅客自動車運送事業者、住民その他の国土交通省令で定める関係者間において当該地域における旅客輸送を確保するため営業区域外旅客運送が必要であることについて協議が調った場合であって、輸送の安全又は旅客の利便の確保に支障を及ぼすおそれがないと国土交通大臣が認めるとき。

### ポイント解説

1．誤り。一般旅客自動車運送事業を経営しようとする者は、種別ごとに国土交通大臣の**許可**を受けなければならない。道路運送法第4条第1項・第2項を参照。

2．誤り。一般貸切旅客自動車運送事業者は、「営業所の名称」に係る事業計画の変更をしようとするときは、**遅滞なく**、その旨を国土交通大臣に届け出なければならない。道路運送法第15条第4項を参照。

3．**正しい**。道路運送法第21条第1項第1号・第2号を参照。

4．**正しい**。道路運送法第20条第1項第1号・第2号を参照。

▶答え　**3と4**

# 1−5 運転者の選任

## 問1 ★★☆ ☑☑☑☑☑

　一般旅客自動車運送事業の運転者の選任に関する次の記述のうち、<u>正しいものを2つ選</u>びなさい。なお、解答にあたっては、各選択肢に記載されている事項以外は考慮しないものとする。

1．一般旅客自動車運送事業の運行管理者にあっては、事業計画（路線定期運行を行う一般乗合旅客自動車運送事業者にあっては、事業計画及び運行計画）の遂行に十分な数の事業用自動車の運転者を常時選任しておかなければならない。

2．一般旅客自動車運送事業者は、事業計画（路線定期運行を行う一般乗合旅客自動車運送事業者にあっては、事業計画及び運行計画）の遂行に十分な数の事業用自動車の運転者を常時選任しておかなければならない。この場合、事業者（個人タクシー事業者を除く。）は、日日雇い入れられる者、3ヵ月以内の期間を定めて使用される者及び試みの使用期間中の者（14日を超えて引き続き使用されるに至った者を除く。）を当該運転者として選任してはならない。

3．一般乗用旅客自動車運送事業者（個人タクシー事業者を除く。）は、運転者として新たに雇い入れた者（法令に定める要件に該当する者を除く。）については、国土交通大臣が告示で定めるところにより、営業区域の状態等、事業用自動車の運行の安全を確保するために遵守すべき事項等について、雇入れ後少なくとも10日間の指導、監督及び特別な指導を行い、並びに適性診断を受診させた後でなければ、事業用自動車の運転者として選任してはならない。

4．一般乗用旅客自動車運送事業者（個人タクシー事業者を除く。）は、運転者として新たに雇い入れた者が当該一般乗用旅客自動車運送事業者の営業区域内において雇入れの日前2年以内に通算90日以上一般乗用旅客自動車運送事業の事業用自動車の運転者であったときは、新たに雇い入れた者に対する特別な指導を行わなくてもよい。

### ポイント解説

1．誤り。事業計画の遂行に十分な数の事業用自動車の運転者を常時選任するのは、**旅客自動車運送事業者**である。運輸規則第35条第1項を参照。

2．誤り。一般旅客自動車運送事業者が選任する運転者は、①日日雇い入れられる者、②**2ヵ月以内**の期間を定めて使用される者、③試みの使用期間中の者（14日を超えて引き続き使用されるに至った者を除く）であってはならない。運輸規則第36条第1項第1号・第2号・第3号を参照。

3＆4．**正しい**。運輸規則第36条第2項を参照。

▶答え　**3と4**

# 1-6 過労運転の防止

## 問1 ★★★ ☑☑☑☑☑

旅客自動車運送事業者（以下「事業者」という。）の過労運転の防止等についての法令の定めに関する次の記述のうち、<u>誤っているものを1つ</u>選びなさい。なお、解答にあたっては、各選択肢に記載されている事項以外は考慮しないものとする。

1．事業者は、乗務員が有効に利用することができるように、営業所、自動車車庫等に、休憩に必要な施設を整備し、及び乗務員に睡眠を与える必要がある場合は睡眠に必要な施設を整備しなければならない。ただし、乗務員が実際に睡眠を必要とする場所に設けられていない施設は、有効に利用することができる施設には該当しない。

2．一般貸切旅客自動車運送事業者は、運転者が長距離運転又は夜間の運転に従事する場合であって、疲労等により安全な運転を継続することができないおそれがあるときは、あらかじめ、交替するための運転者を配置すること。

3．一般貸切旅客自動車運送事業者は、事業用自動車の運行中少なくとも1人の運行管理者が、事業用自動車の運転業務に従事せずに、異常気象、乗務員の体調変化等の発生時、速やかに運行の中止等の判断、指示等を行える体制を整備しなければならない。

4．事業者は、過労の防止を十分考慮して、国土交通大臣が告示で定める基準に従って、事業用自動車の運転者の勤務日数及び乗務距離を定め、当該運転者にこれらを遵守させなければならない。

### ポイント解説

1．正しい。運輸規則第21条第2項・「運輸規則の解釈及び運用」第21条第2項第1号イを参照。

2．正しい。運輸規則第21条第6項を参照。

3．正しい。運輸規則第21条の2第1項・「運輸規則の解釈及び運用」第21条の2第2項第2号を参照。

4．**誤り**。事業者は、過労の防止を十分考慮して、国土交通大臣が告示で定める基準に従って、事業用自動車の運転者の**勤務時間及び乗務時間**を定め、当該運転者にこれらを遵守させなければならない。運輸規則第21条第1項を参照。

▶答え　4

## 問2 ★★★ ☑☑☑☑☑

　旅客自動車運送事業者（以下「事業者」という。）の過労防止等についての法令の定めに関する次の記述のうち、<u>正しいものをすべて選びなさい</u>。なお、解答にあたっては、各選択肢に記載されている事項以外は考慮しないものとする。

1．事業者は、乗務員の生活状況を把握し、疲労により安全な運転をし、又はその補助をすることができないおそれがある乗務員を事業用自動車に乗務させてはならない。

2．事業者は、乗務員が事業用自動車の運行中疾病、疲労、睡眠不足その他の理由により安全な運転を継続し、又はその補助を継続することができないおそれがあるときは、当該乗務員に対する必要な指示その他輸送の安全のための措置を講じなければならない。

3．事業者は、乗務員に国土交通大臣が告示で定める基準による１日の勤務時間中に当該乗務員の属する営業所で勤務を終了することができない運行を指示する場合は、当該乗務員が有効に利用することができるように、事業用自動車内に睡眠が可能な設備を設け、これを適切に管理し、保守しなければならない。

4．一般貸切旅客自動車運送事業者は、運転者が長距離運転又は夜間の運転に従事する場合であって、疲労等により安全な運転を継続することができないおそれがあるときは、あらかじめ、交替するための運転者を配置しておかなければならない。

### ポイント解説

1．誤り。事業者は、乗務員の**健康状態の把握**に努め、**疾病、疲労、睡眠不足その他の理由により**、安全な運転をし、又はその補助をすることができないおそれがある乗務員を事業用自動車に乗務させてはならない。運輸規則第21条第5項を参照。

2．**正しい。**運輸規則第21条第7項を参照。

3．誤り。乗務員に国土交通大臣が告示で定める基準による１日の勤務時間中に当該乗務員の属する営業所で勤務を終了することができない運行を指示する場合は、当該乗務員が有効に利用することができるように、**勤務を終了する場所の付近の適切な場所に睡眠に必要な施設を整備し、又は確保し、並びにこれらの施設を適切に管理し、及び保守しなければならない。**運輸規則第21条第3項を参照。

4．**正しい。**運輸規則第21条第6項を参照。

▶答え　**2と4**

**問3** ★★★ ☑☑☑☑☑

　旅客自動車運送事業者（以下「事業者」という。）の過労防止等に関する旅客自動車運送事業運輸規則についての次の記述のうち、<u>正しいものをすべて選びなさい</u>。

1．事業者は、乗務員が有効に利用することができるように、営業所、自動車車庫その他営業所又は自動車車庫付近の適切な場所に、休憩に必要な施設を整備し、及び乗務員に睡眠を与える必要がある場合又は乗務員が勤務時間中に仮眠する機会がある場合は、睡眠又は仮眠に必要な施設を整備し、並びにこれらの施設を適切に管理し、及び保守しなければならない。

2．事業者は、乗務員が事業用自動車の運行中疾病、疲労、睡眠不足その他の理由により安全な運転を継続し、又はその補助を継続することができないおそれがあるときは、当該乗務員に対する必要な指示その他輸送の安全のための措置を講じなければならない。

3．事業者は、乗務員の身体に保有するアルコールの程度が、道路交通法施行令第44条の3（アルコールの程度）に規定する呼気中のアルコール濃度1リットルにつき0.15ミリグラム以下であれば事業用自動車に乗務させてもよい。

4．交通の状況を考慮して地方運輸局長が指定する地域内に営業所を有する一般乗用旅客自動車運送事業者は、指定地域内にある営業所に属する運転者に、その収受する運賃及び料金の総額が一定の基準に達し、又はこれを超えるように乗務を強制してはならない。

**ポイント解説**

1．**正しい**。運輸規則第21条第3項を参照。

2．**正しい**。運輸規則第21条第7項を参照。

3．誤り。呼気中のアルコール濃度1リットルにつき0.15ミリグラム以下で**あるか否かを問わず、酒気を帯びた状態であれば、事業用自動車に乗務させてはならない**。運輸規則第21条第4項・「運輸規則の解釈及び運用」第21条第4項を参照。

4．**正しい**。運輸規則第23条第1項を参照。

▶答え　**1と2と4**

# 問4 ★★☆ ☑☑☑☑☑

旅客自動車運送事業運輸規則に定める旅客自動車運送事業者の過労防止についての次の文中、A、B、C、Dに入るべき字句としていずれか<u>正しいもの</u>を1つ選びなさい。

1. 旅客自動車運送事業者は、事業計画（路線定期運行を行う一般乗合旅客自動車運送事業者にあっては、事業計画及び運行計画）の遂行に十分な数の事業用自動車の運転者を常時選任しておかなければならない。この場合、事業者（個人タクシー事業者を除く。）は、日日雇い入れられる者、（A）以内の期間を定めて使用される者及び試みの使用期間中の者（14日を超えて引き続き使用されるに至った者を除く。）を当該運転者として選任してはならない。

2. 旅客自動車運送事業者は、乗務員に国土交通大臣が告示で定める基準による1日の勤務時間中に当該乗務員の属する営業所で勤務を終了することができない運行を指示する場合は、当該乗務員が有効に利用することができるように、勤務を終了する場所の付近の適切な場所に睡眠に必要な施設を整備し、又は確保し、並びにこれらの施設を（B）しなければならない。

3. 旅客自動車運送事業者は、乗務員の（C）に努め、疾病、疲労、睡眠不足その他の理由により安全な運転をすることができないおそれがある乗務員を事業用自動車に乗務させてはならない。

4. 一般貸切旅客自動車運送事業者は、運転者が長距離運転又は夜間の運転に従事する場合であって、（D）により安全な運転を継続することができないおそれがあるときは、あらかじめ、交替するための運転者を配置しておかなければならない。

A ① 2ヵ月　　　　　　　　　　② 3ヵ月

B ① 維持するための要員を確保　② 適切に管理し、及び保守

C ① 生活状況の把握　　　　　　② 健康状態の把握

D ① 酒気帯び　　　　　　　　　② 疲労等

——————— - - - 答えは次のページ - - - ———————

ポイント解説

1. 旅客自動車運送事業者は、事業計画（路線定期運行を行う一般乗合旅客自動車運送事業者にあっては、事業計画及び運行計画）の遂行に十分な数の事業用自動車の運転者を常時選任しておかなければならない。この場合、事業者（個人タクシー事業者を除く。）は、日日雇い入れられる者、（**2ヵ月**）以内の期間を定めて使用される者及び試みの使用期間中の者（14日を超えて引き続き使用されるに至った者を除く。）を当該運転者として選任してはならない。運輸規則第36条第１項第１号・第２号・第３号を参照。

2. 旅客自動車運送事業者は、乗務員に国土交通大臣が告示で定める基準による１日の勤務時間中に当該乗務員の属する営業所で勤務を終了することができない運行を指示する場合は、当該乗務員が有効に利用することができるように、勤務を終了する場所の付近の適切な場所に睡眠に必要な施設を整備し、又は確保し、並びにこれらの施設を（**適切に管理し、及び保守**）しなければならない。運輸規則第21条第２項を参照。

3. 旅客自動車運送事業者は、乗務員の（**健康状態の把握**）に努め、疾病、疲労、睡眠不足その他の理由により安全な運転をすることができないおそれがある乗務員を事業用自動車に乗務させてはならない。運輸規則第21条第５項を参照。

4. 一般貸切旅客自動車運送事業者は、運転者が長距離運転又は夜間の運転に従事する場合であって、（**疲労等**）により安全な運転を継続することができないおそれがあるときは、あらかじめ、交替するための運転者を配置しておかなければならない。運輸規則第21条第６項を参照。

▶答え　A－①，B－②，C－②，D－②

# 1-7 点呼

## 問1 ★★★ ☑☑☑☑☑

　旅客自動車運送事業の事業用自動車の運転者（以下「運転者」という。）に対する点呼に関する次の記述のうち、<u>正しいものをすべて</u>選びなさい。なお、解答にあたっては、各選択肢に記載されている事項以外は考慮しないものとする。

1．点呼は、運行管理者と運転者が対面で行うこととされているが、運行上やむを得ない場合は電話その他の方法によることも認められている。一般貸切旅客自動車運送事業において、営業所と離れた場所にある当該営業所の車庫から乗務を開始する運転者については、運行上やむを得ない場合に該当しないことから、電話による点呼を行うことはできない。

2．運転者が所属する営業所において、対面により乗務前の点呼を行う場合は、法令の規定により酒気帯びの有無について、運転者の顔色、呼気の臭い、応答の声の調子等を目視等により確認するほか、当該営業所に備えられたアルコール検知器を用いて確認を行わなければならない。

3．一般貸切旅客自動車運送事業の運行管理者にあっては、運行指示書上、実車運行する区間の距離が100キロメートルを超える夜間運行を行う事業用自動車に乗務する運転者に対して当該乗務の途中において少なくとも1回電話その他の方法により点呼を行わなければならない。

4．乗務終了後の点呼においては、「道路運送車両法第47条の2第1項及び第2項の規定による点検（日常点検）の実施又はその確認」について報告を求め、及び確認を行わなければならない。

### ポイント解説

1．**正しい**。「運輸規則の解釈及び運用」第24条第1項第1号を参照。

2．**正しい**。運輸規則第24条第4項、「運輸規則の解釈及び運用」第24条第2項第5号を参照。

3．**正しい**。運輸規則第24条第3項、「運輸規則の解釈及び運用」第24条第1項第8号を参照。

4．誤り。乗務終了後の点呼においては、事業用自動車の状況、道路の状況、運行の状況についての報告を求め、酒気帯びの有無の確認をする。日常点検は、**乗務前の点呼**において報告・確認が必要な事項である。運輸規則第24条第1項第1号・第2項を参照。

▶答え　**1と2と3**

# 問2 ★★★ ☑☑☑☑☑

旅客自動車運送事業の事業用自動車の運転者に対する点呼についての法令等の定めに関する次の記述のうち、<u>正しいものをすべて選びなさい</u>。なお、解答にあたっては、各選択肢に記載されている事項以外は考慮しないものとする。

1．乗務前の点呼は、対面（運行上やむを得ない場合は電話その他の方法）により行い、①道路運送車両法の規定による日常点検の実施、②酒気帯びの有無、③疾病、疲労、睡眠不足その他の理由により安全な運転をすることができないおそれの有無について報告を求め、及び確認を行い、並びに事業用自動車の運行の安全を確保するために必要な指示を与えなければならない。

2．乗務終了後の点呼は、対面（運行上やむを得ない場合は電話その他の方法）により行い、当該乗務に係る事業用自動車、道路及び運行の状況について報告を求め、並びに酒気帯びの有無について確認を行わなければならない。この場合において、乗務を終了した運転者が他の運転者と交替した場合にあっては、当該運転者が交替した運転者に対して行った法令の規定による通告についても報告を求めなければならない。

3．次のいずれにも該当する一般旅客自動車運送事業者の営業所にあっては、当該営業所と当該営業所の車庫間で点呼を行う場合は、対面による点呼と同等の効果を有するものとして国土交通大臣が定めた機器による点呼を行うことができる。
①開設されてから1年を経過していること。
②過去1年間所属する旅客自動車運送事業の用に供する事業用自動車の運転者が自らの責に帰する自動車事故報告規則第2条に規定する事故を発生させていないこと。

4．旅客自動車運送事業運輸規則第24条第4項（点呼等）に規定する「アルコール検知器を営業所ごとに備え」とは、営業所又は営業所の車庫に設置されているアルコール検知器をいい、携帯型アルコール検知器は、これにあたらない。

## ポイント解説

1．**正しい**。運輸規則第24条第1項を参照。

2．**正しい**。運輸規則第24条第2項を参照。

3．誤り。旅客IT点呼を行うことができるのは、次の①～③のいずれにも該当する場合である。①開設されてから**3年**を経過していること。②**過去3年間**所属する旅客自動車運送事業の用に供する事業用自動車の運転者が自らの責に帰する自動車事故報告規則第2条に規定する事故を発生させていないこと。③**過去3年間自動車その他の輸送施設の使用の停止処分、事業の停止処分又は警告を受けていないこと**。「運輸規則の解釈及び運用」第24条第1項第3号・第5号を参照。

4．誤り。営業所又は営業所の車庫に設置するアルコール検知器には、**携帯型アルコール検知器も含まれる**。「運輸規則の解釈及び運用」第24条第2項第3号を参照。

▶答え　1と2

## 問3 ★★★ ☑☑☑☑☑

旅客自動車運送事業の事業用自動車の運転者に対する点呼に関する次の記述のうち、正しいものをすべて選びなさい。なお、解答にあたっては、各選択肢に記載されている事項以外は考慮しないものとする。

1. 旅客自動車運送事業運輸規則に規定する「アルコール検知器を営業所ごとに備え」とは、営業所又は営業所の車庫に設置され、営業所に備え置き、又は営業所に属する事業用自動車に設置されているものをいう。また、「常時有効に保持」とは、正常に作動し、故障がない状態で保持しておくことをいう。

2. 輸送の安全及び旅客の利便の確保に関する取組が優良であると認められる営業所において、旅客自動車運送事業者が点呼を行う場合にあっては、当該旅客自動車運送事業者は、対面による点呼と同等の効果を有するものとして国土交通大臣が定めた機器による点呼を行うことができる。

3. 「国土交通大臣が定めた機器」とは、営業所で管理する機器であってそのカメラ、モニター等によって、運行管理者等が運転者の酒気帯びの有無、疾病、疲労、睡眠不足等の状況を随時確認でき、かつ、当該機器により行おうとする点呼において、当該運転者の酒気帯びの状況に関する測定結果を、自動的に記録及び保存するとともに当該運行管理者等が当該測定結果を直ちに確認できるものをいう。

4. 運行管理者の業務を補助させるために選任された補助者に対し、点呼の一部を行わせる場合にあっても、当該営業所において選任されている運行管理者が行う点呼は、点呼を行うべき総回数の少なくとも2分の1以上でなければならない。

### ポイント解説

1. **正しい**。「運輸規則の解釈及び運用」第24条第2項第3号・第4号を参照。
2. **正しい**。運輸規則第24条第1項を参照。
3. **正しい**。「運輸規則の解釈及び運用」第24条第1項第4号を参照。
4. 誤り。補助者に点呼の一部を行わせる場合にあっても、当該営業所において選任されている運行管理者が行う点呼は、点呼を行うべき総回数の少なくとも**3分の1以上**でなければならない。「運輸規則の解釈及び運用」第24条第1項第6号を参照。

▶答え　**1と2と3**

**問4** ★★★ ☑☑☑☑☑

　一般貸切旅客自動車運送事業の事業用自動車の運転者に対し、各点呼の際に報告を求め、及び確認を行わなければならない事項として、A、B、Cに入るべき字句を下の枠内の選択肢（1〜6）から選びなさい。

【乗務前点呼】
　（1）酒気帯びの有無
　（2）（A）
　（3）道路運送車両法の規定による点検の実施又はその確認

【乗務後点呼】
　（1）乗務に係る事業用自動車、道路及び運行の状況
　（2）酒気帯びの有無
　（3）（D）

【乗務途中点呼】
　（1）（C）
　（2）疾病、疲労、睡眠不足その他の理由により安全な運転をすることができないおそれの有無

---

① 道路運送車両法の規定による点検の実施又はその確認
② 乗務に係る事業用自動車、道路及び運行の状況
③ 乗客の体調の異変等があった場合にはその状況及び措置
④ 疾病、疲労、睡眠不足その他の理由により安全な運転をすることができないおそれの有無
⑤ 酒気帯びの有無
⑥ 他の運転者と交替した場合にあっては法令の規定による通告

---

**ポイント解説**

運輸規則第24条第1項・第2項・第3項を参照。

［乗務前点呼］
(1) 酒気帯びの有無
(2) （**疾病、疲労、睡眠不足その他の理由により安全な運転をすることができないおそれの有無**）
(3) 道路運送車両法の規定による点検の実施又はその確認

［乗務後点呼］

(1) 乗務に係る事業用自動車、道路及び運行の状況

(2) 酒気帯びの有無

(3) **（他の運転者と交替した場合にあっては法令の規定による通告）**

［乗務途中点呼］

(1) **（乗務に係る事業用自動車、道路及び運行の状況）**

(2) 疾病、疲労、睡眠不足その他の理由により安全な運転をすることができないおそれの有無

▶答え　A－④，B－⑥，C－②

**覚えておこう** 【点呼の概要】

■ 乗務前点呼

《報告》
車両法第47条の2第1項・第2項の実施又は確認
酒気帯びの有無
健康状態（疾病・疲労・睡眠不足等）

《確認》
車両法第47条の2第1項・第2項の実施又は確認
酒気帯びの有無
健康状態（疾病・疲労・睡眠不足等）

《必要な指示》
運行の安全の確保のために必要な指示

運転者

事業者（運行管理者）

■ 乗務後点呼

《報告》
事業用自動車、道路及び運行の状況
通告の内容※

※他の運転者と交替した場合のみ

《確認》
酒気帯びの有無

運転者

事業者（運行管理者）

■ 乗務途中点呼（一般貸切旅客自動車運送事業者のみ）
※夜間において長距離の運行を行う運転者に対し、乗務途中で少なくとも1回電話等で点呼

《報告》
事業用自動車、道路及び運行の状況
健康状態（疾病・疲労、睡眠不足等）

《確認》
事業用自動車、道路及び運行の状況
健康状態（疾病・疲労、睡眠不足等）

《必要な指示》
運行の安全の確保のために必要な指示

運転者

事業者（運行管理者）

## 1−8　輸送の安全

### 問1 ★★☆ ✓✓✓✓✓

道路運送法に定める一般旅客自動車運送事業者の輸送の安全等についての次の文中、A、B、Cに入るべき字句としていずれか正しいものを1つ選びなさい。

1．一般旅客自動車運送事業者は、事業計画（路線定期運行を行う一般乗合旅客自動車運送事業者にあっては、事業計画及び運行計画）の遂行に（A）運転者の確保、事業用自動車の運転者がその休憩又は睡眠のために利用することができる施設の整備、事業用自動車の運転者の適切な勤務時間及び（B）の設定その他の運行の管理その他事業用自動車の運転者の過労運転を防止するために必要な措置を講じなければならない。

2．一般旅客自動車運送事業者は、事業用自動車の運転者が疾病により安全な運転ができないおそれがある状態で事業用自動車を運転することを防止するために必要な（C）に基づく措置を講じなければならない。

A　① 必要な資格を有する　　② 必要となる員数の
B　① 乗務時間　　　　　　　② 休息期間
C　① 医学的知見　　　　　　② 運行管理規程

### ポイント解説

1．一般旅客自動車運送事業者は、事業計画（路線定期運行を行う一般乗合旅客自動車運送事業者にあっては、事業計画及び運行計画）の遂行に（**必要となる員数の**）運転者の確保、事業用自動車の運転者がその休憩又は睡眠のために利用することができる施設の整備、事業用自動車の運転者の適切な勤務時間及び（**乗務時間**）の設定その他の運行の管理その他事業用自動車の運転者の過労運転を防止するために必要な措置を講じなければならない。道路運送法第27条第1項を参照。

2．一般旅客自動車運送事業者は、事業用自動車の運転者が疾病により安全な運転ができないおそれがある状態で事業用自動車を運転することを防止するために必要な（**医学的知見**）に基づく措置を講じなければならない。道路運送法第27条第2項を参照。

▶答え　A−②, B−①, C−①

### 用語

| 医学的知見 | 知見とは、知識などのことをいう。よって、医学的知見は、医学の知識などのこと。 |
|---|---|

# 1-9 乗務記録・事故の記録

## 問1 ★★☆ ✓✓✓✓✓

旅客自動車運送事業者が運転者に記録させる乗務記録についての次の記述のうち、<u>正しいものを2つ</u>選びなさい。なお、解答にあたっては、各選択肢に記載されている事項以外は考慮しないものとする。

1. 一般乗合旅客自動車運送事業者は、事業用自動車の運転者が乗務したときは、休憩又は仮眠をした場合にあっては、その地点及び日時を、当該乗務を行った運転者ごとに「乗務記録」（法令に規定する運行記録計に記録する場合は除く。以下同じ。）に記録させなければならない。ただし、10分未満の休憩については、その記載を省略しても差しつかえない。

2. 一般貸切旅客自動車運送事業者は、事業用自動車の運転者が乗務したときは、旅客が乗車した区間について、当該乗務を行った運転者ごとに「乗務記録」に記録をさせなければならない。ただし、当該乗務において、法令の規定に基づき作成された運行指示書に「旅客が乗車する区間」が記載されているときは、「乗務記録」への当該事項の記録を省略することができる。

3. 一般乗合旅客自動車運送事業者は、事業用自動車の運転者が乗務したときは、道路交通法に規定する交通事故若しくは自動車事故報告規則に規定する事故又は著しい運行の遅延その他の異常な状態が発生した場合にあっては、その概要及び原因について、当該乗務を行った運転者ごとに「乗務記録」に記録をさせなければならない。

4. 一般乗用旅客自動車運送事業者は、事業用自動車の運転者が乗務したときは、旅客が乗車した区間並びに乗務した事業用自動車の走行距離計に表示されている乗務の開始時及び終了時における走行距離の積算キロ数等について、当該乗務を行った事業用自動車ごとに「乗務記録」に記録させ、かつ、その記録を事業用自動車ごとに整理しなければならない。

### ポイント解説

1. **正しい**。運輸規則第25条第1項第5号、「運輸規則の解釈及び運用」第25条第2項を参照。
2. 誤り。運行指示書に「旅客が乗車する区間」が記載されている場合には、運転者ごとに記録させるため、**省略できない**。運輸規則第25条第2項を参照。
3. **正しい**。運輸規則第25条第1項第7号を参照。
4. 誤り。当該乗務を行った**運転者ごと**に「乗務記録」に記録させ、かつ、その記録を事業用自動車ごとに整理しなければならない。運輸規則第25条第3項を参照。

▶答え **1と3**

## 問2 ★★☆ ✓✓✓✓✓

　一般旅客自動車運送事業者が運転者に記録させる記録等に関する次の記述のうち、<u>正しいものをすべて選びなさい</u>。なお、解答にあたっては、各選択肢に記載されている事項以外は考慮しないものとする。

1．旅客自動車運送事業者は、事業用自動車に係る事故が発生した場合には、事故の発生日時等所定の事項を記録し、その記録を当該事業用自動車の運行を管理する営業所において1年間保存しなければならない。

2．一般旅客自動車運送事業者は、事業用自動車の運転者が乗務したときは、当該乗務において、運転を交替した場合及び休憩又は仮眠した場合は、その地点及び日時を運転者ごとに「乗務記録」に記録させ、かつ、その記録を1年間保存しなければならない。

3．一般乗合旅客自動車運送事業者は、事業用自動車の運転者が乗務中に道路交通法に規定する交通事故若しくは自動車事故報告規則に規定する事故又は著しい運行の遅延その他の異常な状態が発生した場合にあっては、その概要及び原因を運転者ごとに「乗務記録」に記録させ、かつ、その記録を1年間保存しなければならない。

4．一般乗合旅客自動車運送事業者及び一般貸切旅客自動車運送事業者は、事業用自動車の運転者が乗務した場合（一般乗合旅客自動車運送事業の事業用自動車にあっては起点から終点までの距離が200キロメートルを超える運行に限る。）は、当該自動車の瞬間速度、運行距離及び運行時間を運行記録計により記録し、かつ、その記録を1年間保存しなければならない。

### ポイント解説

1．誤り。事業用自動車に係る事故が発生した場合には、所定事項を記録し、営業所において**3年間**保存する。運輸規則第26条の2第1項を参照。

2．**正しい**。運輸規則第25条第1項第5号を参照。

3．**正しい**。運輸規則第25条第1項第7号を参照。

4．誤り。一般乗合旅客自動車運送事業者及び一般貸切旅客自動車運送事業者は、事業用自動車の運転者が乗務した場合（一般乗合旅客自動車運送事業の事業用自動車にあっては起点から終点までの距離が**100キロメートル**を超える運行に限る。）は、当該自動車の瞬間速度、運行距離及び運行時間を運行記録計により記録し、かつ、その記録を1年間保存しなければならない。運輸規則第26条第1項を参照。

▶答え　**2と3**

# 1-10 運転基準図と運行指示書

## 問1 ★☆☆ ☑☑☑☑☑

　旅客自動車運送事業者の運転基準図等及び運行指示書による指示等に関する次の記述のうち、誤っているものを1つ選びなさい。なお、解答にあたっては、各選択肢に記載されている事項以外は考慮しないものとする。

1. 一般貸切旅客自動車運送事業者は、各運行ごとに、「運行の開始及び終了の地点及び日時」等の所定の事項を記載した運行指示書を作成し、かつ、これにより事業用自動車の運転者に対し適切な指示を行うとともに、これを当該運転者に携行させなければならない。

2. 一般貸切旅客自動車運送事業者は、法令の規定により作成した運行指示書を、運行を計画した日から1年間保存しなければならない。

3. 路線定期運行を行う一般乗合旅客自動車運送事業者は、「主な停留所の名称、当該停留所の発車時刻及び到着時刻」その他運行に必要な事項を記載した運行表を作成し、かつ、これを事業用自動車の運転者に携行させなければならない。

4. 一般乗合旅客自動車運送事業者は、「踏切、橋、トンネル、交差点、待避所及び運行に際して注意を要する箇所の位置」等の所定の事項を記載した運転基準図を作成して営業所に備え、かつ、これにより事業用自動車の運転者に対し、適切な指導をしなければならない。

### ポイント解説

1. 正しい。運輸規則第28条の2第1項第1号を参照。
2. **誤り**。作成した運行指示書を、**運行の終了の日**から1年間保存しなければならない。運輸規則第28条の2第2項を参照。
3. 正しい。運輸規則第27条第2項を参照。
4. 正しい。運輸規則第27条第1項第4号を参照。

▶答え　2

# 1−11 乗務員台帳と乗務員証

## 問1 ★☆☆ ✓✓✓✓✓

旅客自動車運送事業者の事業用自動車の運行に係る記録等に関する次の記述のうち、誤っているものを1つ選びなさい。なお、解答にあたっては、各選択肢に記載されている事項以外は考慮しないものとする。

1．旅客自動車運送事業者は、事業用自動車の運転者が転任、退職その他の理由により運転者でなくなった場合には、直ちに、当該運転者に係る乗務員台帳に運転者でなくなった年月日及び理由を記載し、これを3年間保存しなければならない。

2．一般貸切旅客自動車運送事業者は、運送を引き受けた場合には、遅滞なく、当該運送の申込者に対して所定の事項を記載した運送引受書を交付しなければならない。また、当該事業者は、この運送引受書の写しを運送の終了の日から1年間保存しなければならない。

3．一般乗合旅客自動車運送事業者は、事業用自動車の運転者が乗務中に道路交通法に規定する交通事故若しくは自動車事故報告規則に規定する事故又は著しい運行の遅延その他の異常な状態が発生した場合にあっては、その概要及び原因を運転者ごとに「乗務記録」に記録させ、かつ、その記録を1年間保存しなければならない。

4．一般貸切旅客自動車運送事業者は、法令の規定による運行指示書を作成し、かつ、これにより事業用自動車の運転者に対し適切な指示を行うとともに、当該運行指示書を運行を計画した日から1年間保存しなければならない。

### ポイント解説

1．正しい。運輸規則第37条第2項を参照。

2．正しい。運輸規則第7条の2第1項・第2項を参照。

3．正しい。運輸規則第25条第1項第7号を参照。

4．誤り。当該運行指示書を**運行の終了の日から**1年間保存しなければならない。運輸規則第28条の2第1項・第2項を参照。

▶答え　4

### 覚えておこう 【記録の保存期間】

| 1年間保存 | 苦情処理の記録、点呼の記録、乗務記録、運行記録計による記録、運行指示書、乗務員証（転任、退職等の場合）、運送引受書 |
|---|---|
| 3年間保存 | 事故の記録、乗務員台帳（転任、退職等の場合）、特別な指導・監督の記録 |

# 1-12　特別な指導

## 問1 ★★★ ☑☑☑☑☑

　一般旅客自動車運送事業者（以下「事業者」という。）の事業用自動車の運行の安全を確保するために、国土交通省告示等に基づき運転者に対して行わなければならない指導監督及び特定の運転者に対して行わなければならない特別な指導に関する次の記述のうち、誤っているものを１つ選びなさい。なお、解答にあたっては、各選択肢に記載されている事項以外は考慮しないものとする。

1．事業者は、その事業用自動車の運転者に対し、主として運行する路線又は営業区域の状態及びこれに対処することができる運転技術並びに法令に定める自動車の運転に関する事項について、適切な指導監督をしなければならない。この場合においては、その日時、場所及び内容並びに指導監督を行った者及び受けた者を記録し、かつ、その記録を営業所において３年間保存しなければならない。

2．一般貸切旅客自動車運送事業者が貸切バスの運転者に対して行う初任運転者に対する特別な指導は、事業用自動車の安全な運転に関する基本的事項、運行の安全及び旅客の安全を確保するために留意すべき事項等について、６時間以上実施するとともに、安全運転の実技について、15時間以上実施すること。

3．事業者は、運転者が乗務を終了したときは交替する運転者に対し、乗務中の当該の自動車、道路及び運行状況について通告するよう、運転者に対し指導及び監督をすること。

4．事業者は、事故惹起運転者に対する特別な指導については、当該交通事故を引き起こした後、再度事業用自動車に乗務する前に実施すること。なお、外部の専門的機関における指導講習を受講する予定である場合は、この限りでない。

### ポイント解説

1．正しい。運輸規則第38条第１項を参照。

2．誤り。貸切バスの初任運転者に対する特別な指導は、事業用自動車の安全な運転に関する基本的事項、運行の安全及び旅客の安全を確保するために留意すべき事項等について、**10時間以上**実施するとともに、安全運転の実技については**20時間以上**実施すること。「指導・監督の指針」第二章2（2）を参照。

3．正しい。運輸規則第24条第２項を参照。

4．正しい。「指導・監督の指針」第二章3（1）①を参照。

▶答え　2

## 問2 ★★★ ☑☑☑☑☑

　一般旅客自動車運送事業者（以下「事業者」という。）の事業用自動車の運行の安全を確保するために、国土交通省告示等に基づき運転者に対して行わなければならない指導監督及び特定の運転者に対して行わなければならない特別な指導に関する次の記述のうち、<u>正しいものを2つ</u>選びなさい。なお、解答にあたっては、各選択肢に記載されている事項以外は考慮しないものとする。

1. 事業者は、事故惹起運転者に対する特別な指導については、当該交通事故を引き起こした後、再度事業用自動車に乗務する前に実施すること。ただし、やむを得ない事情がある場合には、再度事業用自動車に乗務を開始した後1ヵ月以内に実施すること。なお、外部の専門的機関における指導講習を受講する予定である場合は、この限りでない。

2. 事業者は、高齢運転者に対する特別な指導については、国土交通大臣が認定した高齢運転者のための適性診断の結果を踏まえ、個々の運転者の加齢に伴う身体機能の変化の程度に応じた事業用自動車の安全な運転方法等について運転者が自ら考えるよう指導する。この指導は、当該適性診断の結果が判明した後1ヵ月以内に実施する。

3. 事業者は、初任運転者（貸切バス以外の一般旅客自動車の運転者として新たに雇い入れた者又は選任した者にあっては、「雇い入れの日又は選任される日前3年間に他の旅客自動車運送事業者において当該旅客自動車運送事業者と同一の種類の事業の事業用自動車の運転者として選任されたことがない者」に限り、特定旅客自動車の運転者として新たに雇い入れた者又は選任した者にあっては、「過去3年間に乗合バス、貸切バス、ハイヤー・タクシー及び特定旅客自動車のいずれの運転者としても選任されたことがない者」に限る。）に対して特別な指導を実施すること。

4. 一般貸切旅客自動車運送事業者が貸切バスの運転者に対して行う初任運転者に対する特別な指導は、安全運転の実技について、10時間以上実施すること。

### ポイント解説

1. 誤り。事故惹起運転者に対する特別な指導については「やむを得ない事情がある場合」という例外の規定はなく、原則として**再度事業用自動車に乗務する前**に実施すること。ただし、外部の専門的機関における指導講習を受講する予定である場合は除く。「指導・監督の指針」第二章 3（1）①を参照。

2. **正しい**。「指導・監督の指針」第二章 2（4）、第二章 3（1）④を参照。

3. **正しい**。「指導・監督の指針」第二章 2（2）を参照。

4. 誤り。貸切バスの運転者に対して行う初任運転者に対する特別な指導は、安全運転の実技については**20時間以上**実施すること。「指導・監督の指針」第二章 2（2）を参照。

▶答え　2と3

## 問3 ★★★ ☑☑☑☑☑

　一般旅客自動車運送事業者（以下「事業者」という。）の事業用自動車の運行の安全を確保するために、国土交通省告示に基づき運転者に対して行わなければならない指導監督及び特定の運転者に対して行わなければならない特別な指導に関する次の記述のうち、正しいものを2つ選びなさい。なお、解答にあたっては、各選択肢に記載されている事項以外は考慮しないものとする。

1．事業者は、高齢運転者に対する特別な指導については、国土交通大臣が認定した高齢運転者のための適性診断の結果を踏まえ、個々の運転者の加齢に伴う身体機能の変化の程度に応じた事業用自動車の安全な運転方法等について運転者が自ら考えるよう指導する。この指導は、当該適性診断の結果が判明した後1ヵ月以内に実施する。

2．一般貸切旅客自動車運送事業者が貸切バスの運転者に対して行う初任運転者に対する特別な指導は、事業用自動車の安全な運転に関する基本的事項、運行の安全及び旅客の安全を確保するために留意すべき事項等について、10時間以上実施するとともに、安全運転の実技について、20時間以上実施すること。

3．適齢診断（高齢運転者のための適性診断として国土交通大臣が認定したものをいう。）を運転者が65歳に達した日以後1年以内に1回、その後70歳に達するまでは3年以内ごとに1回、70歳に達した日以後1年以内に1回、その後1年以内ごとに1回受診させること。

4．事業者は、軽傷者（法令で定める傷害を受けた者）を生じた交通事故を引き起こし、かつ、当該事故前の1年間に交通事故を引き起こした運転者に対し、国土交通大臣が告示で定める適性診断であって国土交通大臣の認定を受けたものを受診させること。

### ポイント解説

1．**正しい**。「指導・監督の指針」第二章 2（4）、第二章 3（1）④を参照。

2．**正しい**。「指導・監督の指針」第二章 2（2）を参照。

3．誤り。運転者が65歳に達した日以後1年以内に1回、その後**75歳**に達するまでは3年以内ごとに1回、**75歳**に達した日以後1年以内に1回、その後1年以内ごとに1回受診させること。「指導・監督の指針」第二章 4（3）を参照。

4．誤り。当該事故前の**3年間**に交通事故を引き起こした運転者に対し、適性診断を受診させること。「指導・監督の指針」第二章 4（1）①を参照。

▶答え　**1と2**

## 問4 ★★★ ✓✓✓✓✓

一般旅客自動車運送事業者（以下「事業者」という。）の事業用自動車の運行の安全を確保するために、国土交通省告示に基づき運転者に対して行わなければならない指導監督及び特定の運転者に対して行わなければならない特別な指導に関する次の記述のうち、誤っているものを1つ選びなさい。なお、解答にあたっては、各選択肢に記載されている事項以外は考慮しないものとする。

1. 事業者は、軽傷者（法令で定める傷害を受けた者）を生じた交通事故を引き起こし、かつ、当該事故前の1年間に交通事故を引き起こした運転者に対し、国土交通大臣が告示で定める適性診断であって国土交通大臣の認定を受けたものを受診させること。

2. 一般乗用旅客自動車運送事業者（個人タクシー事業者を除く。）は、運転者として新たに雇い入れた者が当該一般乗用旅客自動車運送事業者の営業区域内において雇入れの日前2年以内に通算90日以上一般乗用旅客自動車運送事業の事業用自動車の運転者であったときは、新たに雇い入れた者に対する特別な指導を行わなくてもよい。

3. 一般貸切旅客自動車運送事業者が貸切バスの運転者に対して行う初任運転者に対する特別な指導は、事業用自動車の安全な運転に関する基本的事項、運行の安全及び旅客の安全を確保するために留意すべき事項等について、10時間以上実施するとともに、安全運転の実技について、20時間以上実施すること。

4. 事業者（個人タクシー事業者を除く。）は、適齢診断（高齢運転者のための適性診断として国土交通大臣が認定したもの。）を運転者が65才に達した日以後1年以内に1回、その後75才に達するまでは3年以内ごとに1回、75才に達した日以後1年以内に1回、その後1年以内ごとに1回受診させること。

### ポイント解説

1. **誤り**。当該事故前の**3年間**に交通事故を引き起こした運転者に対し、適性診断を受診させること。「指導・監督の指針」第二章4（1）①を参照。
2. 正しい。運輸規則第36条第2項を参照。
3. 正しい。「指導・監督の指針」第二章2（2）を参照。
4. 正しい。「指導・監督の指針」第二章4（3）を参照。

▶答え　1

## 問5 ★★☆ ☑☑☑☑☑

　一般旅客自動車運送事業者の事業用自動車の運行の安全を確保するために、事業者が行う国土交通省告示で定める特定の運転者に対する特別な指導の指針に関する次の文中、A、B、Cに入るべき字句として<u>いずれか正しいものを1つ選びなさい</u>。

1. 軽傷者（法令で定める傷害を受けた者）を生じた交通事故を引き起こし、かつ、当該事故前の（A）間に交通事故を引き起こしたことがある運転者に対し、国土交通大臣が告示で定める適性診断であって国土交通大臣の認定を受けたものを受診させなければならない。

2. 貸切バス以外の一般旅客自動車の運転者として新たに雇い入れた者又は選任した者にあっては、雇入れの日又は選任される日前（B）間に他の旅客自動車運送事業者において当該旅客自動車運送事業者と同一の種類の事業の事業用自動車の運転者として選任されたことがない者に対して、特別な指導を行わなければならない。

3. 一般貸切旅客自動車運送事業者は、初任運転者以外の者であって、直近（C）間に当該事業者において運転の経験（実技の指導を受けた経験を含む。）のある貸切バスより大型の車種区分の貸切バスに乗務しようとする運転者（準初任運転者）に対して、特別な指導を行わなければならない。

A　① 1年　　② 3年
B　① 1年　　② 3年
C　① 1年　　② 3年

### ポイント解説

1. 軽傷者（法令で定める傷害を受けた者）を生じた交通事故を引き起こし、かつ、当該事故前の（**3年**）間に交通事故を引き起こしたことがある運転者に対し、国土交通大臣が告示で定める適性診断であって国土交通大臣の認定を受けたものを受診させなければならない。「指導・監督の指針」第二章 2（1）を参照。

2. 貸切バス以外の一般旅客自動車の運転者として新たに雇い入れた者又は選任した者にあっては、雇入れの日又は選任される日前（**3年**）間に他の旅客自動車運送事業者において当該旅客自動車運送事業者と同一の種類の事業の事業用自動車の運転者として選任されたことがない者に対して、特別な指導を行わなければならない。「指導・監督の指針」第二章 2（2）を参照。

3. 一般貸切旅客自動車運送事業者は、初任運転者以外の者であって、直近（**1年**）間に当該事業者において運転の経験（実技の指導を受けた経験を含む。）のある貸切バスより大型の車種区分の貸切バスに乗務しようとする運転者（準初任運転者）に対して、特別な指導を行わなければならない。「指導・監督の指針」第二章 2（3）を参照。

▶答え　A−②，B−②，C−①

# 1−13　運行管理者の選任

## 問1 ★★☆ ✓✓✓✓✓

　運行管理者の選任等に関する次の記述のうち、<u>正しいものを2つ</u>選びなさい。なお、解答にあたっては、各選択肢に記載されている事項以外は考慮しないものとする。

1. 一の営業所において複数の運行管理者を選任する旅客自動車運送事業者は、それらの業務を統括する運行管理者を選任することができる。

2. 一般貸切旅客自動車運送事業者は、事業用自動車60両の運行を管理する営業所においては、3人以上の運行管理者を選任しなければならない。

3. 運行管理者の補助者が行う補助業務は、運行管理者の指導及び監督のもと行われるものであり、補助者が行う点呼において、疾病、疲労、睡眠不足等により安全な運転をすることができないおそれがあることが確認された場合には、直ちに運行管理者に報告を行い、運行の可否の決定等について指示を仰ぎ、その結果に基づき運転者に対し指示を行わなければならない。

4. 一般旅客自動車運送事業者は、法令に規定する運行管理者資格者証を有する者又は国土交通大臣の認定を受けた基礎講習を修了した者のうちから、運行管理者の業務を補助させるための者（補助者）を選任することができる。ただし、法令の規定により運行管理者資格者証の返納を命ぜられ、その日から5年を経過しない者は、補助者に選任することができない。

### ポイント解説

1. **誤り。** 複数の運行管理者を選任する旅客自動車運送事業者は、統括する運行管理者を**選任しなければならない**。運輸規則第47条の9第2項を参照。

2. **誤り。** 一般貸切旅客自動車運送事業者は、事業用自動車60両を管理する場合、運行管理者は**4人以上必要**である。運輸規則第47条の9第1項を参照。

$$運行管理者の選任数の最低限度 = \frac{60}{20} + 1 = 4人$$

3. **正しい。**「運輸規則の解釈及び運用」第47条の9第8項ロを参照。

4. **正しい。** 運輸規則第47条の9第3項、道路運送法第23条の2第2項第1号を参照。

▶答え　**3と4**

**覚えておこう**📝 【選任すべき運行管理者の数の計算式】

| 事業の別 | | 必要な数（1未満は切り捨て） |
|---|---|---|
| 乗合・乗用・特定 | | 運行管理者の選任数の最低限度 $= \dfrac{\text{事業用自動車の両数}}{40} + 1$ |
| 貸切 | 19両以下 | 2人※ |
| | 20両以上99両以下 | 運行管理者の選任数の最低限度 $= \dfrac{\text{事業用自動車の両数}}{20} + 1$ |
| | 100両以上 | 運行管理者の選任数の最低限度 $= \dfrac{(\text{事業用自動車の両数}-100)}{30} + 6$ |

※4両以下で運行の安全の確保に支障を生ずるおそれがないと認める場合には、1人。

# 1−14 運送事業者による運行管理

**問1** ★☆☆ ✓✓✓✓✓

一般旅客自動車運送事業者（以下「事業者」という。）の運行管理者の選任等に関する次の記述のうち、誤っているものを1つ選びなさい。なお、解答にあたっては、各選択肢に記載されている事項以外は考慮しないものとする。

1. 一般貸切旅客自動車運送事業者は、事業用自動車40両の運行を管理する営業所においては、3人以上の運行管理者を選任しなければならない。

2. 国土交通大臣は、運行管理者資格者証の交付を受けている者が、道路運送法若しくはこの法律に基づく命令又はこれらに基づく処分に違反したときは、その運行管理者資格者証の返納を命ずることができる。また、運行管理者資格者証の返納を命ぜられ、その返納を命ぜられた日から3年を経過しない者に対しては、運行管理者資格者証の交付を行わないことができる。

3. 事業者は、新たに選任した運行管理者に、選任届出をした日の属する年度（やむを得ない理由がある場合にあっては、当該年度の翌年度）に基礎講習又は一般講習（基礎講習を受講していない当該運行管理者にあっては、基礎講習）を受講させなければならない。

4. 事業者は、法令に規定する運行管理者資格者証を有する者又は国土交通大臣が告示で定める運行の管理に関する講習であって国土交通大臣の認定を受けたもの（基礎講習）を修了した者のうちから、運行管理者の業務を補助させるための者（補助者）を選任することができる。

### ポイント解説

1. 正しい。一般貸切旅客自動車運送事業用の車両数が40両の場合、運行管理者は最低3人以上選任する必要がある。運輸規則第47条の9第1項を参照。

$$運行管理者の選任数の最低限度 = \frac{40}{20} + 1 = 3人$$

2. **誤り**。国土交通大臣は、運行管理者資格者証の返納を命ぜられ、その返納を命ぜられた日から**5年**を経過しない者に対しては、運行管理者資格者証の交付を行わないことができる。道路運送法第23条の2第2項第1号・第23条の3第1項を参照。

3. 正しい。「講習の種類等を定める告示」第4条第1項を参照。

4. 正しい。運輸規則第47条の9第3項を参照。

▶答え 2

## 問2 ★☆☆ ✓✓✓✓✓

　一般旅客自動車運送事業に関する次の記述のうち、<u>誤っているものを１つ</u>選びなさい。なお、解答にあたっては、各選択肢に記載されている事項以外は考慮しないものとする。

1．一般旅客自動車運送事業者は、新たに選任した運行管理者に、選任届出をした日の属する年度（やむを得ない理由がある場合にあっては、当該年度の翌年度）に基礎講習又は一般講習を受講させなければならない。ただし、他の事業者において運行管理者として選任されていた者にあっては、この限りでない。

2．旅客自動車運送事業者は、死者又は重傷者（法令で定める傷害を受けた者）を生じた事故を引き起こした場合には、これに係る営業所に属する運行管理者（統括運行管理者が選任されている場合にあっては、統括運行管理者及び当該事故について相当の責任を有する者として運輸支局長等が指定した運行管理者）に、事故があった日（運輸支局長等の指定を受けた運行管理者にあっては、当該指定の日）から１年（やむを得ない理由がある場合にあっては、１年６ヵ月）以内においてできる限り速やかに特別講習を受講させなければならない。

3．旅客自動車運送事業者は、運行管理者の職務及び権限、統括運行管理者を選任しなければならない営業所にあってはその職務及び権限、並びに事業用自動車の運行の安全の確保に関する業務の実行に係る基準に関する規程（運行管理規程）を定めなければならない。

4．運行管理規程に定める運行管理者の権限は、少なくとも運輸規則第48条（運行管理者の業務）に掲げる業務を行うに足りるものでなければならない。

### ポイント解説

1．**誤り**。当該事業者において**初めて選任された者**は、他の事業者に運行管理者として選任されていた者であっても新たに選任した運行管理者に該当するため、基礎講習又は一般講習を**受講させなければならない**。「講習の種類等を定める告示」第４条第１項、「運輸規則の解釈及び運用」48条の４第２項を参照。

2．正しい。「講習の種類等を定める告示」第５条第１項を参照。

3．正しい。運輸規則第48条の２第１項を参照。

4．正しい。運輸規則第48条の２第２項を参照。

▶答え　1

## 問3 ★☆☆ ✓✓✓✓✓

　道路運送法に定める一般旅客自動車運送事業の運行管理者等の義務についての次の文中、A、B、C、Dに入るべき字句としていずれか<u>正しいものを1つ</u>選びなさい。

1．運行管理者は、（A）にその業務を行わなければならない。

2．一般旅客自動車運送事業者は、運行管理者に対し、法令で定める業務を行うため必要な（B）を与えなければならない。

3．一般旅客自動車運送事業者は、運行管理者がその業務として行う助言を（C）しなければならず、事業用自動車の運転者その他の従業員は、運行管理者がその業務として行う（D）に従わなければならない。

A　①誠実　　②適切

B　①地位　　②権限

C　①考慮　　②尊重

D　①指導　　②勧告

### ポイント解説

道路運送法第23条の5第1項・第2項・第3項を参照。

1．運行管理者は、（**誠実**）にその業務を行わなければならない。

2．一般旅客自動車運送事業者は、運行管理者に対し、法令で定める業務を行うため必要な（**権限**）を与えなければならない。

3．一般旅客自動車運送事業者は、運行管理者がその業務として行う助言を（**尊重**）しなければならず、事業用自動車の運転者その他の従業員は、運行管理者がその業務として行う（**指導**）に従わなければならない。

▶答え　**A－①，B－②，C－②，D－①**

# 1-15 運行管理者の業務

## 問1 ★★★ ☑☑☑☑☑

　次の記述のうち、旅客自動車運送事業者の運行管理者が行わなければならない業務として、**正しいもの**を**2つ**選びなさい。なお、解答にあたっては、各選択肢に記載されている事項以外は考慮しないものとする。

1．一般貸切旅客自動車運送事業の運行管理者にあっては、法令の規定により運行の主な経路における道路及び交通の状況を事前に調査し、かつ、当該経路の状態に適する自動車を使用すること。

2．運行管理者は、事業用自動車の運転者ごとに、運輸規則に規定されている各事項を記載し、かつ、写真（乗務員台帳の作成前6ヵ月以内に撮影した単独で上三分身のものに限る。）を貼り付けた一定の様式の乗務員台帳を作成し、これを当該運転者の属する営業所に備えて置かなければならない。

3．運行管理者は、法令の規定により、運転者に対して点呼を行い、報告を求め、確認を行い、指示を与え、記録し、及びその記録を保存し、並びに国土交通大臣が告示で定めるアルコール検知器を備え置くこと。

4．運行管理者は、法令に規定する運行管理者資格者証を有する者又は国土交通大臣が告示で定める運行の管理に関する講習であって国土交通大臣の認定を受けたもの（基礎講習）を修了した者のうちから、運行管理者の業務を補助させるための者（補助者）を選任すること並びにその者に対する指導及び監督を行うこと。

### ポイント解説

1．**正しい**。運輸規則第48条第1項第12号を参照。

2．**正しい**。運輸規則第48条第1項第13号の2・運輸規則第37条第1項を参照。

3．誤り。アルコール検知器を備え置くのは**旅客自動車運送事業者の業務**。運行管理者の業務は、アルコール検知器を**常時有効に保持**することである。運輸規則第48条第1項第6号・運輸規則第24条第4項を参照。

4．誤り。補助者を選任するのは、**旅客自動車運送事業者の業務**。運行管理者は補助者に対する指導及び監督を行う。運輸規則第48条第1項第18号・運輸規則第47条の9第3項を参照。

▶答え　**1と2**

47

## 問2 ★★★ ✓✓✓✓✓

　次の記述のうち、旅客自動車運送事業者の運行管理者が行わなければならない業務として、**誤っているもの**を1つ選びなさい。なお、解答にあたっては、各選択肢に記載されている事項以外は考慮しないものとする。

1．旅客自動車運送事業運輸規則第35条（運転者の選任）の規定により選任された者その他旅客自動車運送事業者により運転者として選任された者以外の者に事業用自動車を運転させないこと。

2．一般貸切旅客自動車運送事業の運行管理者にあっては、夜間において長距離の運行を行う事業用自動車に乗務する運転者に対して、当該乗務の途中において少なくとも1回電話その他の方法により点呼を行わなければならないこと。

3．一般貸切旅客自動車運送事業において、運転者として新たに雇い入れた者に対して、当該事業用白動車の運転者として選任する前に初任診断（初任運転者のための適性診断として国土交通大臣が認定したもの。）を受診させること。

4．法令の規定により、運転者に対して点呼を行い、報告を求め、確認を行い、指示を与え、記録し、及びその記録を保存し、並びに国土交通大臣が告示で定めるアルコール検知器を備え置くこと。

### ポイント解説

1．正しい。運輸規則第48条第1項第13号を参照。

2．正しい。運輸規則第48条第1項第6号・運輸規則第24条第3項を参照。

3．正しい。運輸規則第48条第1項第16号の2を参照。

4．**誤り**。アルコール検知器を備え置くのは**旅客自動車運送事業者の業務**。運行管理者は、アルコール検知器を**常時有効に保持**することである。運輸規則第48条第1項第6号・運輸規則第24条第4項を参照。

▶答え　**4**

## 問3 ★★★ ✓✓✓✓✓

次の記述のうち、旅客自動車運送事業者の運行管理者が行わなければならない業務として、正しいものを2つ選びなさい。なお、解答にあたっては、各選択肢に記載されている事項以外は考慮しないものとする。

1. 運行管理者は、事業計画（路線定期運行を行う一般乗合旅客自動車運送事業者にあっては、事業計画及び運行計画）の遂行に十分な数の事業用自動車の運転者を常時選任すること。

2. 運行管理者は、運転者に対して、法令の規定により点呼を行い、報告を求め、確認を行い、及び指示をしたときは、運転者ごとに点呼を行った旨、報告、確認及び指示の内容並びに法令で定める所定の事項を記録し、かつ、その記録を3年間保存すること。

3. 運転者に対し、事故により事業用自動車の運行を中断したときは、当該旅客自動車運送事業者とともに、当該事業用自動車に乗車している旅客のために、運送を継続するか又は出発地まで送還すること、及び旅客を保護する等適切な処置をしなければならないことを指導すること。

4. 運行管理者は、事業用自動車に係る事故が発生した場合には、法令の規定により「事故の発生日時」等の所定の事項を記録し、及びその記録を保存すること。

### ポイント解説

1. 誤り。事業計画の遂行に十分な数の運転者を常時選任するのは、**旅客自動車運送事業者の業務**である。運輸規則第35条第1項を参照。

2. 誤り。運行管理者は、運転者に対して、法令の規定により点呼を行い、報告を求め、確認を行い、及び指示をしたときは、運転者ごとに点呼を行った旨、報告、確認及び指示の内容並びに法令で定める所定の事項を記録し、かつ、その記録を**1年間**保存すること。運輸規則第48条第1項第6号・運輸規則第24条第5項を参照。

3. **正しい**。事故の場合の処置の指導は乗務員の指導、監督に含まれる。運輸規則第48条第1項第16号・運輸規則第18条第1項を参照。

4. **正しい**。運輸規則第48条第1項第9号の2を参照。

▶答え **3と4**

# 問4 ★★★ ☑☑☑☑☑

次の記述のうち、旅客自動車運送事業者の運行管理者が行わなければならない業務として、正しいものを2つ選びなさい。なお、解答にあたっては、各選択肢に記載されている事項以外は考慮しないものとする。

1．運行管理規程を定め、かつ、その遵守について運行管理業務を補助させるため選任した補助者及び運転者に対し指導及び監督を行うこと。

2．乗務員の健康状態の把握に努め、疾病、疲労、睡眠不足その他の理由により安全な運転をすることができないおそれがある乗務員を事業用自動車に乗務させないこと。

3．事業用自動車に係る事故が発生した場合には、事故の発生日時等所定の事項を記録し、その記録を当該事業用自動車の運行を管理する営業所において1年間保存すること。

4．一般乗用旅客自動車運送事業の運行管理者にあっては、タクシー業務適正化特別措置法第13条の規定により運転者証を表示しなければならない事業用自動車に運転者を乗務させる場合には、当該自動車に運転者証を表示し、その者が乗務を終了した場合には、当該運転者証を保管しておくこと。

## ポイント解説

1．誤り。運行管理規程を定めるのは、**旅客自動車運送事業者の業務**。運行管理者は、補助者に対する指導・監督を行う。運輸規則第48条第1項第18号・運輸規則第48条の2第1項を参照。

2．**正しい**。運輸規則第48条第1項第5号の2を参照。

3．誤り。事業用自動車に係る事故の記録は、営業所において**3年間**保存すること。運輸規則第48条第1項第9号の2を参照。

4．**正しい**。運輸規則第48条第1項第15号を参照。

▶答え　**2と4**

**問5** ★★★ ✓✓✓✓✓

　次の記述のうち、旅客自動車運送事業の運行管理者の行わなければならない業務として、<u>誤っているもの</u>を1つ選びなさい。なお、解答にあたっては、各選択肢に記載されている事項以外は考慮しないものとする。

1．運転者に対して、法令の規定により点呼を行い、報告を求め、確認を行い、及び指示をしたときは、運転者ごとに点呼を行った旨、報告、確認及び指示の内容並びに法令で定める所定の事項を記録し、かつ、その記録を1年間保存すること。

2．一般貸切旅客自動車運送事業の運行管理者にあっては、法令の規定による運行指示書を作成し、かつ、これにより事業用自動車の運転者に対し適切な指示を行い、当該運転者に携行させ、及びその保存をすること。

3．事業用自動車が非常信号用具、非常口又は消火器を備えたものであるときは、当該事業用自動車の乗務員に対し、これらの器具の取扱いについて適切な指導を行うこと。

4．過労の防止を十分考慮して、国土交通大臣が告示で定める基準に従って、事業用自動車の運転者の勤務時間及び乗務時間を定め、当該運転者にこれらを遵守させること。

**ポイント解説**

1．正しい。運輸規則第48条第1項第6号・運輸規則第24条第5項を参照。

2．正しい。運輸規則第48条第1項第12号の2を参照。

3．正しい。運輸規則第48条第1項第16号を参照。

4．**誤り**。運転者の勤務時間及び乗務時間を定めるのは**旅客自動車運送事業者の業務**。運行管理者の業務は、旅客自動車運送事業者が定めた運転者の勤務時間及び乗務時間の範囲内において**乗務割を作成**し、これに従い運転者を事業用自動車に**乗務させること**である。運輸規則第48条第1項第3号・運輸規則第21条第1項を参照。

▶答え　4

# 問6 ★★★ ☑☑☑☑☑

次の記述のうち、旅客自動車運送事業の運行管理者が行わなければならない業務として正しいものを2つ選びなさい。なお、解答にあたっては、各選択肢に記載されている事項以外は考慮しないものとする。

1．従業員に対し、効果的かつ適切に指導監督を行うため、輸送の安全に関する基本的な方針を策定し、これに基づき指導及び監督を行うこと。

2．一般貸切旅客自動車運送事業の運行管理者にあっては、運転者が長距離運転又は夜間の運転に従事する場合であって、疲労等により安全な運転を継続することができないおそれがあるときは、あらかじめ、交替するための運転者を配置すること。

3．法令の規定により、運転者に対して点呼を行い、報告を求め、確認を行い、指示を与え、記録し、及びその記録を保存し、並びに国土交通大臣が告示で定めるアルコール検知器を常時有効に保持すること。

4．適齢診断（高齢運転者のための適性診断として国土交通大臣が認定したものをいう。）を運転者が65歳に達した日以後1年以内に1回、その後70歳に達するまでは3年以内ごとに1回、70歳に達した日以後1年以内に1回、その後1年以内ごとに1回受診させること。

## ポイント解説

1．誤り。輸送の安全に関する基本的な方針を策定し、これに基づき指導及び監督を行うことは、**旅客自動車運送事業者の業務**。運輸規則第38条第5項を参照。

2．**正しい**。運輸規則第48条第1項第5号を参照。

3．**正しい**。運輸規則第48条第1項第6号を参照。

4．誤り。適齢診断は、65歳に達した日以後1年以内に1回受診させ、その後**75歳**に達するまでは3年以内ごとに1回、**75歳**に達した日以後1年以内に1回、その後1年以内ごとに1回受診させる。運輸規則第48条第1項第16号の2・「指導・監督の指針」第二章4（3）を参照。

▶答え　**2と3**

## 問7 ★★★ ☑☑☑☑☑

　次の記述のうち、旅客自動車運送事業の運行管理者の行わなければならない業務として、<u>正しいもの</u>を2つ選びなさい。なお、解答にあたっては、各選択肢に記載されている事項以外は考慮しないものとする。

1．一般旅客自動車運送事業の運行管理者にあっては、事業計画（路線定期運行を行う一般乗合旅客自動車運送事業者にあっては、事業計画及び運行計画）の遂行に十分な数の事業用自動車の運転者を常時選任しておかなければならない。

2．一般貸切旅客自動車運送事業の運行管理者にあっては、夜間において長距離の運行を行う事業用自動車に乗務する運転者に対して、当該乗務の途中において少なくとも1回電話その他の方法により点呼を行わなければならない。

3．路線定期運行を行う一般乗合旅客自動車運送事業の運行管理者にあっては、主な停留所の名称、当該停留所の発車時刻及び到着時刻その他運行に必要な事項を記載した運行表を作成し、かつ、これを事業用自動車の運転者に携行させなければならない。

4．一般旅客自動車運送事業の運行管理者にあっては、乗務員が有効に利用することができるように、営業所、自動車車庫その他営業所又は自動車車庫付近の適切な場所に、休憩に必要な施設を整備し、及び乗務員に睡眠を与える必要がある場合又は乗務員が勤務時間中に仮眠する機会がある場合は、睡眠又は仮眠に必要な施設を整備しなければならない。

### ポイント解説

1．誤り。事業計画の遂行に十分な数の運転者を常時選任するのは、**旅客自動車運送事業者の業務**。運輸規則第35条第1項を参照。

2．**正しい**。運輸規則第48条第1項第6号・運輸規則第24条第3項を参照。

3．**正しい**。運輸規則第48条第1項第11号を参照。

4．誤り。休憩に必要な施設を「整備・管理・保守」するのは**旅客自動車運送事業者の業務**。運行管理者はその施設を適切に「**管理**」する。運輸規則第48条第1項第3号の2・運輸規則第21条第2項を参照。

▶答え　**2と3**

**覚えておこう** 【事業者と運行管理者の業務の違い】

| | | |
|---|---|---|
| 勤務時間・乗務時間 | 事業者 | **勤務時間及び乗務時間**を定める。 |
| | 運行管理者 | 定められた勤務時間・乗務時間の範囲内で**乗務割を作成**する。 |
| 運転者の選任 | 事業者 | 運転者を**選任する**。 |
| | 運行管理者 | 運転者を**選任することはない**。 |
| 補助者の選任 | 事業者 | 補助者を**選任する**。 |
| | 運行管理者 | 事業者によって選任された補助者に対する**指導・監督**を行う。 |
| 休憩施設・睡眠施設 | 事業者 | **整備・管理・保守**する。 |
| | 運行管理者 | **管理**のみ。整備及び保守の義務はない。 |
| 従業員に対する指導・監督 | 事業者 | 輸送の安全に関する基本的な方針を**策定し、これに基づき指導・監督**を行う。 |
| | 運行管理者 | 法令で定められた事故防止対策に基づき、**事業用自動車の運行の安全の確保**について、従業員に指導・監督を行う。 |
| アルコール検知器 | 事業者 | アルコール検知器を**備え置き、常時有効に保持する**。 |
| | 運行管理者 | アルコール検知器を**常時有効に保持する**。 |
| 運行管理規程 | 事業者 | 運行管理規程を**定める**。 |
| | 運行管理者 | 運行管理規程を**遵守する**。 |

# 1-16 運転者の遵守事項

## 問1 ★★☆ ☑☑☑☑☑

次の記述のうち、旅客自動車運送事業者の事業用自動車の運転者等が遵守しなければならない事項として、<u>正しいものを2つ</u>選びなさい。なお、解答にあたっては、各選択肢に記載されている事項以外は考慮しないものとする。

1. 一般乗合旅客自動車運送事業者の事業用自動車を利用する旅客は、動物（身体障害者補助犬法による身体障害者補助犬及びこれと同等の能力を有すると認められる犬並びに愛玩用の小動物を除く。）を事業用自動車内に持ち込んではならない。
2. 旅客自動車運送事業者の事業用自動車の運転者は、坂路において事業用自動車から離れるとき及び安全な運行に支障がある箇所を通過するときは、旅客を降車させてはならない。
3. 旅客自動車運送事業者の事業用自動車の運転者は、運転操作に円滑を欠くおそれがある服装をしてはならない。
4. 旅客自動車運送事業者の事業用自動車の運転者は、事業用自動車の故障等により踏切内で運行不能となったときは、速やかに列車に対し適切な防護措置をとり、その後、旅客を誘導して退避させること。

### ポイント解説

1. **正しい**。運輸規則第52条第1項第14号を参照。
2. 誤り。坂路において事業用自動車から離れるとき及び安全な運行に支障がある箇所を通過するときは、**旅客を降車させる**こと。運輸規則第50条第1項第5号を参照。
3. **正しい**。運輸規則第50条第1項第10号を参照。
4. 誤り。踏切内で運行不能となったときは、速やかに**旅客を誘導して退避させるとともに、列車に対し適切な防護措置をとる**こと。運輸規則第50条第1項第7号を参照。

▶答え　**1と3**

## 問2 ★★☆ ☑☑☑☑☑

　次の記述のうち、旅客自動車運送事業者の事業用自動車の運転者等が遵守しなければならない事項として、**誤っているもの**を1つ選びなさい。なお、解答にあたっては、各選択肢に記載されている事項以外は考慮しないものとする。

1. 旅客自動車運送事業者の事業用自動車の運転者は、事業用自動車の故障等により踏切内で運行不能となったときは、速やかに旅客を誘導して退避させるとともに、列車に対し適切な防護措置をとること。

2. 一般乗用旅客自動車運送事業者の事業用自動車の運転者は、食事若しくは休憩のため、及び営業区域外から営業区域に戻るため、運送の引受けをすることができない場合又は乗務の終了等のため車庫若しくは営業所に回送しようとする場合には、回送板を掲出すること。

3. 旅客自動車運送事業者の事業用自動車の運転者は、乗務を終了したときは、交替する運転者に対し、乗務中の当該の自動車、道路及び運行状況について通告すること。この場合において、乗務する運転者は、当該自動車の制動装置、走行装置その他の重要な部分の機能について点検をすること。

4. 一般乗合旅客自動車運送事業者の事業用自動車の運転者は、旅客が事業用自動車内において法令の規定又は公の秩序若しくは善良の風俗に反する行為をするときは、これを制止し、又は必要な事項を旅客に指示する等の措置を講ずることにより、運送の安全を確保し、及び事業用自動車内の秩序を維持するように努めること。

### ポイント解説

1. 正しい。運輸規則第50条第1項第7号を参照。
2. **誤り**。営業区域外から営業区域に戻る場合は、**回送板を掲出する必要はない**。運輸規則第50条第6項を参照。
3. 正しい。運輸規則第50条第1項第8号を参照。
4. 正しい。運輸規則第49条第4項を参照。

▶答え　**2**

## 問3 ★★☆ ☑☑☑☑☑

　次の記述のうち、旅客自動車運送事業者の事業用自動車の運転者等が遵守しなければならない事項として、<u>正しいものを2つ</u>選びなさい。なお、解答にあたっては、各選択肢に記載されている事項以外は考慮しないものとする。

1．一般貸切旅客自動車運送事業者の事業用自動車の運転者は、運行中、所定の事項を記載した運行指示書が当該事業用自動車の運行を管理する営業所に備えられ、電話等により必要な指示が行われる場合にあっては、当該運行指示書の携行を省略することができる。

2．旅客自動車運送事業者の事業用自動車の運転者は、乗務を終了したときは、交替する運転者に対し、乗務中の当該の自動車、道路及び運行状況について通告すること。この場合において、乗務する運転者は、当該自動車の制動装置、走行装置その他の重要な部分の機能について異常のおそれがあると認められる場合には、点検をすること。

3．旅客自動車運送事業者の事業用自動車の運転者は、坂路において事業用自動車から離れるとき及び安全な運行に支障がある箇所を通過するときは、旅客を降車させること。

4．一般乗用旅客自動車運送事業者の事業用自動車の運転者は、食事若しくは休憩のため運送の引受けをすることができない場合又は乗務の終了等のため車庫若しくは営業所に回送しようとする場合には、回送板を掲出すること。

### ポイント解説

1．**誤り**。一般貸切旅客自動車運送事業者の運転者は、乗務中には運行指示書を**携行しなければならない**。運行指示書の携行を省略してもよいという規定はない。運輸規則第50条第11項を参照。

2．**誤り**。運行の状況に応じて必要な点検を実施するのではなく、交替時には**点検を行う**こと。運輸規則第50条第1項第8号を参照。

3．**正しい**。運輸規則第50条第1項第5号を参照。

4．**正しい**。運輸規則第50条第6項を参照。

▶答え　**3と4**

# 1-17 旅客自動車運送事業者による輸送の安全に係る情報の公表

**問1** ★☆☆ ✓✓✓✓✓

　一般旅客自動車運送事業者（以下「事業者」という。）の安全管理規程等及び輸送の安全に係る情報の公表についての次の記述のうち、**誤っているもの**を1つ選びなさい。なお、解答にあたっては、各選択肢に記載されている事項以外は考慮しないものとする。

1．道路運送法（以下「法」という。）第22条の2第1項の規定により安全管理規程を定めなければならない事業者は、安全統括管理者を選任したときは、国土交通省令で定めるところにより、遅滞なく、その旨を国土交通大臣に届け出なければならない。

2．事業者は、法第27条（輸送の安全等）第4項、法第31条（事業改善の命令）又は法第40条（許可の取消し等）の規定による処分（輸送の安全に係るものに限る。）を受けたときは、遅滞なく、当該処分の内容並びに当該処分に基づき講じた措置及び講じようとする措置の内容をインターネットの利用その他の適切な方法により公表しなければならない。

3．事業者は、毎事業年度の経過後100日以内に、輸送の安全に関する基本的な方針その他の輸送の安全にかかわる情報であって国土交通大臣が告示で定める①輸送の安全に関する基本的な方針、②輸送の安全に関する目標及びその達成状況、③自動車事故報告規則第2条に規定する事故に関する統計について、インターネットの利用その他の適切な方法により公表しなければならない。

4．一般乗用旅客自動車運送事業の用に供する事業用自動車の保有車両数が100両以上の事業者は、安全管理規程を定めて国土交通大臣に届け出なければならない。これを変更しようとするときも、同様とする。

**ポイント解説**

1．正しい。道路運送法第22条の2第5項を参照。

2．正しい。運輸規則第47条の7第2項を参照。

3．正しい。運輸規則第47条の7第1項・「公表すべき輸送の安全にかかわる事項等（告示）」を参照。

4．**誤り**。保有車両数が**200両**の事業者は、安全管理規程を定めて国土交通大臣に届け出なければならない。運輸規則第47条の2第1項を参照。

▶答え　4

# 1-18 事故の報告（定義・報告・速報）

## 問1 ★★★ ✓✓✓✓✓

次の自動車事故に関する記述のうち、一般旅客自動車運送事業者が自動車事故報告規則に基づき国土交通大臣への報告を要するものを2つ選びなさい。なお、解答にあたっては、各選択肢に記載されている事項以外は考慮しないものとする。

1. 乗合バス運転者が乗客を降車させる際、当該バスの乗降口の扉を開閉する操作装置の不適切な操作をしたため、乗客1名が14日間の医師の治療を要する傷害を生じさせた。

2. タクシーが交差点に停車していた貨物自動車に気づくのが遅れ、当該タクシーがこの貨物自動車に追突し、さらに後続の自家用自動車3台が関係する玉突き事故となり、この事故によりタクシーの乗客1人、自家用自動車の同乗者5人が軽傷を負った。

3. バス運転者が乗客を乗せ、走行していたところ、運転者は意識がもうろうとしてきたので直近の駐車場に駐車させて乗客を降ろした。しかし、その後も容体が回復しなかったため、運行を中断した。なお、その後、当該運転者は脳梗塞と診断された。

4. 大型バスが踏切を通過しようとしたところ、踏切内の施設に衝突して、線路内に車体が残った状態で停止した。ただちに乗務員が踏切非常ボタンを押して鉄道車両との衝突は回避したが、鉄道施設に損傷を与えたため、2時間にわたり本線において鉄道車両の運転を休止させた。

### ポイント解説

1. **要する**。扉を開閉する操作装置の不適切な操作で、旅客に11日以上の医師の治療を要する傷害を生じさせた旅客事故に該当する。事故報告規則第2条第1項第7号を参照。

2. 要しない。衝突台数が**10台未満**、負傷者も**10人未満**のため、衝突事故にも負傷事故にも**該当しない**。事故報告規則第2条第1項第2号・第4号を参照。

3. **要する**。運転者の疾病による疾病事故に該当する。事故報告規則第2条第1項第9号を参照。

4. 要しない。**2時間**にわたり本線において鉄道車両の運転を休止させた場合は、鉄道障害事故に**該当しない**。橋脚、架線その他の鉄道施設を損傷し、**3時間以上**本線において鉄道車両の運転を休止させた場合は報告が必要になる。事故報告規則第2条第1項第13号を参照。

▶答え　1と3

## 問2 ★★★ ☑☑☑☑☑

次の自動車事故に関する記述のうち、一般旅客自動車運送事業者が自動車事故報告規則に基づく国土交通大臣への<u>報告を要するもの</u>を<u>2つ</u>選びなさい。なお、解答にあたっては、各選択肢に記載されている事項以外は考慮しないものとする。

1. 貸切バスが乗客20名を乗せて一般道を目的地に向い走行していたが、カーブでタイヤがスリップし、曲がりきれずに道路から0.6メートル下の空き地に転落した。この事故で、運転者と乗客3名が軽傷を負った。

2. タクシーが走行中、交差点で信号待ちで停車していた乗用車の発見が遅れ、衝突した。この事故により、タクシーの運転手が軽傷を負うとともに、追突された乗用車の運転手が2日間の入院を要する傷害で、通院による15日間の医師の治療を要する傷害を負った。

3. 事業用自動車が走行中、右側から乗用車が飛び出してきたため、衝突を回避するため慌ててハンドルを切ったところ、当該事業用自動車は、道路上に運転席を下にして横転した。

4. 大型バスが鉄道施設の高架橋下を通過しようとしたところ、ハンドル操作を誤り橋脚に衝突した。この事故により、橋脚に損傷を与えたため、2時間にわたり本線において鉄道車両の運転を休止させた。

### ポイント解説

1. **要する**。落差0.5m以上（0.6m下の空き地に転落）の転落は、転落事故に該当する。事故報告規則第2条第1項第1号を参照。

2. 要しない。**2日間の入院**を要する傷害で、通院による**15日間**の医師の治療を要する場合は、死傷事故に**該当しない**。入院を要する傷害で、通院による**30日以上**の医師の治療を要する場合は報告が必要になる。事故報告規則第2条第1項第3号を参照。

3. **要する**。運転席を下にして横転（道路上において路面と35度以上傾斜）しているため、転覆事故に該当する。事故報告規則第2条第1項第1号を参照。

4. 要しない。**2時間**にわたり本線において鉄道車両の運転を休止させた場合は、鉄道障害事故に**該当しない**。橋脚、架線その他の鉄道施設を損傷し、**3時間以上**本線において鉄道車両の運転を休止させた場合は報告が必要になる。事故報告規則第2条第1項第13号を参照。

▶答え　**1と3**

**問3** ★★★ ✓✓✓✓✓

　次の自動車事故に関する記述のうち、一般旅客自動車運送事業者が自動車事故報告規則に基づき国土交通大臣への<u>報告を要するもの</u>を<u>2つ選びなさい</u>。なお、解答にあたっては、各選択肢に記載されている事項以外は考慮しないものとする。

1. 事業用自動車が右折の際、原動機付自転車と接触し、当該原動機付自転車が転倒した。この事故で、原動機付自転車の運転者に通院による30日間の医師の治療を要する傷害を生じさせた。

2. 事業用自動車が乗客を乗せて一般道を走行していたが、カーブを曲がりきれずに道路から0.3メートル下の空き地に転落した。この事故で、運転者と乗客1名が軽傷を負った。

3. 事業用自動車が走行中、アクセルを踏んでいるものの速度が徐々に落ち、しばらく走行したところでエンジンが停止して走行が不能となった。再度エンジンを始動させようとしたが、燃料装置の故障によりエンジンを再始動させることができず運行ができなくなった。

4. 事業用自動車が高速自動車国道を走行中、前方に事故で停車していた乗用車の発見が遅れ、当該乗用車に追突した。さらに事業用自動車の後続車2台が次々と衝突する多重事故となった。この事故で、当該バスの運転者と乗客6人が軽傷を負い、当該高速自動車国道が4時間にわたり自動車の通行が禁止となった。

### ポイント解説

1. 要しない。**通院による30日間の医師の治療を要する傷害**は、重傷者の定義に当てはまらないため死傷事故に**該当しない**。事故報告規則第2条第1項第3号を参照。

2. 要しない。**落差0.5m未満**（0.3m下の空き地に転落）の転落は転覆事故に**該当しない**。事故報告規則第2条第1項第1号を参照。

3. **要する**。自動車の装置（燃料装置）の故障により運行ができなくなったため、運行不能事故に該当する。事故報告規則第2条第1項第11号を参照。

4. **要する**。高速自動車国道を3時間以上通行禁止にしているため、高速道路傷害事故に該当する。事故報告規則第2条第1項第14号を参照。

▶答え　**3と4**

# 問4 ★☆☆ ✓✓✓✓✓

　一般旅客自動車運送事業者の自動車事故報告規則に基づく自動車事故報告書の提出等に関する次の記述のうち、<u>正しいものを２つ</u>選びなさい。なお、解答にあたっては、各選択肢に記載されている事項以外は考慮しないものとする。

1. 事業用自動車が高速自動車国道法に定める高速自動車国道において、路肩に停車中の車両に追突したため、後続車６台が衝突する多重事故が発生し、この事故により６人が重傷、４人が軽傷を負った。この場合、24時間以内においてできる限り速やかにその事故の概要を運輸支局長等に速報することにより、国土交通大臣への事故報告書の提出を省略することができる。

2. 自動車の装置（道路運送車両法第41条各号に掲げる装置をいう。）の故障により、事業用自動車が運行できなくなった場合には、国土交通大臣に提出する事故報告書に当該事業用自動車の自動車検査証の有効期間、使用開始後の総走行距離等所定の事項を記載した書面及び故障の状況を示す略図又は写真を添付しなければならない。

3. 事業用自動車が鉄道車両（軌道車両を含む。）と接触する事故を起こした場合には、当該事故のあった日から15日以内に、自動車事故報告規則に定める自動車事故報告書（以下「事故報告書」という。）を当該事業用自動車の使用の本拠の位置を管轄する運輸支局長等を経由して、国土交通大臣に提出しなければならない。

4. 事業用自動車の運転者が、運転中に胸に強い痛みを感じたので、直近の駐車場に駐車し、その後の運行を中止した。当該運転者は狭心症と診断された。この場合、事故報告書を国土交通大臣に提出しなければならない。

## ポイント解説

1. 誤り。報告書を提出する事故（死傷事故・負傷事故）であり、重傷者５人以上の速報を要する事故のため、「**速報＋報告書**」の提出をしなければならない。報告書の提出を**省略することはできない**。事故報告規則第２条第１項第３号・第４号、第３条第１項、事故報告規則第４条第１項第２号ロを参照。

2. **正しい**。運行不能事故に該当する。事故報告規則第３条第２項第１号・第２号を参照。

3. 誤り。当該事故（鉄道事故）のあった日から**30日以内**に、自動車事故報告書を運輸支局長等を経由して、国土交通大臣に提出しなければならない。事故報告規則第２条第１項第１号、事故報告規則第３条第１項を参照。

4. **正しい**。疾病事故に該当する。事故報告規則第２条第９号を参照。

▶答え　**2と4**

**問5** ★☆☆ ✓✓✓✓✓

旅客自動車運送事業者が、自動車事故報告規則に基づき、国土交通大臣に提出する自動車事故報告書（以下「報告書」という。）等に関する次の記述のうち、<u>誤っているものを1つ</u>選びなさい。なお、解答にあたっては、各選択肢に記載されている事項以外は考慮しないものとする。

1．3人以上の重傷者を生じる事故が発生した場合には、報告書の提出のほか、電話、ファクシミリ装置その他適当な方法により、24時間以内においてできる限り速やかに、その事故の概要を運輸支局長等に速報しなければならない。

2．自動車の装置（道路運送車両法第41条に掲げる装置をいう。）の故障により、自動車が運行できなくなった場合には、報告書に当該自動車の自動車検査証の有効期間、使用開始後の総走行距離等所定の事項を記載した書面及び故障の状況を示す略図又は写真を添付しなければならない。

3．道路交通法に規定する救護義務違反があった場合には、当該違反があったことを旅客自動車運送事業者が知った日から30日以内に、報告書3通を当該自動車の使用の本拠の位置を管轄する運輸支局長等を経由して、国土交通大臣に提出しなければならない。

4．旅客自動車運送事業者が使用する事業用自動車が転覆し、転落し、火災（積載物品の火災を含む。）を起こし、又は鉄道車両（軌道車両を含む。）と衝突し、若しくは接触する事故を引き起こした場合には、報告書の提出のほか、電話、ファクシミリ装置その他適当な方法により、24時間以内においてできる限り速やかに、その事故の概要を運輸支局長等に速報しなければならない。

**ポイント解説**

1．**誤り**。**5人以上の重傷者**を生じる事故が発生した場合には、24時間以内において速やかに電話、ファクシミリなどで運輸支局長等に**速報**しなければならない。事故報告規則第4条第1項第2号ロを参照。

2．正しい。運行不能事故に該当する。事故報告規則第3条第2項第1号・第2号を参照。

3．正しい。事故報告規則第2条第1項第10号・第3条第1項を参照。

4．正しい。事故報告規則第4条第1項第1号を参照。

▶答え　1

## 問6 ★★★ ✓✓✓✓✓

　自動車事故に関する次の記述のうち、旅客自動車運送事業者が自動車事故報告規則に基づき運輸支局長等に<u>速報を要するものを2つ</u>選びなさい。なお、解答にあたっては、各選択肢に記載されている事項以外は考慮しないものとする。

1. 貸切バスの運転者がハンドル操作を誤り、当該貸切バスが車道と歩道の区別がない道路を逸脱し、当該道路との落差が0.3メートル下の畑に転落した。

2. 乗合バスが、交差点で信号待ちで停車していた乗用車の発見が遅れ、ブレーキをかける間もなく追突した。この事故で、当該乗合バスの乗客6人が14日間医師の治療を要する傷害を受けた。

3. 高速乗合バスが高速道路を走行中、前方に渋滞により乗用車が停車していることに気づくのが遅れ、追突事故を引き起こした。この事故で、当該高速乗合バスの乗客2人が重傷（自動車事故報告規則で定める傷害のものをいう。以下同じ。）を負い、乗用車に乗車していた2人が軽傷を負った。

4. 乗合バスに乗車してきた旅客が着席する前に当該乗合バスが発車したことから、当該旅客のうち1人がバランスを崩して床に倒れ大腿骨を骨折する重傷を負った。

### ポイント解説

1. **要しない**。落差が**0.3m**は、速報を要する転落事故に**該当しない**。落差0.5m以上の場合は転落事故に該当する。事故報告規則第2条第1項第1号、第4条第1項第1号を参照。

2. **要しない**。乗合バスの乗客6人が**14日間医師の治療**を要する傷害は旅客事故には該当するが、速報する死傷事故には**該当しない**。事故報告規則第2条第1項第7号・第4条第1項第2号を参照。

3. **要する**。高速乗合バスの乗客2人が重傷を負った死傷事故のため、速報を要する。事故報告規則第4条第1項第2号ハを参照。

4. **要する**。旅客のうち1人が大腿骨を骨折する重傷を負った死傷事故のため、速報を要する。事故報告規則第4条第1項第2号ハを参照。

▶答え　**3と4**

## 問7 ★★★ ☑☑☑☑☑

　自動車事故に関する次の記述のうち、旅客自動車運送事業者が自動車事故報告規則に基づき運輸支局長等に速報を要するものを2つ選びなさい。なお、解答にあたっては、各選択肢に記載されている事項以外は考慮しないものとする。

1. タクシーが交差点に停車していた貨物自動車に気づくのが遅れ、当該タクシーがこの貨物自動車に追突し、さらに後続の自家用自動車3台が関係する玉突き事故となり、この事故により自家用自動車の運転者、同乗者のうち3人が重傷、5人が軽傷を負った。
2. 貸切バスが信号機のない交差点において乗用車と接触する事故を起こした。双方の運転者は負傷しなかったが、当該バスの運転者が事故を警察官に報告した際、その運転者が道路交通法に規定する酒気帯び運転をしていたことが発覚した。
3. 高速乗合バスが高速自動車国道を走行中、前方に事故で停車していた乗用車の発見が遅れ、当該乗用車に追突した。さらに当該バスの後続車3台が次々と衝突する多重事故となった。この事故で、当該バスの運転者と乗客6人が軽傷を負い、当該高速自動車国道が2時間にわたり自動車の通行が禁止となった。
4. 乗合バスに乗車してきた旅客が着席する前に当該バスが発車したことから、当該旅客のうち1人がバランスを崩して床に倒れ大腿骨を骨折する重傷を負った。

### ポイント解説

1. 要しない。重傷者が5人以上（死傷事故）又は負傷者が10人以上（負傷事故）の場合は速報を要するが、いずれにも**該当しない**ため、速報を要しない。事故報告規則第4条第1項第2号・第3号を参照。
2. **要する**。法令違反事故のうち、酒気帯び運転に該当するため、速報を要する。事故報告規則第4条第1項第5号を参照。
3. 要しない。負傷者が**7人**（運転者と乗客6人が軽傷）の場合は負傷事故に**該当しない**ため、速報を要しない。また、高速道路2時間の通行禁止は高速道路傷害事故にも**該当しない**。事故報告規則第4条第1項第3号を参照。
4. **要する**。旅客のうち1人が大腿骨を骨折する重傷を負った死傷事故に該当するため、速報を要する。事故報告規則第4条第1項第2号ハを参照。

▶答え　**2と4**

**覚えておこう**／【事故の定義】

| 各号 | 事故の区分 | 事故の定義 |
|---|---|---|
| 第1号 | 転覆事故 | 自動車が転覆（道路上において路面と**35度以上**傾斜）したもの |
| | 転落事故 | 自動車が道路外に転落（落差が**0.5m以上**）したもの |
| | 火災事故 | 自動車又はその積載物が火災したもの |
| | 鉄道事故 | 鉄道車両（軌道車両を含む）と衝突又は接触したもの |
| 第2号 | 衝突事故 | **10台以上**の自動車の衝突又は接触を生じたもの |
| 第3号 | 死傷事故 | **死者又は重傷者**を生じたもの |
| 第4号 | 負傷事故 | **10人以上**の負傷者を生じたもの |
| 第7号 | 旅客事故 | 操縦装置又は乗降口の扉を開閉する操作装置の不適切な操作により、旅客に**11日以上**医師の治療を要する傷害が生じたもの |
| 第8号 | 法令違反事故 | 酒気帯び運転、無免許運転、大型自動車等無資格運転、麻薬等運転を伴うもの |
| 第9号 | 疾病事故 | 運転者の疾病により、事業用自動車の運転を継続することができなくなったもの |
| 第10号 | 救護義務違反事故 | 救護義務違反があったもの |
| 第11号 | 運行不能事故 | 自動車の装置（原動機、動力伝達装置、車輪・車軸、操縦装置、燃料装置など、ほぼ全ての装置が該当する）の故障により、自動車が運行できなくなったもの |
| 第12号 | 車輪脱落事故 | 車輪の脱落、被けん引自動車の分離を生じたもの（故障によるものに限る。） |
| 第13号 | 鉄道障害事故 | 橋脚、架線その他の鉄道施設を損傷し、**3時間以上**本線において鉄道車両の運転を休止させたもの |
| 第14号 | 高速道路障害事故 | 高速自動車国道又は自動車専用道路において、**3時間以上**自動車の通行を禁止させたもの |

**覚えておこう**／【重傷及び軽傷の定義】

| 重傷 | ■脊柱の骨折　■上腕又は前腕の骨折　■大腿又は下腿の骨折　■内臓の破裂<br>■**入院することを要する傷害**で、**医師の治療（通院）を要する期間が30日以上**のもの<br>■**14日以上病院に入院**することを要する傷害 |
|---|---|
| 軽傷 | ■**11日以上医師の治療（通院）**を要する傷害 |

**覚えておこう**　【速報を要する事故】

| 速報 | 以下の事故があった場合は**24時間以内**に運輸支局長等に電話やファクシミリなどで速報<br>①**転覆、転落、火災事故**、又は**鉄道車両等と衝突**若しくは**接触**したもの<br>②旅客自動車運送事業においては**1人以上の死者**を生じたもの<br>③**5人（旅客にあっては1人）以上の重傷者**を生じたもの<br>④**10人以上の負傷者**を生じたもの<br>⑤**酒気帯び運転**による法令違反事故 |
|---|---|

**覚えておこう**　【事故の報告と速報の違い】

| 報告 | 速報 |
|---|---|
| 事故報告規則第2条　定義（⇒66P【事故の定義】）に当てはまる事故が発生した場合、事故があった日から**30日以内※に自動車事故報告書を3通**、運輸監理部長又は運輸支局長を経由して、国土交通大臣に**提出**しなければならない。 | 報告を要する事故のうち、特に重大な事故（⇒上記【速報を要する事故】）が発生した場合、事故があった日から**30日以内に自動車事故報告書を3通提出**することに**加えて**、事故があった日から**24時間以内**に電話、FAX等によりできる限り速やかに、事故の概要を運輸監理部長又は運輸支局長に**速報**しなければならない。 |
|  | 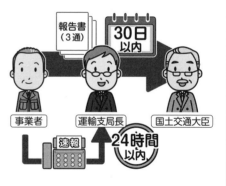 |

※救護義務違反事故の場合は**その事故を知った日から**、また、国土交通大臣が必要と認め報告の指示があった事故の場合は**その指示があった日から**30日以内。

# - MEMO -

# 第2章

## 道路運送車両法

2−1．法律の目的と定義

2−2．登録制度

2−3．自動車の検査

2−4．点検整備

2−5．保安基準

# 2-1 法律の目的と定義

## 問1 ★☆☆ ✓✓✓✓✓

道路運送車両法の目的についての次の文中、A〜Dに入るべき字句としていずれか正しいものを1つ選びなさい。

この法律は、道路運送車両に関し、（A）についての公証等を行い、並びに（B）及び（C）その他の環境の保全並びに整備についての技術の向上を図り、併せて自動車の整備事業の健全な発達に資することにより、（D）ことを目的とする。

A ① 所有権　　　　　　② 取得
B ① 運行の安全　　　　② 安全性の確保
C ① 騒音の防止　　　　② 公害の防止
D ① 道路交通の発達を図る　② 公共の福祉を増進する

### ポイント解説

車両法第1条第1項を参照。

この法律は、道路運送車両に関し、(**所有権**) についての公証等を行い、並びに (**安全性の確保**) 及び (**公害の防止**) その他の環境の保全並びに整備についての技術の向上を図り、併せて自動車の整備事業の健全な発達に資することにより、(**公共の福祉を増進する**) ことを目的とする。

▶答え　A−①，B−②，C−②，D−②

## 問2 ★☆☆ ✓✓✓✓✓

　道路運送車両法に関する次の記述のうち、誤っているものを1つ選びなさい。なお、解答にあたっては、各選択肢に記載されている事項以外は考慮しないものとする。

1．この法律で「道路運送車両」とは、自動車、原動機付自転車及び軽車両をいう。
2．自動車の種別は、自動車の大きさ及び構造並びに原動機の種類及び総排気量又は定格出力を基準として定められ、その別は、大型自動車、普通自動車、小型自動車、軽自動車、大型特殊自動車、小型特殊自動車である。
3．この法律で「自動車」とは、原動機により陸上を移動させることを目的として製作した用具で軌条若しくは架線を用いないもの又はこれにより牽引して陸上を移動させることを目的として製作した用具であって、原動機付自転車以外のものをいう。
4．この法律で「原動機付自転車」とは、国土交通省令で定める総排気量又は定格出力を有する原動機により陸上を移動させることを目的として製作した用具で軌条若しくは架線を用いないもの又はこれにより牽引して陸上を移動させることを目的として製作した用具をいう。

### ポイント解説

1．正しい。車両法第2条第1項を参照。
2．**誤り**。道路運送車両法での「自動車」の種別に、**大型自動車はない**。この道路運送車両法では、普通自動車、小型自動車、軽自動車、大型特殊自動車、小型特殊自動車の5種類に区分している。車両法第3条第1項を参照。
3．正しい。車両法第2条第2項を参照。
4．正しい。車両法第2条第3項を参照。

▶答え　2

### 覚えておこう【車両法と道交法の自動車の種別】

| 車両法（5種類に区分） | | 道交法（7種類に区分） | |
|---|---|---|---|
| ① 普通自動車 | ② 小型自動車 | ① 大型自動車 | ② 中型自動車 |
| ③ 軽自動車 | ④ 大型特殊自動車 | ③ 普通自動車 | ④ 大型自動二輪車 |
| ⑤ 小型特殊自動車 | | ⑤ 普通自動二輪車 | ⑥ 大型特殊自動車 |
| | | ⑦ 小型特殊自動車 | |

# 2-2　登録制度

## 問1 ★★☆ ✓✓✓✓✓

道路運送車両法の自動車の登録等についての次の記述のうち、誤っているものを1つ選びなさい。なお、解答にあたっては、各選択肢に記載されている事項以外は考慮しないものとする。

1. 登録自動車について所有者の変更があったときは、新所有者は、その事由があった日から30日以内に、国土交通大臣の行う移転登録の申請をしなければならない。
2. 何人も、国土交通大臣の許可を受けたときを除き、自動車の車台番号又は原動機の型式の打刻を塗まつし、その他車台番号又は原動機の型式の識別を困難にするような行為をしてはならない。
3. 何人も、国土交通大臣若しくは封印取付受託者が取付けをした封印又はこれらの者が封印の取付けをした自動車登録番号標は、これを取り外してはならない。ただし、整備のため特に必要があるときその他の国土交通省令で定めるやむを得ない事由に該当するときは、この限りでない。
4. 登録を受けた自動車の所有権の得喪（とくそう）は、登録を受けなければ、第三者に対抗することができない。

### ポイント解説

1. **誤り**。登録自動車について所有者の変更があったときは、新所有者は、その事由があった日から**15日以内**に、国土交通大臣の行う移転登録の申請をしなければならない。車両法第13条第1項を参照。
2. 正しい。車両法第31条第1項を参照。
3. 正しい。車両法第11条第5項を参照。
4. 正しい。車両法第5条第1項を参照。

▶答え　1

### 用語

| 得喪（とくそう） | 得ることと失うこと。 |
| --- | --- |

## 問2 ★★☆ ✓✓✓✓✓

　道路運送車両法の自動車の登録等についての次の記述のうち、<u>誤っているもの</u>を1つ選びなさい。なお、解答にあたっては、各選択肢に記載されている事項以外は考慮しないものとする。

1．登録自動車の所有者は、当該自動車の使用者が道路運送車両法の規定により自動車の使用の停止を命ぜられ、自動車検査証を返納したときは、遅滞なく、当該自動車登録番号標及び封印を取りはずし、自動車登録番号標について国土交通大臣の領置を受けなければならない。

2．臨時運行の許可を受けた者は、臨時運行許可証の有効期間が満了したときは、その日から15日以内に、当該臨時運行許可証及び臨時運行許可番号標を行政庁に返納しなければならない。

3．自動車の所有者は、当該自動車の使用の本拠の位置に変更があったときは、道路運送車両法で定める場合を除き、その事由があった日から15日以内に、国土交通大臣の行う変更登録の申請をしなければならない。

4．登録自動車の所有者は、当該自動車の自動車登録番号標の封印が滅失した場合には、国土交通大臣又は封印取付受託者の行う封印の取付けを受けなければならない。

### ポイント解説

1．正しい。車両法第20条第2項を参照。

2．**誤り**。臨時運行許可証の有効期間が満了したときは、その日から**5日以内**に、当該臨時運行許可証及び臨時運行許可番号標を行政庁に返納しなければならない。車両法第35条第6項を参照。

3．正しい。車両法第12条第1項を参照。

4．正しい。車両法第11条第4項を参照。

▶答え　**2**

# 問3 ★★☆ ☑☑☑☑☑

自動車の登録等についての次の記述のうち、<u>誤っているものを1つ</u>選びなさい。なお、解答にあたっては、各選択肢に記載されている事項以外は考慮しないものとする。

1. 登録自動車の所有者は、当該自動車の使用者が道路運送車両法の規定により自動車の使用の停止を命ぜられ、同法の規定により自動車検査証を返納したときは、その事由があった日から30日以内に、当該自動車登録番号標及び封印を取りはずし、自動車登録番号標について国土交通大臣に届け出なければならない。

2. 自動車は、自動車登録番号標を国土交通省令で定める位置に、かつ、被覆しないことその他当該自動車登録番号標に記載された自動車登録番号の識別に支障が生じないものとして国土交通省令で定める方法により表示しなければ、運行の用に供してはならない。

3. 道路運送車両法に規定する自動車の種別は、自動車の大きさ及び構造並びに原動機の種類及び総排気量又は定格出力を基準として定められ、その別は、普通自動車、小型自動車、軽自動車、大型特殊自動車、小型特殊自動車である。

4. 登録自動車について所有者の変更があったときは、新所有者は、その事由があった日から15日以内に、国土交通大臣の行う移転登録の申請をしなければならない。

## ポイント解説

1. **誤り**。自動車検査証を返納したときは、**遅滞なく**、当該自動車登録番号標及び封印を取りはずし、自動車登録番号標について国土交通大臣の**領置を受けなければならない**。車両法第20条第2項を参照。

2. 正しい。車両法第19条第1項・施行規則第8条の2第1項を参照。

3. 正しい。車両法第3条第1項・施行規則第2項第1項を参照。

4. 正しい。車両法第13条第1項を参照。

▶答え　1

## 用語

| **領置** (りょうち) | 強制力を用いない押収の一種。 |
|---|---|

# 問4 ★★☆ ✓✓✓✓✓

道路運送車両法の自動車の登録等についての次の記述のうち、<u>誤っているものを1つ選</u>びなさい。なお、解答にあたっては、各選択肢に記載されている事項以外は考慮しないものとする。

1. 登録自動車について所有者の変更があったときは、新所有者は、その事由があった日から15日以内に、国土交通大臣の行う移転登録の申請をしなければならない。

2. 登録自動車の所有者は、当該自動車が滅失し、解体し（整備又は改造のために解体する場合を除く。）、又は自動車の用途を廃止したときは、その事由があった日（使用済自動車の解体である場合には解体報告記録がなされたことを知った日）から15日以内に、永久抹消登録の申請をしなければならない。

3. 自動車登録番号標及びこれに記載された自動車登録番号の表示は、国土交通省令で定めるところにより、自動車登録番号標を自動車の前面及び後面の任意の位置に確実に取り付けることによって行うものとする。

4. 何人も、国土交通大臣若しくは封印取付受託者が取付けをした封印又はこれらの者が封印の取付けをした自動車登録番号標は、これを取り外してはならない。ただし、整備のため特に必要があるときその他の国土交通省令で定めるやむを得ない事由に該当するときは、この限りでない。

## ポイント解説

1. 正しい。車両法第13条第1項を参照。
2. 正しい。車両法第15条第1項第1号を参照。
3. **誤り**。自動車登録番号標は、自動車の前面及び後面であって、自動車登録番号の識別に支障が生じないものとして**告示で定める位置**に確実に取り付ける。車両法第19条第1項・施行規則第8条の2第1項を参照。
4. 正しい。車両法第11条第5項を参照。

▶答え　3

## 用語

| 自動車登録番号標 | ナンバープレートのこと。 |
|---|---|

# 2-3　自動車の検査

## 問1　★★☆ ✓✓✓✓✓

　自動車の検査等についての次の記述のうち、<u>正しいものを2つ</u>選びなさい。なお、解答にあたっては、各選択肢に記載されている事項以外は考慮しないものとする。

1. 自動車は、その構造が、長さ、幅及び高さ並びに車両総重量（車両重量、最大積載量及び55キログラムに乗車定員を乗じて得た重量の総和をいう。）等道路運送車両法に定める事項について、国土交通省令で定める保安上又は公害防止その他の環境保全上の技術基準に適合するものでなければ、運行の用に供してはならない。
2. 自動車は、指定自動車整備事業者が継続検査の際に交付した有効な保安基準適合標章を表示している場合であっても、自動車検査証を備え付けなければ、運行の用に供してはならない。
3. 乗車定員10人の旅客を運送する自動車運送事業の用に供する自動車については、初めて自動車検査証の交付を受ける際の当該自動車検査証の有効期間は2年である。
4. 国土交通大臣の行う自動車（検査対象外軽自動車及び小型特殊自動車を除く。以下同じ。）の検査は、新規検査、継続検査、臨時検査、構造等変更検査及び予備検査の5種類である。

### ポイント解説

1. **正しい**。車両法第40条第1項第1号・第3号を参照。
2. 誤り。有効な保安基準適合標章を表示している場合は、自動車検査証の**交付、備え付け**及び検査標章の**表示の規定は適用されない**。車両法第94条の5第11項を参照。
3. 誤り。旅客を運送する自動車運送事業の用に供する自動車は、初回車検の有効期間は**1年**である。車両法第61条第1項を参照。
4. **正しい**。記述のとおり。車両法第59条第1項・第62条第1項・第63条第1項・第67条第1項・第71条第1項を参照。

▶答え　1と4

### 用語

| 検査標章 | 継続検査等において、保安基準に適合すると、自動車検査証とともに、交付されるステッカー。 |  〈表〉 |  〈裏〉 |
|---|---|---|---|

　自動車（検査対象外軽自動車及び小型特殊自動車を除く。）の検査等についての次の記述のうち、<u>正しいもの</u>を２つ選びなさい。なお、解答にあたっては、各選択肢に記載されている事項以外は考慮しないものとする。

1．自動車は、指定自動車整備事業者が継続検査の際に交付した有効な保安基準適合標章を表示している場合であっても、自動車検査証を備え付けなければ、運行の用に供してはならない。

2．乗車定員５人の旅客を運送する自動車運送事業の用に供する自動車については、初めて自動車検査証の交付を受ける際の当該自動車検査証の有効期間は２年である。

3．国土交通大臣は、一定の地域に使用の本拠の位置を有する自動車の使用者が、天災その他やむを得ない事由により、継続検査を受けることができないと認めるときは、当該地域に使用の本拠の位置を有する自動車の自動車検査証の有効期間を、期間を定めて伸長する旨を公示することができる。

4．自動車の使用者は、自動車の長さ、幅又は高さを変更したときは、道路運送車両法で定める場合を除き、その事由があった日から15日以内に、当該事項の変更について、国土交通大臣が行う自動車検査証の記入を受けなければならない。

### ポイント解説

1．誤り。有効な保安基準適合標章を表示している場合は、自動車検査証の**交付、備え付け**及び検査標章の**表示の規定は適用されない**。車両法第94条の５第11項を参照。

2．誤り。旅客を運送する自動車運送事業の用に供する自動車は、初回車検の有効期間は**1年**である。車両法第61条第１項を参照。

3．**正しい**。車両法第61条の２第１項を参照。

4．**正しい**。車両法第67条第１項を参照。

▶答え　**3と4**

# 問3 ★★☆ ✓✓✓✓✓

自動車の検査等についての次の記述のうち、誤っているものを１つ選びなさい。なお、解答にあたっては、各選択肢に記載されている事項以外は考慮しないものとする。

1. 自動車は、指定自動車整備事業者が継続検査の際に交付した有効な保安基準適合標章を表示しているときは、自動車検査証を備え付けていなくても、運行の用に供することができる。

2. 初めて自動車検査証の交付を受ける乗車定員５人の旅客を運送する自動車運送事業の用に供する自動車については、当該自動車検査証の有効期間は２年である。

3. 自動車の使用者は、自動車検査証又は検査標章が滅失し、き損し、又はその識別が困難となった場合には、その再交付を受けることができる。

4. 検査標章は、自動車検査証がその効力を失ったとき、又は継続検査、臨時検査若しくは構造等変更検査の結果、当該自動車検査証の返付を受けることができなかったときは、当該自動車に表示してはならない。

## ポイント解説

1. 正しい。車両法第94条の５第11項を参照。
2. **誤り**。バス、タクシー、ハイヤーなどの**旅客を運送**する自動車運送事業の用に供する自動車の初回車検の有効期間は**1年**である。車両法第61条第１項を参照。
3. 正しい。車両法第70条第１項を参照。
4. 正しい。車両法第66条第５項を参照。

▶答え　2

## 用語

| 運行の用に供する | 運行のために使用すること。 |
| --- | --- |

# 問4 ★★☆ ✓✓✓✓✓

道路運送車両法の自動車の検査等についての次の記述のうち、<u>正しいものを2つ</u>選びなさい。なお、解答にあたっては、各選択肢に記載されている事項以外は考慮しないものとする。

1．自動車運送事業の用に供する自動車は、自動車検査証を当該自動車又は当該自動車の所属する営業所に備え付けなければ、運行の用に供してはならない。

2．自動車は、その構造が、長さ、幅及び高さ並びに車両総重量（車両重量、最大積載量及び55キログラムに乗車定員を乗じて得た重量の総和をいう。）等道路運送車両法に定める事項について、国土交通省令で定める保安上又は公害防止その他の環境保全上の技術基準に適合するものでなければ、運行の用に供してはならない。

3．車両総重量8トン以上又は乗車定員30人以上の自動車の使用者は、スペアタイヤの取付状態等について、1ヵ月ごとに国土交通省令で定める技術上の基準により自動車を点検しなければならない。

4．自動車検査証の有効期間の起算日については、自動車検査証の有効期間が満了する日の1ヵ月前（離島に使用の本拠の位置を有する自動車を除く。）から当該期間が満了する日までの間に継続検査を行い、当該自動車検査証に有効期間を記録する場合は、当該自動車検査証の有効期間が満了する日の翌日とする。

## ポイント解説

1．**誤り**。自動車検査証は**当該自動車に備え付けておかなければならない**。車両法第66条第1項を参照。

2．**正しい**。車両法第40条第1項第1号・第3号を参照。

3．**誤り**。車両総重量8トン以上又は乗車定員30人以上の自動車の使用者は、スペアタイヤの取付状態等について、**3ヵ月ごと**に国土交通省令で定める技術上の基準により自動車を点検しなければならない。車両法第48条第1項第1号・点検基準 別表第3を参照。

4．**正しい**。施行規則第44条第1項を参照。

▶答え　**2と4**

## 問5 ★★☆ ✓✓✓✓✓

自動車の検査等についての次の記述のうち、誤っているものを1つ選びなさい。なお、解答にあたっては、各選択肢に記載されている事項以外は考慮しないものとする。

1. 自動車は、指定自動車整備事業者が継続検査の際に交付した有効な保安基準適合標章を表示している場合であっても、自動車検査証を備え付けなければ、運行の用に供してはならない。

2. 自動車の使用者は、継続検査を申請する場合において、道路運送車両法第67条（自動車検査証の記載事項の変更及び構造等変更検査）の規定による自動車検査証の変更記録の申請をすべき事由があるときは、あらかじめ、その申請をしなければならない。

3. 国土交通大臣は、一定の地域に使用の本拠の位置を有する自動車の使用者が、天災その他やむを得ない事由により、継続検査を受けることができないと認めるときは、当該地域に使用の本拠の位置を有する自動車の自動車検査証の有効期間を、期間を定めて伸長する旨を公示することができる。

4. 自動車に表示しなければならない検査標章には、国土交通省令で定めるところにより、その交付の際の当該自動車の自動車検査証の有効期間の満了する時期を表示するものとする。

### ポイント解説

1. **誤り**。有効な保安基準適合標章を表示している場合は、自動車検査証の**交付**、**備え付け**及び検査標章の**表示の規定**は**適用されない**。車両法第94条の5第11項を参照。

2. 正しい。車両法第62条第5項を参照。

3. 正しい。車両法第61条の2第1項を参照。

4. 正しい。車両法第66条第3項を参照。

▶答え　1

### 用語

| | |
|---|---|
| 指定自動車整備事業者 | 一般に民間車検場と呼ばれ、国の検査場に代わって継続検査等を実施して保安基準適合証を交付できる工場（ディーラーなど）。 |
| 保安基準適合標章 | 使用者（検査依頼者）に渡す書面で、新しい自動車検査証が届くまで自動車に表示するもの。 |

道路運送車両法に定める検査等についての次の文中、A、B、C、Dに入るべき字句を下の枠内の選択肢（①〜⑥）から選びなさい。

1. 登録を受けていない道路運送車両法第4条に規定する自動車又は同法第60条第1項の規定による車両番号の指定を受けていない検査対象軽自動車若しくは二輪の小型自動車を運行の用に供しようとするときは、当該自動車の使用者は、当該自動車を提示して、国土交通大臣の行う（A）を受けなければならない。

2. 登録自動車又は車両番号の指定を受けた検査対象軽自動車若しくは二輪の小型自動車の使用者は、自動車検査証の有効期間の満了後も当該自動車を使用しようとするときは、当該自動車を提示して、国土交通大臣の行う（B）を受けなければならない。この場合において、当該自動車の使用者は、当該自動車検査証を国土交通大臣に提出しなければならない。

3. 自動車の使用者は、自動車検査証記録事項について変更があったときは、法令で定める場合を除き、その事由があった日から（C）以内に、当該事項の変更について、国土交通大臣が行う自動車検査証の記録を受けなければならない。

4. 国土交通大臣は、一定の地域に使用の本拠の位置を有する自動車の使用者が、天災その他やむを得ない事由により、（D）を受けることができないと認めるときは、当該地域に使用の本拠の位置を有する自動車の自動車検査証の有効期間を、期間を定めて伸長する旨を公示することができる。

| ① 新規検査 | ② 継続検査 | ③ 構造等変更検査 | ④ 予備検査 |
|---|---|---|---|
| ⑤ 15日 | ⑥ 30日 | | |

──────── - - - 答えは次のページ - - - ────────

## ポイント解説

1. 登録を受けていない道路運送車両法第４条に規定する自動車又は同法第60条第１項の規定による車両番号の指定を受けていない検査対象軽自動車若しくは二輪の小型自動車を運行の用に供しようとするときは、当該自動車の使用者は、当該自動車を提示して、国土交通大臣の行う（**新規検査**）を受けなければならない。車両法第59条第１項を参照。

2. 登録自動車又は車両番号の指定を受けた検査対象軽自動車若しくは二輪の小型自動車の使用者は、自動車検査証の有効期間の満了後も当該自動車を使用しようとするときは、当該自動車を提示して、国土交通大臣の行う（**継続検査**）を受けなければならない。この場合において、当該自動車の使用者は、当該自動車検査証を国土交通大臣に提出しなければならない。車両法第62条第１項を参照。

3. 自動車の使用者は、自動車検査証記録事項について変更があったときは、法令で定める場合を除き、その事由があった日から（**15日**）以内に、当該事項の変更について、国土交通大臣が行う自動車検査証の記録を受けなければならない。車両法第67条第１項を参照。

4. 国土交通大臣は、一定の地域に使用の本拠の位置を有する自動車の使用者が、天災その他やむを得ない事由により、（**継続検査**）を受けることができないと認めるときは、当該地域に使用の本拠の位置を有する自動車の自動車検査証の有効期間を、期間を定めて伸長する旨を公示することができる。車両法第61条の２第１項を参照。

▶答え　A－①，B－②，C－⑤，D－②

### 覚えておこう🖊 【車両法に関する日数】

| 15日以内 | 変更登録、移転登録、永久抹消登録、一時抹消登録、自動車検査証記録事項の変更、自動車検査証の返納 |
|---|---|
| 5日以内 | 臨時運行許可証の返納 |

# 2-4　点検整備

## 問1 ★★☆ ✓✓✓✓✓

　道路運送車両法に定める自動車の点検整備等に関する次の文中、A、B、C、Dに入るべき字句としていずれか正しいものを1つ選びなさい。

1．自動車運送事業の用に供する自動車の使用者又は当該自動車を運行する者は、（A）、その運行の開始前において、国土交通省令で定める技術上の基準により、自動車を点検しなければならない。

2．車両総重量8トン以上又は乗車定員30人以上の自動車の使用者は、スペアタイヤの取付状態等について、（B）ごとに国土交通省令で定める技術上の基準により自動車を点検しなければならない。

3．自動車の使用者は、自動車の点検及び整備等に関する事項を処理させるため、車両総重量8トン以上の自動車その他の国土交通省令で定める自動車であって国土交通省令で定める台数以上のものの使用の本拠ごとに、自動車の点検及び整備に関する実務の経験その他について国土交通省令で定める一定の要件を備える者のうちから、（C）を選任しなければならない。

4．地方運輸局長は、自動車の（D）が道路運送車両法第54条（整備命令等）の規定による命令又は指示に従わない場合において、当該自動車が道路運送車両の保安基準に適合しない状態にあるときは、当該自動車の使用を停止することができる。

A　① 1日1回　　　　　② 必要に応じて

B　① 3ヵ月　　　　　　② 6ヵ月

C　① 安全統括管理者　② 整備管理者

D　① 所有者　　　　　② 使用者

―――――― - - - 答えは次のページ - - - ――――――

1. 自動車運送事業の用に供する自動車の使用者又は当該自動車を運行する者は、（**1日1回**）、その運行の開始前において、国土交通省令で定める技術上の基準により、自動車を点検しなければならない。車両法第47条の2第2項を参照。

2. 車両総重量8トン以上又は乗車定員30人以上の自動車の使用者は、スペアタイヤの取付状態等について、（**3ヵ月**）ごとに国土交通省令で定める技術上の基準により自動車を点検しなければならない。点検基準 別表第3・車両法第48条第1項第1号を参照。

3. 自動車の使用者は、自動車の点検及び整備等に関する事項を処理させるため、車両総重量8トン以上の自動車その他の国土交通省令で定める自動車であって国土交通省令で定める台数以上のものの使用の本拠ごとに、自動車の点検及び整備に関する実務の経験その他について国土交通省令で定める一定の要件を備える者のうちから、（**整備管理者**）を選任しなければならない。車両法第50条第1項を参照。

4. 地方運輸局長は、自動車の（**使用者**）が道路運送車両法第54条（整備命令等）の規定による命令又は指示に従わない場合において、当該自動車が道路運送車両の保安基準に適合しない状態にあるときは、当該自動車の使用を停止することができる。車両法第54条第2項を参照。

▶答え　**A－①，B－①，C－②，D－②**

**問2** ★★☆ ✓✓✓✓✓

道路運送車両法に定める自動車の点検整備等に関する次の文中、A、B、C、Dに入るべき字句としていずれか正しいものを1つ選びなさい。

1. 事業用自動車の使用者は、自動車の点検をし、及び必要に応じ（A）をすることにより、当該自動車を道路運送車両の保安基準に適合するように維持しなければならない。
2. 事業用自動車の使用者又は当該自動車を（B）する者は、1日1回、その（C）において、国土交通省令で定める技術上の基準により、自動車を点検しなければならない。
3. 事業用自動車の使用者は、当該自動車について定期点検整備をしたときは、遅滞なく、点検整備記録簿に点検の結果、整備の概要等所定事項を記載して当該自動車に備え置き、その記載の日から（D）間保存しなければならない。

A ① 検査　　　　　② 整備
B ① 運行　　　　　② 管理
C ① 運行の開始前　② 運行の終了後
D ① 1年　　　　　② 2年

### ポイント解説

1. 事業用自動車の使用者は、自動車の点検をし、及び必要に応じ（**整備**）をすることにより、当該自動車を道路運送車両の保安基準に適合するように維持しなければならない。車両法第47条第1項を参照。
2. 事業用自動車の使用者又は当該自動車を（**運行**）する者は、1日1回、その（**運行の開始前**）において、国土交通省令で定める技術上の基準により、自動車を点検しなければならない。車両法第47条の2第2項を参照。
3. 事業用自動車の使用者は、当該自動車について定期点検整備をしたときは、遅滞なく、点検整備記録簿に点検の結果、整備の概要等所定事項を記載して当該自動車に備え置き、その記載の日から（**1年**）間保存しなければならない。車両法第49条第1項・第3項・点検基準第4条第2項を参照。

▶答え　A−②，B−①，C−①，D−①

## 問3 ★★☆ ✓✓✓✓✓

道路運送車両法に定める自動車の点検整備等に関する次のア、イ、ウの文中、A～Dに入るべき字句として**いずれか正しいものを1つ**選びなさい。

ア　自動車の（A）は、自動車の点検をし、及び必要に応じ整備をすることにより、当該自動車を道路運送車両の保安基準に適合するように維持しなければならない。

イ　自動車運送事業の用に供する自動車の使用者又は当該自動車を（B）する者は、（C）、その運行の開始前において、国土交通省令で定める技術上の基準により、自動車を点検しなければならない。

ウ　自動車運送事業の用に供する自動車の使用者は、（D）ごとに国土交通省令で定める技術上の基準により、自動車を点検しなければならない。

A　① 所有者　　　　　② 使用者

B　① 運行　　　　　　② 管理

C　① 必要に応じて　　② 1日1回

D　① 3ヵ月　　　　　② 6ヵ月

### ポイント解説

ア．自動車の（**使用者**）は、自動車の点検をし、及び必要に応じ整備をすることにより、当該自動車を道路運送車両の保安基準に適合するように維持しなければならない。車両法第47条第1項を参照。

イ．自動車運送事業の用に供する自動車の使用者又は当該自動車を（**運行**）する者は、（**1日1回**）、その運行の開始前において、国土交通省令で定める技術上の基準により、自動車を点検しなければならない。車両法第47条の2第2項を参照。

ウ．自動車運送事業の用に供する自動車の使用者は、（**3ヵ月**）ごとに国土交通省令で定める技術上の基準により、自動車を点検しなければならない。車両法第48条第1項第1号を参照。

▶答え　A－②，B－①，C－②，D－①

**問4** ★★☆ ✓✓✓✓✓

　道路運送車両法の自動車の検査等についての次の記述のうち、<u>正しいものを2つ選びな</u>さい。なお、解答にあたっては、各選択肢に記載されている事項以外は考慮しないものとする。

1．事業用自動車の使用者は、「ブレーキのきき具合」について、3ヵ月ごとに国土交通省令で定める技術上の基準により自動車を点検しなければならない。

2．地方運輸局長は、自動車の使用者が道路運送車両法第54条（整備命令等）の規定による命令又は指示に従わない場合において、当該自動車が道路運送車両の保安基準に適合しない状態にあるときは、当該自動車の使用を停止することができる。

3．日常点検の結果に基づく運行可否の決定は、整備管理者の助言の内容を踏まえ、運行管理者が行わなければならない。

4．新規登録を受けて1年以内の事業用自動車の日常点検は、自動車点検基準に基づく全ての点検箇所について、当該自動車の走行距離、運行時の状態等から判断して適切な時期に行うことで足りる。

**ポイント解説**

1．**正しい**。車両法第48条第1項第1号、点検基準 別表第3を参照。

2．**正しい**。車両法第54条第2項を参照。

3．誤り。日常点検の結果に基づく運行可否の決定は、**整備管理者**が行わなければならない。車両法第50条第2項、施行規則第32条第1項第2号を参照。

4．誤り。事業用自動車の日常点検は、登録の年数に関係なく、**1日1回**、日常点検の基準に従って、その**運行の開始前**に実施する。車両法第47条の2第2項を参照。

▶答え　**1と2**

**問5** ★★☆ ✓✓✓✓✓

　自動車の検査等についての次の記述のうち、<u>正しいものを2つ</u>選びなさい。なお、解答にあたっては、各選択肢に記載されている事項以外は考慮しないものとする。

1．事業用自動車の定期点検整備は、国土交通省令で定める技術上の基準により1ヵ月、3ヵ月、12ヵ月ごとに行わなければならない。

2．事業用自動車のタイヤの溝の深さが十分であることに関する日常点検は、当該自動車の走行距離、運行時の状態等から判断した適切な時期に行うことで足りる。

3．自動車の使用者は、点検整備記録簿を当該自動車に備え置き、当該自動車について定期点検整備をしたときは、遅滞なく、これに点検の結果、整備の概要等所定事項を記載して、その記載の日から1年間保存しなければならない。

4．車両総重量8トン以上又は乗車定員30人以上の自動車の使用者は、スペアタイヤの取付状態等について、1ヵ月ごとに国土交通省令で定める技術上の基準により自動車を点検しなければならない。

**ポイント解説**

1．誤り。事業用自動車の定期点検は、**3ヵ月ごと**に行わなければならない。車両法第48条第1項第1号を参照。

2．**正しい**。点検基準 別表第1を参照。

3．**正しい**。車両法第49条第1項・第3項を参照。

4．誤り。スペアタイヤの取付状態等については**3ヵ月ごと**に点検をする。点検基準 別表第3を参照。

▶答え　**2と3**

# 2−5　保安基準

## 問1 ★★☆ ✓✓✓✓✓

　道路運送車両の保安基準及びその細目を定める告示についての次の記述のうち、<u>誤っているもの</u>を1つ選びなさい。なお、解答にあたっては、各選択肢に記載されている事項以外は考慮しないものとする。

1．自動車の前面ガラス及び側面ガラス（告示で定める部分を除く。）は、フィルムが貼り付けられた場合、当該フィルムが貼り付けられた状態においても、透明であり、かつ、運転者が交通状況を確認するために必要な視野の範囲に係る部分における可視光線の透過率が70％以上であることが確保できるものでなければならない。

2．幼児専用車及び乗車定員11人以上の自動車（緊急自動車を除く。）には、非常時に容易に脱出できるものとして、設置位置、大きさ等に関し告示で定める基準に適合する非常口を設けなければならない。ただし、すべての座席が乗降口から直接着席できる自動車にあっては、この限りでない。

3．乗車定員11人以上の自動車及び幼児専用車には、消火器を備えなければならない。

4．自動車は、告示で定める方法により測定した場合において、長さ（セミトレーラにあっては、連結装置中心から当該セミトレーラの後端までの水平距離）12メートル（セミトレーラのうち告示で定めるものにあっては、13メートル）、幅2.5メートル、高さ3.8メートルを超えてはならない。

### ポイント解説

1．正しい。保安基準第29条第4項第6号・細目告示第195条第3項第2号を参照。

2．**誤り**。幼児専用車及び乗車定員**30人以上**の自動車（緊急自動車を除く。）には、非常時に容易に脱出できるものとして、設置位置、大きさ等に関し告示で定める基準に適合する非常口を設けなければならない。保安基準第26条第1項を参照。

3．正しい。保安基準第47条第1項第7号・第9号を参照。

4．正しい。保安基準第2条第1項を参照。

▶答え　**2**

## 問2 ★★☆ ☑☑☑☑☑

道路運送車両の保安基準及びその細目を定める告示についての次の記述のうち、<u>誤っているもの</u>を1つ選びなさい。なお、解答にあたっては、各選択肢に記載されている事項以外は考慮しないものとする。

1. 一般乗用旅客自動車運送事業用自動車には、後方に表示する灯光の色が白色である社名表示灯を備えてはならない。

2. 非常口を設けた乗車定員30人以上の自動車には、非常口又はその附近に、見やすいように、非常口の位置及びとびらの開放の方法が表示されていなければならない。この場合において、灯火により非常口の位置を表示するときは、その灯光の色は、緑色でなければならない。

3. もっぱら小学校、中学校、幼稚園等に通う児童、生徒又は幼児の運送を目的とする自動車（乗車定員11人以上のものに限る。）の車体の前面、後面及び両側面には、告示で定めるところにより、これらの者の運送を目的とする自動車である旨の表示をしなければならない。

4. 旅客自動車運送事業用自動車には、緊急時に点灯する灯光の色が赤色である非常灯を備えることができる。

### ポイント解説

1. **誤り。** 一般乗用旅客自動車運送事業用自動車には、後方に表示する灯光の色が白色である社名表示灯を**備えることができる。** 保安基準第42条第1項・細目告示第218条第3項第6号。
2. 正しい。保安基準第26条第1項・第2項を参照。
3. 正しい。保安基準第18条第9項を参照。
4. 正しい。非常灯は、タクシー、路線バス等で異常事態が発生した場合に周囲に知らせるための点滅灯火のことをいう。保安基準第42条第1項・細目告示第218条第2項第10号を参照。

▶答え　1

### 用語

| 社名表示灯 | タクシーで屋根の上に設置されている表示灯のこと。 |
| --- | --- |

## 問3 ★★☆ ☑☑☑☑☑

道路運送車両の保安基準及びその細目を定める告示についての次の記述のうち、誤っているものを1つ選びなさい。なお、解答にあたっては、各選択肢に記載されている事項以外は考慮しないものとする。

1. 自動車（二輪自動車等を除く。）の空気入ゴムタイヤの接地部は滑り止めを施したものであり、滑り止めの溝は、空気入ゴムタイヤの接地部の全幅にわたり滑り止めのために施されている凹部（サイピング、プラットフォーム及びウエア・インジケータの部分を除く。）のいずれの部分においても1.6ミリメート以上の深さを有すること。

2. 乗用車等に備える事故自動緊急通報装置は、当該自動車が衝突等による衝撃を受ける事故が発生した場合において、その旨及び当該事故の概要を所定の場所に自動的かつ緊急に通報するものとして、機能、性能等に関し告示で定める基準に適合するものでなければならない。

3. 路線を定めて定期に運行する一般乗合旅客自動車運送事業用自動車に備える旅客が乗降中であることを後方に表示する電光表示器には、点滅する灯火又は光度が増減する灯火を備えることができる。

4. 自動車に備えなければならない非常信号用具は、夜間150メートルの距離から確認できる赤色の灯光を発するものでなければならない。

### ポイント解説

1. 正しい。保安基準第9条第2項・細目告示第167条第4項第2号を参照。
2. 正しい。保安基準第43条の8第1項を参照。
3. 正しい。保安基準第42条第1項・細目告示第218条第6項第18号を参照。
4. **誤り**。自動車に備えなければならない非常信号用具は、**夜間200メートル**の距離から確認できる赤色の灯光を発するものでなければならない。保安基準第43条の2第1項・細目告示第220条第1項第1号を参照。

▶答え　4

### 用語

| 非常信号用具 | 発炎筒など。 |
|---|---|

**問4** ★★☆ ✓✓✓✓✓

　道路運送車両の保安基準及びその細目を定める告示についての次の記述のうち、<u>誤っているものを1つ選びなさい</u>。なお、解答にあたっては、各選択肢に記載されている事項以外は考慮しないものとする。

1．路線を定めて定期に運行する一般乗合旅客自動車運送事業用自動車に備える旅客が乗降中であることを後方に表示する電光表示器には、点滅する灯火又は光度が増減する灯火を備えることができる。

2．自動車に備えなければならない後写鏡は、取付部付近の自動車の最外側より突出している部分の最下部が地上2.0メートル以下のものは、当該部分が歩行者等に接触した場合に衝撃を緩衝できる構造でなければならない。

3．自動車に備えなければならない非常信号用具は、夜間200メートルの距離から確認できる赤色の灯光を発するものでなければならない。

4．もっぱら小学校、中学校、幼稚園等に通う児童、生徒又は幼児の運送を目的とする自動車（乗車定員11人以上のものに限る。）の車体の前面、後面及び両側面には、告示で定めるところにより、これらの者の運送を目的とする自動車である旨の表示をしなければならない。

**ポイント解説**

1．正しい。保安基準第42条第1項・細目告示第218条第6項第18号を参照。

2．**誤り**。後写鏡は、取付部付近の最外側より突出している部分の最下部が地上**1.8メートル以下**のものは、当該部分が歩行者等に接触した場合に衝撃を緩衝できる構造でなければならない。保安基準第44条第2項・細目告示再224条第2項第2号を参照。

3．正しい。保安基準第43条の2第1項・細目告示第220条第1項第1号を参照。

4．正しい。保安基準第18条第9項を参照。

▶答え　**2**

**用語**

| 後写鏡 | バックミラー、サイドミラーをいう。 |
|---|---|

**問5** ★★☆ ✓✓✓✓✓

　道路運送車両の保安基準及びその細目を定める告示についての次の記述のうち、<u>誤っているものを1つ</u>選びなさい。なお、解答にあたっては、各選択肢に記載されている事項以外は考慮しないものとする。

1．自動車の前面ガラス及び側面ガラス（告示で定める部分を除く。）は、フィルムが貼り付けられた場合、当該フィルムが貼り付けられた状態においても、透明であり、かつ、運転者が交通状況を確認するために必要な視野の範囲に係る部分における可視光線の透過率が60％以上であることが確保できるものでなければならない。

2．幼児専用車及び乗車定員30人以上の自動車（緊急自動車を除く。）には、非常時に容易に脱出できるものとして、設置位置、大きさ等に関し告示で定める基準に適合する非常口を設けなければならない。ただし、すべての座席が乗降口から直接着席できる自動車にあっては、この限りでない。

3．自動車の後面には、夜間にその後方150メートルの距離から走行用前照灯で照射した場合にその反射光を照射位置から確認できる赤色の後部反射器を備えなければならない。

4．自動車は、告示で定める方法により測定した場合において、長さ（セミトレーラにあっては、連結装置中心から当該セミトレーラの後端までの水平距離）12メートル（セミトレーラのうち告示で定めるものにあっては、13メートル）、幅2.5メートル、高さ3.8メートルを超えてはならない。

**ポイント解説**

1．**誤り**。可視光線の透過率が**70％以上**であることが確保できるものでなければならない。保安基準第29条第4項第6号、細目告示第195条第3項第2号を参照。

2．正しい。保安基準第26条第1項を参照。

3．正しい。保安基準第38条第2項、細目告示第210条第1項第3号を参照。

4．正しい。保安基準第2条第1項を参照。

▶答え　1

**問6** ★★☆ ✓✓✓✓✓

　道路運送車両の保安基準及びその細目を定める告示についての次の記述のうち、<u>誤って</u><u>いるもの</u>を1つ選びなさい。なお、解答にあたっては、各選択肢に記載されている事項以外は考慮しないものとする。

1. 停止表示器材は、夜間200メートルの距離から走行用前照灯で照射した場合にその反射光を照射位置から確認できるものであることなど告示で定める基準に適合するものでなければならない。

2. 自動車（被けん引自動車を除く。）には、警音器の警報音発生装置の音が、連続するものであり、かつ、音の大きさ及び音色が一定なものである警音器を備えなければならない。

3. 自動車（二輪自動車等を除く。）の空気入ゴムタイヤの接地部は滑り止めを施したものであり、滑り止めの溝は、空気入ゴムタイヤの接地部の全幅にわたり滑り止めのために施されている凹部（サイピング、プラットフォーム及びウエア・インジケータの部分を除く。）のいずれの部分においても1.6ミリメートル以上の深さを有すること。

4. 非常点滅表示灯は、盗難、車内における事故その他の緊急事態が発生していることを表示するための灯火として作動する場合においても、点滅回数の基準に適合する構造としなければならない。

**ポイント解説**

1. 正しい。保安基準第43条の4第1項・細目告示第222条第1項第1号を参照。
2. 正しい。保安基準第43条第1項・細目告示第219条第1項を参照。
3. 正しい。保安基準第9条第2項・細目告示第167条第4項第2号を参照。
4. **誤り。**非常灯として作動する場合には、点滅回数の基準に**適合しない構造**とすることができる。保安基準第41条の3第1項・細目告示第217条第3項第1号を参照。

▶答え　**4**

**用語**

| | | |
|---|---|---|
| 停止表示器材 | 故障などが原因で車両が動かなくなった際、停止していることを表示する器材。高速道路では表示する義務がある。 | 反射部／蛍光部 |
| 前照灯 | ヘッドライトのことをいう。また、走行用前照灯はハイビーム、すれ違い用前照灯はロービームのこと。 | |
| 警音器 | クラクションのこと。 | |
| 非常点滅表示灯 | ハザードランプのこと。 | |

## 問7 ★☆☆ ✓✓✓✓✓

道路運送車両法第46条に定める「保安基準の原則」についての次の文中、A、B、Cに入るべき字句として<u>いずれか正しいものを1つ選びなさい</u>。

　自動車の構造及び自動車の装置等に関する保安上又は（A）その他の環境保全上の技術基準（「保安基準」という。）は、道路運送車両の構造及び装置が（B）に十分堪え、操縦その他の使用のための作業に安全であるとともに、通行人その他に（C）を与えないことを確保するものでなければならず、かつ、これにより製作者又は使用者に対し、自動車の製作又は使用について不当な制限を課することとなるものであってはならない。

A　① 公害防止　　② 事故防止
B　① 衝撃　　　　② 運行
C　① 危害　　　　② 影響

### ポイント解説

車両法第46条第1項を参照。

　自動車の構造及び自動車の装置等に関する保安上又は（**公害防止**）その他の環境保全上の技術基準（「保安基準」という。）は、道路運送車両の構造及び装置が（**運行**）に十分堪え、操縦その他の使用のための作業に安全であるとともに、通行人その他に（**危害**）を与えないことを確保するものでなければならず、かつ、これにより製作者又は使用者に対し、自動車の製作又は使用について不当な制限を課することとなるものであってはならない。

▶答え　**A−①，B−②，C−①**

覚えておこう✎ 【よくでる保安基準の項目と要点】

| 項目 | 法令の要点 |
|---|---|
| 自動車の大きさ | 自動車は、長さ**12m**（告示で定めるものは13m）、幅**2.5m**、高さ**3.8m**を超えてはならない。 |
| 軸重 | 自動車の軸重は**10ｔ**（告示で定めるものは11.5ｔ）を超えてはならない。 |
| タイヤの溝 | 空気入ゴムタイヤの滑り止めの溝は、**1.6mm以上**の深さを有すること（四輪自動車）。 |
| 車枠及び車体 | 中学校、小学校、幼稚園等に通う生徒、児童又は幼児の運送を目的とする自動車の**車体前面、後面、両側面**には、告示で定めるこれらの者の運送を目的とする自動車である旨の表示をしなければならない。 |
| 非常口 | 乗車定員30人以上の自動車は、客室の右側面後部又は後面に、緑色で位置を示す非常口を設けなければならない。 |
| 窓ガラス | 可視光透過率が**70%以上**であること。 |
| 後部反射器 | **夜間にその後方150mの距離から走行用前照灯で照射した場合にその反射光を照射位置から確認できる、反射光の色が赤色**の後部反射器を備えなければならない。 |
| 方向指示器 | **毎分60回以上120回以下の一定の周期**で点滅するものであること。 |
| 非常点滅表示灯（※） | |

| 備えることができる灯火 | | |
|---|---|---|
| | 赤色 | **終車灯**（乗合）、**空車等・料金等**（乗用）、**非常灯** |
| | 白色 | **社名表示灯**（乗用） |
| | 青紫 | 前面ガラスの**上方の灯火**（乗合） |
| | 点滅・増減 | **電光表示器**（乗合）、**非常灯**（旅客） |

| 項目 | 法令の要点 |
|---|---|
| 警音器 | 警音器の警報音発生装置の音が、**連続するもの**であり、かつ、**音の大きさ及び音色が一定なもの**であること |
| 非常信号用具 | **夜間200mの距離から確認できる赤色のもの** |
| 停止表示器材 | **夜間200mの距離から走行用前照灯で照射した場合にその反射光を照射位置から確認できること。反射光の色は赤色、蛍光の色は赤色又は橙色。** |
| 後写鏡 | 自動車の最外側より突出している部分の**最下部が地上1.8m以下**のものは、衝撃を緩衝できる構造であること。 |
| 消火器 | **危険物を運搬する**自動車、**定員11人以上**の自動車、**幼児専用車**には消火器を備えなければならない。 |

（※）非常灯として作動する場合を**除く**

# 第 **3** 章

# 道路交通法

3－1．目的・定義

3－2．自動車の種類と運転免許

3－3．信号機の意味

3－4．最高速度

3－5．徐行及び一時停止

3－6．車両の交通方法

3－7．追越し等

3－8．交差点

3－9．停車及び駐車の禁止場所

3－10．灯火及び合図

3－11．乗車又は積載方法の制限等

3－12．酒気帯び運転の禁止

3－13．過労運転の禁止

3－14．運転者の遵守事項

3－15．交通事故の場合の措置

3－16．使用者に対する通知

3－17．道路標識

**問1** ★☆☆ ✓✓✓✓✓

　道路交通法に定める用語の意義についての次の記述のうち、<u>誤っているものを2つ</u>選び
なさい。なお、解答にあたっては、各選択肢に記載されている事項以外は考慮しないもの
とする。

1．車両通行帯とは、車両が道路の定められた部分を通行すべきことが道路標示により示
　されている場合における当該道路標示により示されている道路の部分をいう。

2．車両とは、自動車、原動機付自転車及びトロリーバスをいう。

3．歩道とは、歩行者の通行の用に供するため緑石線又はさくその他これに類する工作物
　によって区画された道路の部分をいう。

4．駐車とは、車両等が客待ち、荷待ち、貨物の積卸し、故障その他の理由により継続的
　に停止すること（貨物の積卸しのための停止で10分を超えない時間内のもの及び人の
　乗降のための停止を除く。）、又は車両等が停止し、かつ、当該車両等の運転をする者
　がその車両等を離れて直ちに運転することができない状態にあることをいう。

### ポイント 解説

1．正しい。道交法第2条第1項第7号を参照。

2．**誤り**。車両とは、自動車、原動機付自転車、**軽車両**及びトロリーバスをいう。道交法第2
　条第1項第8号を参照。

3．正しい。道交法第2条第1項第2号を参照。

4．**誤り**。貨物の積卸しのための停止で**5分を超えない時間内**のもの及び人の乗降のための停
　止を除く。道交法第2条第1項第18号を参照。

▶答え　**2と4**

**問2** ★☆☆ ✓✓✓✓✓

道路交通法に定める用語の意義に関する下記のA・B・C・Dの記述について、その意義に該当する用語の組合せとしていずれか正しいものを1つ選びなさい。

A．歩行者の通行の用に供し、又は車道の効用を保つため、歩道の設けられていない道路又は道路の歩道の設けられていない側の路端寄りに設けられた帯状の道路の部分で、道路標示によって区画されたものをいう。

B．原動機を用い、かつ、レール又は架線によらないで運転する車であって、原動機付自転車、自転車及び身体障害者用の車いす並びに歩行補助車その他の小型の車で政令で定めるもの以外のものをいう。

C．車両等が、進行を継続し、又は始めた場合においては危険を防止するため他の車両等がその速度又は方向を急に変更しなければならないこととなるおそれがあるときに、その進行を継続し、又は始めることをいう。

D．道路の交通に関し、規制又は指示を表示する標示で、路面に描かれた道路鋲、ペイント、石等による線、記号又は文字をいう。

A　① 歩道　　　　② 路側帯
B　① 自動車　　　② 車両
C　① 進路変更　　② 進行妨害
D　① 道路標識　　② 道路標示

**ポイント解説**

A．**路側帯**：歩行者の通行の用に供し、又は車道の効用を保つため、歩道の設けられていない道路又は道路の歩道の設けられていない側の路端寄りに設けられた帯状の道路の部分で、道路標示によって区画されたものをいう。道交法第2条第1項第3号の4を参照。

B．**自動車**：原動機を用い、かつ、レール又は架線によらないで運転する車であって、原動機付自転車、自転車及び身体障害者用の車いす並びに歩行補助車その他の小型の車で政令で定めるもの以外のものをいう。道交法第2条第1項第9号を参照。

C．**進行妨害**：車両等が、進行を継続し、又は始めた場合においては危険を防止するため他の車両等がその速度又は方向を急に変更しなければならないこととなるおそれがあるときに、その進行を継続し、又は始めることをいう。道交法第2条第1項第22号を参照。

D．**道路標示**：道路の交通に関し、規制又は指示を表示する標示で、路面に描かれた道路鋲、ペイント、石等による線、記号又は文字をいう。道交法第2条第1項第16号を参照。

▶答え　**A－②，B－①，C－②，D－②**

第3章　道路交通法

# 3−2 自動車の種類と運転免許

## 問1 ★☆☆ ✓✓✓✓✓

　道路交通法に定める自動車の種類についての次の記述のうち、誤っているものを1つ選びなさい。

1．乗車定員が10人、車両総重量が3,400キログラムのものは、普通自動車である。
2．乗車定員が15人、車両総重量が4,000キログラムのものは、準中型自動車である。
3．乗車定員が29人、車両総重量が7,850キログラムのものは、中型自動車である。
4．乗車定員が55人、車両総重量が11,570キログラムのものは、大型自動車である。

### ポイント解説

道路交通法第3条・道交法施行規則第2条を参照。

1．正しい。普通自動車：乗車定員10人以下、車両総重量3,500キログラム未満。
2．**誤り**。準中型自動車：乗車定員**10人以下**、車両総重量3,500キログラム以上7,500キログラム未満。
3．正しい。中型自動車：乗車定員11人以上29人以下、車両総重量7,500キログラム以上11,000キログラム未満。
4．正しい。大型自動車：乗車定員30人以上、車両総重量11,000キログラム以上。

▶答え　2

　道路交通法に定める第一種免許の自動車免許の自動車の種類等について、次の記述のうち、<u>正しいものを2つ</u>選びなさい。なお、解答にあたっては、各選択肢に記載されている事項以外は考慮しないものとする。

1．大型免許を受けた者であって、21歳以上かつ普通免許を受けていた期間（当該免許の効力が停止されていた期間を除く。）が通算して3年以上のものは、車両総重量が11,000キログラム以上のもの、最大積載量が6,500キログラム以上のもの又は乗車定員が30人以上の大型自動車を運転することができる。

2．中型免許を受けた者であって、21歳以上かつ普通免許を受けていた期間（当該免許の効力が停止されていた期間を除く。）が通算して3年以上のものは、車両総重量が7,500キログラム以上11,000キログラム未満のもの、最大積載量が4,500キログラム以上6,500キログラム未満のもの又は乗車定員が30人の中型自動車を運転することができる。

3．運転免許証の有効期間の更新期間は、道路交通法第101条の2第1項に規定する場合を除き、更新を受けようとする者の当該免許証の有効期間が満了する日の直前のその者の誕生日の1ヵ月前から当該免許証の有効期間が満了する日までの間である。

4．運転免許証の有効期間については、優良運転者であって更新日における年齢が70歳未満の者にあっては5年、70歳以上の者にあっては3年である。

**ポイント 解説**

1．**正しい**。道交法第85条第2項（大型免許）・第5項、施行規則第2条第1項（大型自動車）を参照。

2．誤り。中型免許で運転できる自動車は、乗車定員11人以上29人以下、車両総重量7,500キログラム以上11,000キログラム未満、最大積載量4,500キログラム以上6,500キログラム未満である。設問の車両は乗車定員30人であるため大型自動車に該当し、運転するには**大型免許が必要**となる。道交法第85条第1項を参照。

3．**正しい**。道交法第101条第1項を参照。

4．誤り。運転免許証の有効期間については、優良運転者であって更新日における年齢が70歳未満の者にあっては5年、**70歳の者にあっては4年、71歳以上の者にあっては3年**である。道交法第92条の2第1項を参照。

▶答え　1と3

# 3-3 信号機の意味

## 問1 ★☆☆ ✓✓✓✓✓

道路交通法令に定める信号機の信号の意味等に関する次の記述のうち、<u>誤っているもの</u><u>を1つ</u>選びなさい。なお、解答にあたっては、各選択肢に記載されている事項以外は考慮しないものとする。

1. 交差点において信号機の背面板の下部等に図の左折することができる旨の表示が設置された信号機の黄色の灯火又は赤色の灯火の信号の意味は、それぞれの信号により停止位置をこえて進行してはならないこととされている車両に対し、その車両が左折することができることを含むものとする。

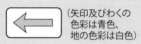 （矢印及びわくの色彩は青色、地の色彩は白色）

2. 車両等は、信号機の表示する信号の種類が赤色の灯火のときは、停止位置をこえて進行してはならない。ただし、交差点において既に左折している車両等は、そのまま進行することができる。

3. 交差点において既に右折している車両等（多通行帯道路等通行原動機付自転車及び軽車両を除く。）は、信号機の表示する信号の種類が赤色の灯火に変わっても、そのまま進行することができる。この場合において、当該車両等は、青色の灯火により進行することができることとされている車両等に優先して進行することができる。

4. 車両は、信号機の表示する信号の種類が青色の灯火の矢印のときは、黄色の灯火又は赤色の灯火の信号にかかわらず、矢印の方向に進行することができる。この場合において、交差点において右折する多通行帯道路等通行原動機付自転車及び軽車両は、直進する多通行帯道路等通行原動機付自転車及び軽車両とみなす。

### ポイント解説

1. 正しい。道交法施行令第2条第2項を参照。
2. 正しい。道交法施行令第2条第1項（赤色の灯火）第2号・第3号を参照。
3. **誤り**。当該自動車は、青色の灯火により進行することができることとされている車両等の**進行妨害をしてはならない**。道交法施行令第2条第1項（赤色の灯火）第4号を参照。
4. 正しい。道交法施行令第2条第1項（青色の灯火の矢印）を参照。

▶答え　3

### 用語

| 多通行帯道路等通行原動機付自転車 | 片側3車線以上の道路で2段階右折をしなければならない原動機付自転車。 |
| --- | --- |

# 3-4 最高速度

**問1** ★★☆ ✓✓✓✓✓

　道路交通法に定める自動車の法定速度についての次の記述のうち、**誤っているものを1つ**選びなさい。なお、解答にあたっては、各選択肢に記載されている事項以外は考慮しないものとする。

1. 旅客自動車運送事業の用に供する乗車定員55人の自動車の最高速度は、道路標識等により最高速度が指定されていない片側一車線の一般道路においては、時速60キロメートルである。

2. 旅客自動車運送事業の用に供する乗車定員47人の自動車の最高速度は、道路標識等により最高速度が指定されていない高速自動車国道の本線車道（政令で定めるものを除く。）においては、時速100キロメートルである。

3. 旅客自動車運送事業の用に供する乗車定員29人の自動車は、法令の規定によりその速度を減ずる場合及び危険を防止するためやむを得ない場合を除き、道路標識等により自動車の最低速度が指定されていない区間の高速自動車国道の本線車道（政令で定めるものを除く。）における最低速度は、時速60キロメートルである。

4. 旅客自動車運送事業の用に供する車両総重量が2,265キログラムの自動車が、故障した車両総重量1,800キログラムの普通自動車をロープでけん引する場合の最高速度は、道路標識等により最高速度が指定されていない一般道路においては、時速30キロメートルである。

### ポイント解説

1. 正しい。道交法施行令第11条第1項を参照。

2. 正しい。道交法施行令第27条第1項第1号を参照。

3. **誤り**。自動車の区分に関係なく、道路標識等により自動車の最低速度が指定されていない区間の高速道路の最低速度は**時速50キロメートル**である。道交法第75条の4第1項、道交法施行令第27条の3第1項を参照。

4. 正しい。設問の、けん引される自動車の車両総重量が1,800キログラム、けん引する自動車の車両総重量が2,265キログラムでは、けん引される自動車の3倍以下（1,800キログラム×3倍＝5,400キログラム ≧2,265キログラム）となるため、30km/hが最高速度となる。なお、車両総重量2,000キログラム以下の車両をその3倍以上の車両総重量の車両でけん引する場合は時速40キロメートルが最高速度となる。道交法施行令第12条第1項第1号・第2号を参照。

▶答え　**3**

**問2** ★★☆ ☑☑☑☑☑

道路交通法に定める自動車の法定速度に関する次の文中、Ａ、Ｂ、Ｃ、Ｄに入るべき字句を下の枠内の選択肢（①〜⑤）から選びなさい。

1. 自動車の最高速度は、道路標識等により最高速度が指定されていない片側一車線の一般道路においては、（Ａ）である。

2. 自動車の最低速度は、法令の規定によりその速度を減ずる場合及び危険を防止するためやむを得ない場合を除き、道路標識等により自動車の最低速度が指定されていない区間の高速自動車国道の本線車道（政令で定めるものを除く。）においては、（Ｂ）である。

3. 貸切バス（乗車定員47名）の最高速度は、道路標識等により最高速度が指定されていない高速自動車国道の本線車道（政令で定めるものを除く。）又はこれに接する加速車線若しくは減速車線においては、（Ｃ）である。

4. トラック（車両総重量12,000キログラム、最大積載量8,000キログラムであって乗車定員３名）の最高速度は、道路標識等により最高速度が指定されていない高速自動車国道の本線車道（政令で定めるものを除く。）又はこれに接する加速車線若しくは減速車線においては、（Ｄ）である。

| ①時速40キロメートル | ②時速50キロメートル | ③時速60キロメートル |
|---|---|---|
| ④時速80キロメートル | ⑤時速100キロメートル | |

**ポイント解説**

1. 自動車の最高速度は、道路標識等により最高速度が指定されていない片側一車線の一般道路においては、（**時速60キロメートル**）である。道交法施行令第11条第１項を参照。

2. 自動車の最低速度は、法令の規定によりその速度を減ずる場合及び危険を防止するためやむを得ない場合を除き、道路標識等により自動車の最低速度が指定されていない区間の高速自動車国道の本線車道（政令で定めるものを除く。）においては、（**時速50キロメートル**）である。道交法第75条の４第１項、道交法施行令第27条の３第１項を参照。

3. 貸切バス（乗車定員47名）の最高速度は、道路標識等により最高速度が指定されていない高速自動車国道の本線車道（政令で定めるものを除く。）又はこれに接する加速車線若しくは減速車線においては、（**時速100キロメートル**）である。道交法施行令第27条第１項第１号イ、道交法施行規則第２条第１項（大型自動車）を参照。

4．トラック（車両総重量12,000キログラム、最大積載量8,000キログラムであって乗車定員
　3名）の最高速度は、道路標識等により最高速度が指定されていない高速自動車国道の本線
　車道（政令で定めるものを除く。）又はこれに接する加速車線若しくは減速車線においては、
　（**時速80キロメートル**）である。道交法施行令第27条第1項第2号、道交法施行規則第2
　条第1項（大型自動車）を参照。

▶答え　A－③，B－②，C－⑤，D－④

覚えておこう　【最高速度と最低速度のまとめ】

■ 一般道路の最高速度

■ 高速道路の最高速度

※1：車両総重量8t未満かつ最大積載量5t未満のもの
※2：車両総重量8t以上または最大積載量5t以上のもの

■ 最低速度

**問1** ★★☆ ☑☑☑☑☑

　道路交通法に定める徐行及び一時停止についての次の記述のうち、<u>誤っているものを1つ選びなさい</u>。なお、解答にあたっては、各選択肢に記載されている事項以外は考慮しないものとする。

1. 交差点又はその附近において、緊急自動車が接近してきたときは、車両（緊急自動車を除く。）は、交差点を避け、かつ、道路の左側（一方通行となっている道路においてその左側に寄ることが緊急自動車の通行を妨げることとなる場合にあっては、道路の右側）に寄って一時停止しなければならない。
2. 車両等は、道路のまがりかど附近、上り坂の頂上附近又は勾配の急な上り坂及び下り坂を通行するときは、徐行しなければならない。
3. 車両等は、横断歩道に接近する場合には、当該横断歩道を通過する際に当該横断歩道によりその進路の前方を横断しようとする歩行者又は自転車がないことが明らかな場合を除き、当該横断歩道の直前で停止することができるような速度で進行しなければならない。
4. 車両は、環状交差点において左折し、又は右折するときは、あらかじめその前からできる限り道路の左側端に寄り、かつ、できる限り環状交差点の側端に沿って（道路標識等により通行すべき部分が指定されているときは、その指定された部分を通行して）徐行しなければならない。

**ポイント解説**

1. 正しい。道交法第40条第1項を参照。
2. **誤り**。徐行すべき場所に、勾配の急な上り坂は**指定されていない**。道交法第42条第1項第2号を参照。
3. 正しい。道交法第38条第1項を参照。
4. 正しい。道交法第35条の2第1項を参照。

▶答え　2

**用語**

| 環状交差点 | 車両の通行部分が環状（ドーナツ状）の形になっていて、車両は右回り（時計回り）に通行することが指定されている交差点。 |
|---|---|

**問2** ★☆☆ ✓✓✓✓✓

徐行及び一時停止等に関する次の記述のうち、**誤っているものを1つ**選びなさい。なお、解答にあたっては、各選択肢に記載されている事項以外は考慮しないものとする。

1. 車両等は、横断歩道等に接近する場合には、当該横断歩道等を通過する際に当該横断歩道等によりその進路の前方を横断しようとする歩行者等がないことが明らかな場合を除き、当該横断歩道等の直前（道路標識等による停止線が設けられているときは、その停止線の直前。以下同じ。）で停止することができるような速度で進行しなければならない。この場合において、横断歩道等によりその進路の前方を横断し、又は横断しようとする歩行者等があるときは、当該横断歩道等の直前で一時停止し、かつ、その通行を妨げないようにしなければならない。

2. 車両は、道路外の施設又は場所に出入りするためやむを得ない場合において歩道等を横断するとき、又は法令の規定により歩道等で停車し、若しくは駐車するため必要な限度において歩道等を通行するときは、歩道等に入る直前で一時停止し、かつ、歩行者の通行を妨げないようにしなければならない。

3. 車両は、歩道と車道の区別のない道路を通行する場合その他の場合において、歩行者の側方を通過するときは、これとの間に安全な間隔を保ち、又は徐行しなければならない。

4. 車両等は、横断歩道等（当該車両等が通過する際に信号機の表示する信号又は警察官等の手信号等により当該横断歩道等による歩行者等の横断が禁止されているものを除く。）又はその手前の直前で停止している車両等がある場合において、当該停止している車両等の側方を通過してその前方に出ようとするときは、その前方に出る直前で停止することができるような速度で進行しなければならない。

**ポイント解説**

1. 正しい。道交法第38条第1項を参照。
2. 正しい。道交法第17条第1項・第2項を参照。
3. 正しい。道交法第18条第2項を参照。
4. **誤り**。停止している車両等の側方を通過してその前方に出ようとするときは、その前方に出る前に**一時停止**しなければならない。道交法第38条第2項を参照。

▶答え　**4**

第3章　道路交通法

車両の交通方法

**問1** ★☆☆ ✓✓✓✓✓

道路交通法に定める車両の交通方法等についての次の記述のうち、<u>誤っているものを1つ選びなさい</u>。なお、解答にあたっては、各選択肢に記載されている事項以外は考慮しないものとする。

1．車両は、車両通行帯の設けられた道路においては、道路の左側端から数えて1番目の車両通行帯を通行しなければならない。ただし、自動車（小型特殊自動車及び道路標識等によって指定された自動車を除く。）は、当該道路の左側部分（当該道路が一方通行となっているときは、当該道路）に3以上の車両通行帯が設けられているときは、政令で定めるところにより、その速度に応じ、その最も右側の車両通行帯以外の車両通行帯を通行することができる。

2．車両等は、踏切を通過しようとするときは、踏切の直前（道路標識等による停止線が設けられているときは、その停止線の直前。以下同じ。）で停止し、かつ、安全であることを確認した後でなければ進行してはならない。ただし、信号機の表示する信号に従うときは、踏切の直前で停止しないで進行することができる。

3．一般乗合旅客自動車運送事業者による路線定期運行の用に供する自動車（以下「路線バス等」という。）の優先通行帯であることが道路標識等により表示されている車両通行帯が設けられている道路においては、自動車（路線バス等を除く。）は、路線バス等が後方から接近してきた場合に当該道路における交通の混雑のため当該車両通行帯から出ることができないこととなるときであっても、路線バス等が実際に接近してくるまでの間は、当該車両通行帯を通行することができる。

4．車両は、車両通行帯の設けられた道路において、道路標識等により法令に規定する通行の区分と異なる通行の区分が指定されているときは、当該通行の区分に従い、当該車両通行帯を通行しなければならない。

**ポイント解説**

1．正しい。道交法第20条第1項を参照。

2．正しい。道交法第33条第1項を参照。

3．**誤り**。路線バス等が後方から接近してきた場合に当該道路における交通の混雑のため当該車両通行帯から出ることができないこととなるときは、**当該車両通行帯**を**通行してはならない**。道交法第20条の2第1項を参照。

4．正しい。道交法第20条第2項を参照。

▶答え　**3**

## 3-7 追越し等

**問1** ★★☆ ☑☑☑☑☑

道路交通法に定める追越し等についての次の記述のうち、<u>正しいものを２つ選びなさ</u>い。なお、解答にあたっては、各選択肢に記載されている事項以外は考慮しないものとする。

1. 車両は、他の車両を追い越そうとするときは、その追い越されようとする車両（以下「前車」という。）の右側を通行しなければならない。ただし、前車が法令の規定により右折をするため道路の中央又は右側端に寄って通行しているときは、前車を追越してはならない。

2. 車両は、法令に規定する優先道路を通行している場合における当該優先道路にある交差点を除き、交差点の手前の側端から前に30メートル以内の部分においては、他の車両（軽車両を除く。）を追い越そうとするときは、速やかに進路を変更しなければならない。

3. 車両は、進路を変更した場合にその変更した後の進路と同一の進路を後方から進行してくる車両等の速度又は方向を急に変更させることとなるおそれがあるときは、進路を変更してはならない。

4. 車両は、車両通行帯を通行している場合において、その車両通行帯が当該車両通行帯を通行している車両の進路の変更の禁止を表示する道路標示によって区画されているときは、法で定める場合を除き、その道路標示をこえて進路を変更してはならない。

### ポイント解説

1. **誤り。** 前車が道路の中央又は右側端に寄って通行しているときは、**その左側を通行しなければならない**。道交法第28条第１項・第２項を参照。

2. **誤り。** 交差点（優先道路を通行している場合における当該優先道路にある交差点を除く。）の手前の側端から前に**30m以内の部分は追い越しを禁止する場所**にあたるので、**進路を変更してはならない**。道交法第30条第１項第３号を参照。

3. **正しい。** 道交法第26条の２第２項を参照。

4. **正しい。** 道交法第26条の２第３項を参照。

▶答え **3と4**

道路交通法に定める追越し等についての次の記述のうち、<u>正しいものを2つ選びなさ</u>い。なお、解答にあたっては、各選択肢に記載されている事項以外は考慮しないものとする。

1. 停留所において乗客の乗降のため停車していた乗合自動車が発進するため進路を変更しようとして手又は方向指示器により合図をした場合においては、その後方にある車両は、その速度を急に変更しなければならないこととなる場合にあっても、当該合図をした乗合自動車の進路の変更を妨げてはならない。

2. 車両は、法令に規定する優先道路を通行している場合における当該優先道路にある交差点を除き、交差点の手前の側端から前に30メートル以内の部分においては、他の車両（軽車両を除く。）を追い越してはならない。

3. 車両は、路面電車を追い越そうとするときは、当該車両が追いついた路面電車の左側を通行しなければならない。ただし、軌道が道路の左側端に寄って設けられているときは、この限りでない。

4. 車両は、道路のまがりかど附近、上り坂の頂上附近又は勾配の急な下り坂の道路の部分においては、前方が見とおせる場合を除き、他の車両（軽車両を除く。）を追い越すため、進路を変更し、又は前車の側方を通過してはならない。

### ポイント 解説

1. 誤り。停留所より乗合自動車が発進するため進路を変更しようとして手又は方向指示器により合図をした場合、その後方にある車両は、その速度又は方向を急に変更しなければならないこととなる場合を**除き**、当該合図をした乗合自動車の進路の変更を妨げてはならない。道交法第31条の2第1項を参照。

2. **正しい**。道交法第30条第1項第3号を参照。

3. **正しい**。道交法第28条第3項を参照。

4. 誤り。追越しを禁止する場所に、前方が見とおせる場合という**適用除外はない**。道交法第30条第1項を参照。

▶答え　2と3

道路交通法に定める追越し等についての次の記述のうち、誤っているものを1つ選びなさい。なお、解答にあたっては、各選択肢に記載されている事項以外は考慮しないものとする。

1. 車両は、他の車両を追い越そうとするときは、その追い越されようとする車両（以下「前車」という。）の右側を通行しなければならない。ただし、法令の規定により追越しを禁止されていない場所において、前車が法令の規定により右折をするため道路の中央又は右側端に寄って通行しているときは、その左側を通行しなければならない。

2. 車両は、法令の規定若しくは警察官の命令により、又は危険を防止するため、停止し、若しくは停止しようとして徐行している車両等に追いついたときは、その前方にある車両等の側方を通過して当該車両等の前方に割り込み、又はその前方を横切ってはならない。

3. 車両は、法令に規定する優先道路を通行している場合における当該優先道路にある交差点を除き、交差点の手前の側端から前に30メートル以内の部分においては、他の車両（軽車両を除く。）を追い越そうとするときは、速やかに進路を変更しなければならない。

4. 車両は、進路を変更した場合にその変更した後の進路と同一の進路を後方から進行してくる車両等の速度又は方向を急に変更させることとなるおそれがあるときは、進路を変更してはならない。

**ポイント解説**

1. 正しい。道交法第28条第1項・第2項を参照。
2. 正しい。道交法第32条第1項を参照。
3. **誤り**。交差点の手前の側端から前に**30m以内**の部分は**追い越しを禁止する場所**にあたるので、**進路を変更してはならない**。道交法第30条第1項第3号を参照。
4. 正しい。道交法第26条の2第2項を参照。

▶答え **3**

**覚えておこう✏【追越し禁止場所】**

まがりかど

上り坂の頂上

勾配が急な下り坂

トンネル
（車両通行帯以外）

30m以内

交差点等及び
その手前から30m以内

# 3-8 交差点

## 問1 ★★☆ ☑☑☑☑☑

道路交通法に定める交差点等における通行方法についての次の記述のうち、誤っているものを1つ選びなさい。なお、解答にあたっては、各選択肢に記載されている事項以外は考慮しないものとする。

1. 車両等（優先道路を通行している車両等を除く。）は、交通整理の行われていない交差点に入ろうとする場合において、交差道路が優先道路であるとき、又はその通行している道路の幅員よりも交差道路の幅員が明らかに広いものであるときは、その前方に出る前に必ず一時停止しなければならない。

2. 車両等は、交差点に入ろうとし、及び交差点内を通行するときは、当該交差点の状況に応じ、交差道路を通行する車両等、反対方向から進行してきて右折する車両等及び当該交差点又はその直近で道路を横断する歩行者に特に注意し、かつ、できる限り安全な速度と方法で進行しなければならない。

3. 車両は、左折するときは、あらかじめその前からできる限り道路の左側端に寄り、かつ、できる限り道路の左側端に沿って（道路標識等により通行すべき部分が指定されているときは、その指定された部分を通行して）徐行しなければならない。

4. 左折又は右折しようとする車両が、法令の規定により、それぞれ道路の左側端、中央又は右側端に寄ろうとして手又は方向指示器による合図をした場合においては、その後方にある車両は、その速度又は方向を急に変更しなければならないこととなる場合を除き、当該合図をした車両の進路の変更を妨げてはならない。

### ポイント解説

1. **誤り**。交差道路が優先道路であるとき、又はその通行している道路の幅員よりも交差道路の幅員が明らかに広いものであるときは、**徐行しなければならない**。道交法第36条第3項を参照。

2. 正しい。道交法第36条第4項を参照。

3. 正しい。道交法第34条第1項を参照。

4. 正しい。道交法第34条第6項を参照。

▶答え　1

道路交通法に定める交差点等における通行方法についての次の記述のうち、**正しいもの**を２つ選びなさい。なお、解答にあたっては、各選択肢に記載されている事項以外は考慮しないものとする。

1．左折又は右折しようとする車両が、法令の規定により、それぞれ道路の左側端、中央又は右側端に寄ろうとして手又は方向指示器による合図をした場合においては、その後方にある車両は、いかなる場合であっても当該合図をした車両の進路を妨げてはならない。

2．車両等は、交差点に入ろうとし、及び交差点内を通行するときは、当該交差点の状況に応じ、交差道路を通行する車両等、反対方向から進行してきて右折する車両等及び当該交差点又はその直近で道路を横断する歩行者に特に注意し、かつ、できる限り安全な速度と方法で進行しなければならない。

3．車両等は、横断歩道に接近する場合には、当該横断歩道を通過する際に当該横断歩道によりその進路の前方を横断しようとする歩行者がないことが明らかな場合を除き、当該横断歩道の直前で停止することができるような速度で進行しなければならない。

4．車両等（優先道路を通行している車両等を除く。）は、交通整理の行われていない交差点に入ろうとする場合において、交差道路が優先道路であるとき、又はその通行している道路の幅員よりも交差道路の幅員が明らかに広いものであるときは、その前方に出る前に必ず一時停止しなければならない。

第3章　道路交通法

**ポイント解説**

1．誤り。左折又は右折しようとする車両が、法令の規定により、それぞれ道路の左側端、中央又は右側端に寄ろうとして手又は方向指示器による合図をした場合においては、その後方にある車両は、**その速度又は方向を急に変更しなければならないこととなる場合を除き**、当該合図をした車両の進路を妨げてはならない。道交法第25条第3項を参照。

2．**正しい**。道交法第36条第4項を参照。

3．**正しい**。道交法第38条第1項を参照。

4．誤り。交差道路が優先道路であるとき、又はその通行している道路の幅員よりも交差道路の幅員が明らかに広いものであるときは、**徐行しなければならない**。道交法第36条第3項を参照。

▶答え　**2と3**

# 3-9 停車及び駐車の禁止場所

## 問1 ★★☆ ✓✓✓✓✓

道路交通法に定める停車及び駐車等についての次の記述のうち、誤っているものを1つ選びなさい。なお、解答にあたっては、各選択肢に記載されている事項以外は考慮しないものとする。

1. 車両は、横断歩道又は自転車横断帯の前後の側端からそれぞれ前後に5メートル以内の道路の部分においては、停車し、又は駐車してはならない。

2. 車両は、安全地帯が設けられている道路の当該安全地帯の左側の部分及び当該部分の前後の側端からそれぞれ前後に10メートル以内の部分においては、停車し、又は駐車してはならない。

3. 車両は、消防用機械器具の置場若しくは消防用防火水槽の側端又はこれらの道路に接する出入口から5メートル以内の道路の部分においては、駐車してはならない。

4. 車両は、法令の規定により駐車しようとする場合には、当該車両の右側の道路上に3メートル（道路標識等により距離が指定されているときは、その距離）以上の余地があれば駐車してもよい。

### ポイント解説

1. 正しい。道交法第44条第1項第3号を参照。
2. 正しい。道交法第44条第1項第4号を参照。
3. 正しい。道交法第45条第1項第3号を参照。
4. **誤り**。車両は、法令の規定により駐車しようとする場合には、当該車両の右側の道路上に**3.5メートル**（道路標識等により距離が指定されているときは、その距離）**以上の余地**があれば駐車してもよい。道交法第45条第2項を参照。

▶答え　**4**

第3章　道路交通法

道路交通法に定める停車及び駐車等についての次の記述のうち、<u>正しいものを2つ</u>選びなさい。なお、解答にあたっては、各選択肢に記載されている事項以外は考慮しないものとする。

1．車両は、道路工事が行なわれている場合における当該工事区域の側端から5メートル以内の道路の部分においては、駐車してはならない。

2．車両は、人の乗降、貨物の積卸し、駐車又は自動車の格納若しくは修理のため道路外に設けられた施設又は場所の道路に接する自動車用の出入口から5メートル以内の道路の部分においては、駐車してはならない。

3．車両は、公安委員会が交通がひんぱんでないと認めて指定した区域を除き、法令の規定により駐車する場合に当該車両の右側の道路上に5メートル（道路標識等により距離が指定されているときは、その距離）以上の余地がないこととなる場所においては、駐車してはならない。

4．車両は、消防用機械器具の置場若しくは消防用防火水槽の側端又はこれらの道路に接する出入口から5メートル以内の道路の部分においては、駐車してはならない。

### ポイント解説

1．**正しい**。道交法第45条第1項第2号を参照。

2．誤り。人の乗降、貨物の積卸し、駐車又は自動車の格納若しくは修理のため道路外に設けられた施設又は場所の道路に接する自動車用の出入口から**3メートル**以内の道路の部分においては、駐車してはならない。道交法第45条第1項第1号を参照。

3．誤り。車両は、公安委員会が交通がひんぱんでないと認めて指定した区域を除き、法令の規定により駐車する場合に当該車両の右側の道路上に**3.5メートル**（道路標識等により距離が指定されているときは、その距離）**以上の余地**がないこととなる場所においては、駐車してはならない。道交法第45条第2項を参照。

4．**正しい**。道交法第45条第1項第3号を参照。

▶答え　**1と4**

### 覚えておこう✐【駐停車禁止場所と駐車禁止場所】

《駐停車禁止場所》

| 5m以内 | 交差点、曲がり角、横断歩道 | 10m以内 | 安全地帯、バス停、踏切 |
|---|---|---|---|

《駐車禁止場所》

| 1m以内 | 火災報知機 | 3m以内 | 施設等の出入口 | 5m以内 | 防火水槽、消火栓 |
|---|---|---|---|---|---|
| 3.5m以上の余地がない場所 | | | | | |

**問3** ★★☆ ✓✓✓✓✓

　道路交通法に定める停車及び駐車を禁止する場所についての次の文中、A、B、C、Dに入るべき字句を下の枠内の選択肢（①〜③）から選びなさい。なお、各選択肢は、法令の規定若しくは警察官の命令により、又は危険を防止するため一時停止する場合には当たらないものとする。また、解答にあたっては、各選択肢に記載されている事項以外は考慮しないものとする。

1．車両は、交差点の側端又は道路のまがりかどから（A）以内の道路の部分においては、停車し、又は駐車してはならない。
2．車両は、横断歩道又は自転車横断帯の前後の側端からそれぞれ前後に（B）以内の道路の部分においては、停車し、又は駐車してはならない。
3．車両は、安全地帯が設けられている道路の当該安全地帯の左側の部分及び当該部分の前後の側端からそれぞれ前後に（C）以内の道路の部分においては、停車し、又は駐車してはならない。
4．車両は、踏切の前後の側端からそれぞれ前後に（D）以内の部分においては、停車し、又は駐車してはならない。

| ① 3メートル | ② 5メートル | ③ 10メートル |
| --- | --- | --- |

**ポイント解説**

1．車両は、交差点の側端又は道路のまがりかどから（**5メートル**）以内の道路の部分においては、停車し、又は駐車してはならない。道交法第44条第1項第2号を参照。
2．車両は、横断歩道又は自転車横断帯の前後の側端からそれぞれ前後に（**5メートル**）以内の道路の部分においては、停車し、又は駐車してはならない。道交法第44条第1項第3号を参照。
3．車両は、安全地帯が設けられている道路の当該安全地帯の左側の部分及び当該部分の前後の側端からそれぞれ前後に（**10メートル**）以内の道路の部分においては、停車し、又は駐車してはならない。道交法第44条第1項第4号を参照。
4．車両は、踏切の前後の側端からそれぞれ前後に（**10メートル**）以内の部分においては、停車し、又は駐車してはならない。道交法第44条第1項第6号を参照。

▶答え　A−②，B−②，C−③，D−③

# 3-10 灯火及び合図

## 問1 ★★☆ ✓✓✓✓✓

道路交通法に定める灯火及び合図等についての次の記述のうち、<u>正しいものを２つ選び</u>なさい。なお、解答にあたっては、各選択肢に記載されている事項以外は考慮しないものとする。

1. 車両の運転者が同一方向に進行しながら進路を左方又は右方に変えるときの合図を行う時期は、その行為をしようとする地点から30メートル手前の地点に達したときである。

2. 停留所において乗客の乗降のため停車していた乗合自動車が発進するため進路を変更しようとして手又は方向指示器により合図をした場合においては、その後方にある車両は、その速度を急に変更しなければならないこととなる場合にあっても、当該合図をした乗合自動車の進路の変更を妨げてはならない。

3. 自動車は、夜間、道路にあるときは、政令で定めるところにより、前照灯、車幅灯、尾灯その他の灯火をつけなければならない。ただし、高速自動車国道及び自動車専用道路において200メートル、その他の道路においては50メートルまで明りょうに見える程度に照明が行われているトンネルを通行する場合は、点灯しなくてもよい。

4. 自動車（二輪車及び小型特殊自動車を除く。）は、夜間、道路の幅員が5.5メートル以上の道路に停車し、又は駐車しているときは、車両の保安基準に関する規定により設けられる非常点滅表示灯又は尾灯をつけなければならない。

### ポイント解説

1. 誤り。同一方向に進行しながら進路を左方又は右方に変えるときは、その行為をしようとする**3秒前**に合図を行う。30メートル手前で合図を行うのは、左折又は右折、転回するとき。道交法施行令第21条第１項（同一方向に進行しながら進路を左方・右方に変えるとき）を参照。

2. 誤り。その速度又は方向を急に変更しなければならないこととなる場合を**除き**、当該合図をした乗合自動車の進路の変更を妨げてはならない。道交法第31条の２第１項を参照。

3. **正しい**。道交法第52条第１項・道交法施行令第18条第１項第１号を参照。

4. **正しい**。道交法施行令第18条第２項を参照。

▶答え　**3と4**

117

道路交通法に定める車両の交通方法等についての次の記述のうち、誤っているものを1つ選びなさい。なお、解答にあたっては、各選択肢に記載されている事項以外は考慮しないものとする。

1. 車両（自転車以外の軽車両を除く。）の運転者は、左折し、右折し、転回し、徐行し、停止し、後退し、又は同一方向に進行しながら進路を変えるときは、手、方向指示器又は灯火により合図をし、かつ、これらの行為が終わるまで当該合図を継続しなければならない。（環状交差点における場合を除く。）

2. 一般乗合旅客自動車運送事業者による路線定期運行の用に供する自動車（以下「路線バス等」という。）の優先通行帯であることが道路標識等により表示されている車両通行帯が設けられている道路においては、自動車（路線バス等を除く。）は、路線バス等が後方から接近してきた場合に当該道路における交通の混雑のため当該車両通行帯から出ることができないこととなるときであっても、路線バス等が実際に接近してくるまでの間は、当該車両通行帯を通行することができる。

3. 車両は、道路外の施設又は場所に出入するためやむを得ない場合において歩道等を横断するとき、又は法令の規定により歩道等で停車し、若しくは駐車するため必要な限度において歩道等を通行するときは、歩道等に入る直前で一時停止し、かつ、歩行者の通行を妨げないようにしなければならない。

4. 旅客自動車運送事業の用に供する乗車定員50人の自動車は、法令の規定によりその速度を減ずる場合及び危険を防止するためやむを得ない場合を除き、道路標識等により自動車の最低速度が指定されていない区間の高速自動車国道の本線車道（政令で定めるものを除く。）における最低速度は、時速50キロメートルである。

**ポイント解説**

1. 正しい。道交法第53条第1項を参照。
2. **誤り**。当該道路における交通の混雑のため車両通行帯から出ることができないこととなるときは、当該車両通行帯を**通行してはならず**、路線バス等が後方から接近してきた場合は、**速やかに車両通行帯の外に出なければならない**。道交法第20条の2第1項を参照。
3. 正しい。道交法第17条第1項・第2項を参照。
4. 正しい。道交法第75条の4第1項・道交法施行令第27条の3第1項を参照。

▶答え 2

第3章 道路交通法

# 3-11 乗車又は積載方法の制限等

## 問1 ★☆☆ ✓✓✓✓✓

道路交通法に定める乗車等についての次の記述のうち、<u>誤っているものを1つ選びなさい</u>。なお、解答にあたっては、各選択肢に記載されている事項以外は考慮しないものとする。

1. 車両の運転者は、運転者の視野若しくはハンドルその他の装置の操作を妨げ、後写鏡の効用を失わせ、車両の安定を害し、又は外部から当該車両の方向指示器、車両の番号標、制動灯、尾灯若しくは後部反射器を確認することができないこととなるような乗車をさせて車両を運転してはならない。

2. 車両（軽車両を除く。）の運転者は、当該車両について政令で定める乗車人員又は積載物の重量、大きさ若しくは積載の方法の制限を超えて乗車させ、又は積載をして車両を運転してはならない。

3. 自動車の運転者は、高速自動車国道に限り、法令で定めるやむを得ない理由があるときを除き、他の者を運転者席の横の乗車装置以外の乗車装置（当該乗車装置につき座席ベルトを備えなければならないこととされているものに限る。）に乗車させて自動車を運転するときは、その者に座席ベルトを装着させなければならない。

4. 車両の運転者は、当該車両の乗車のために設備された場所以外の場所に乗車させ、又は乗車若しくは積載のために設備された場所以外の場所に積載して車両を運転してはならない。

### ポイント解説

1. 正しい。道交法第55条第2項を参照。
2. 正しい。道交法第57条第1項を参照。
3. **誤り。**高速道路に限らず、すべての場合において、運転者席以外の乗車装置に乗車させて自動車を運転するときは、**座席ベルトを装着**させなければならない。ただし、法令で定めるやむを得ない理由があるときを除く。道交法第71条の3第2項を参照。
4. 正しい。道交法第55条第1項を参照。

▶答え　**3**

# 3-12 酒気帯び運転の禁止

## 問1 ★☆☆ ✓✓✓✓✓

道路交通法及び道路交通法施行令に定める酒気帯び運転等の禁止等に関する次の文中、A、B、Cに入るべき字句としていずれか正しいものを1つ選びなさい。

1. 何人も、酒気を帯びて車両等を運転してはならない。

2. 何人も、酒気を帯びている者で、1. の規定に違反して車両等を運転することとなるおそれがあるものに対し、（A）してはならない。

3. 何人も、1. の規定に違反して車両等を運転することとなるおそれがある者に対し、酒類を提供し、又は飲酒をすすめてはならない。

4. 何人も、車両（トロリーバス及び旅客自動車運送事業の用に供する自動車で当該業務に従事中のものその他の政令で定める自動車を除く。）の運転者が酒気を帯びていることを知りながら、当該運転者に対し、当該車両を運転して自己を運送することを要求し、又は依頼して、当該運転者が1. の規定に違反して運転する（B）してはならない。

5. 1. の規定に違反して車両等（軽車両を除く。）を運転した者で、その運転をした場合において身体に血液1ミリリットルにつき0.3ミリグラム又は呼気1リットルにつき（C）ミリグラム以上にアルコールを保有する状態にあったものは、3年以下の懲役又は50万円以下の罰金に処する。

A ① 運転を指示　　② 車両等を提供
B ① 車両に同乗　　② 機会を提供
C ① 0.15　　　　② 0.25

### ポイント解説

2. 何人も、酒気を帯びている者で、1. の規定に違反して車両等を運転することとなるおそれがあるものに対し、（**車両等を提供**）してはならない。道交法第65条第2項を参照。

4. 何人も、車両（トロリーバス及び旅客自動車運送事業の用に供する自動車で当該業務に従事中のものその他の政令で定める自動車を除く。）の運転者が酒気を帯びていることを知りながら、当該運転者に対し、当該車両を運転して自己を運送することを要求し、又は依頼して、当該運転者が1. の規定に違反して運転する（**車両に同乗**）してはならない。道交法第65条第4項を参照。

5. 1. の規定に違反して車両等（軽車両を除く。）を運転した者で、その運転をした場合において身体に血液1ミリリットルにつき0.3ミリグラム又は呼気1リットルにつき（**0.15**）ミリグラム以上にアルコールを保有する状態にあったものは、3年以下の懲役又は50万円以下の罰金に処する。道交法第117条の2の2第1項第3号、道交法施行令第44条の3第1項を参照。

▶答え　A−②，B−①，C−①

# 3-13 過労運転の禁止

## 問1 ★☆☆ ✓✓✓✓✓

道路交通法に定める過労運転に係る車両の使用者に対する指示についての次の文中、A、B、C、Dに入るべき字句としていずれか正しいものを1つ選びなさい。

車両の運転者が道路交通法第66条（過労運転等の禁止）の規定に違反して過労により（A）ができないおそれがある状態で車両を運転する行為（以下「過労運転」という。）を当該車両の使用者（当該車両の運転者であるものを除く。以下同じ。）の業務に関してした場合において、当該過労運転に係る（B）が当該車両につき過労運転を防止するため必要な（C）を行っていると認められないときは、当該車両の使用の本拠の位置を管轄する公安委員会は、当該車両の使用者に対し、過労運転が行われることのないよう運転者に指導し又は助言することその他過労運転を防止するため（D）ことを指示することができる。

A ① 運転の維持、継続　　　② 正常な運転
B ① 車両の使用者　　　　② 車両の所有者
C ① 運行の管理　　　　　② 労務の管理
D ① 必要な施設等を整備する　② 必要な措置をとる

### ポイント解説

道交法第66条の2第1項を参照。

車両の運転者が道路交通法第66条（過労運転等の禁止）の規定に違反して過労により（**正常な運転**）ができないおそれがある状態で車両を運転する行為（以下「過労運転」という。）を当該車両の使用者（当該車両の運転者であるものを除く。以下同じ。）の業務に関してした場合において、当該過労運転に係る（**車両の使用者**）が当該車両につき過労運転を防止するため必要な（**運行の管理**）を行っていると認められないときは、当該車両の使用の本拠の位置を管轄する公安委員会は、当該車両の使用者に対し、過労運転が行われることのないよう運転者に指導し又は助言することその他過労運転を防止するため（**必要な措置をとる**）ことを指示することができる。

▶答え　A−②，B−①，C−①，D−②

# 3−14 運転者の遵守事項

## 問1 ★★☆ ✓✓✓✓✓

車両等の運転者の遵守事項等についての次の記述のうち、<u>正しいものを2つ選びなさ</u>い。なお、解答にあたっては、各選択肢に記載されている事項以外は考慮しないものとする。

1. 自動車の運転者は、ぬかるみ又は水たまりを通行するときは、泥よけ器を付け、又は徐行する等して、泥土、汚水等を飛散させて他人に迷惑を及ぼすことがないようにしなければならない。

2. 道路運送法第3条第1号に掲げる一般旅客自動車運送事業の用に供される自動車の運転者が当該事業に係る旅客である幼児を乗車させるときであっても、幼児用補助装置を使用しないで乗車させてはならない。

3. 自動車の運転者は、乗降口のドアを閉じ、貨物の積載を確実に行う等当該車両等に乗車している者の転落又は積載している物の転落若しくは飛散を防ぐため必要な措置を講じなければならない。

4. 自動車の運転者は、負傷若しくは障害のため座席ベルトを装着させることが健康保持上適当でない者であっても、座席ベルトを装着させなければ運転者席以外の乗車装置に乗車させて自動車を運転してはならない。

### ポイント解説

1. **正しい**。道交法第71条第1項第1号を参照。

2. 誤り。一般旅客自動車運送事業の用に供される自動車の運転者が当該事業に係る旅客である幼児を乗車させる場合は、**幼児用補助装置の装着義務が免除される**。道交法施行令第26条の3の2第3項第6号を参照。

3. **正しい**。道交法第71条第1項第4号を参照。

4. 誤り。負傷若しくは障害等のため座席ベルトを装着させることが健康保持上適当でない者は、**座席ベルトの装着義務が免除される**。道交法施行令第26条の3の2第1項第1号。

▶答え　1と3

　道路交通法に定める運転者の遵守事項等についての次の記述のうち、誤っているものを1つ選びなさい。なお、解答にあたっては、各選択肢に記載されている事項以外は考慮しないものとする。

1．自動車を運転する場合においては、当該自動車が停止しているときを除き、携帯電話用装置（その全部又は一部を手で保持しなければ送信及び受信のいずれをも行うことができないものに限る。）を通話（傷病者の救護等のため当該自動車の走行中に緊急やむを得ずに行うものを除く。）のために使用してはならない。

2．免許証の更新を受けようとする者で更新期間が満了する日における年齢が70歳以上のもの（当該講習を受ける必要がないものとして法令で定める者を除く。）は、更新期間が満了する日前6ヵ月以内にその者の住所地を管轄する都道府県公安委員会が行った「高齢者講習」を受けていなければならない。

3．一般旅客自動車運送事業の用に供される自動車の運転者が当該事業に係る旅客である幼児を乗車させるときは、幼児用補助装置を使用しないで幼児を乗車させて自動車を運転することができる。

4．自動車の運転者は、故障その他の理由により高速自動車国道等の本線車道若しくはこれに接する加速車線、減速車線若しくは登坂車線（以下「本線車道等」という。）において当該自動車を運転することができなくなったときは、政令で定めるところにより、当該自動車が故障その他の理由により停止しているものであることを表示しなければならない。ただし、本線車道等に接する路肩若しくは路側帯においては、この限りではない。

### ポイント解説

1．正しい。道交法第71条第1項第5号の5を参照。

2．正しい。道交法第101条の4第1項を参照。

3．正しい。道交法施行令第26条の3の2第3項第6号を参照。

4．**誤り**。本線車道等又はこれらに接する路肩若しくは路側帯において、当該自動車が故障その他の理由により**停止しているものであることを表示しなければならない**。道交法第75条の11第1項を参照。

▶答え　**4**

第3章　道路交通法

道路交通法に照らし、次の記述のうち、正しいものを2つ選びなさい。なお、解答にあたっては、各選択肢に記載されている事項以外は考慮しないものとする。

1. 車両等の運転者は、著しく他人に迷惑を及ぼすこととなる騒音を生じさせるような方法で、自動車を急に発進させ、若しくは原動機の動力を車輪に伝達させないで原動機の回転数を増加させないこと。

2. 安全を確認しないで、ドアを開き、又は車両等から降りないようにし、及びその車両等に乗車している他の者がこれらの行為により交通の危険を生じさせないようにするため必要な措置を講ずること。

3. 自動車を運転する場合において、下図の標識が表示されている自動車は、肢体不自由である者が運転していることを示しているので、危険防止のためやむを得ない場合を除き、進行している当該表示自動車の側方に幅寄せをしてはならない。

道路交通法施行規則で定める様式
縁の色彩は白色
マークの色彩は黄色
地の部分の色彩は緑色

4. 高齢運転者等専用時間制限駐車区間においては、高齢運転者等標章自動車以外の車両であっても、空いている場合は駐車できる。

**ポイント解説**

1. **正しい**。道交法第71条第1項第5号の3を参照。

2. **正しい**。道交法第71条第1項第4号の3を参照。

3. 誤り。設問の標識は**聴覚障害者である者**が運転していることを示す標識。道交法第71条第1項第5号の4を参照。

4. 誤り。空いている場合であっても、高齢運転者等標章自動車以外の車両は、**駐車してはならない**。道交法第49条の4第1項を参照。

▶答え　1と2

**覚えておこう**📝【運転者が表示する各種標識】

|  |  |  |  |
|---|---|---|---|
| 【初心運転者標識】 | （旧）　（新）<br>【高齢運転者標識】 | 【聴覚障害者標識】 | 【身体障害者標識】 |

道路交通法に定める乗車等についての次の記述のうち、<u>誤っているものを1つ選びなさ</u>い。なお、解答にあたっては、各選択肢に記載されている事項以外は考慮しないものとする。

1. 車両に乗車する者は、運転者の視野若しくはハンドルその他の装置の操作を妨げ、後写鏡の効用を失わせ、車両の安定を害し、又は外部から当該車両の方向指示器、車両の番号標、制動灯、尾灯若しくは後部反射器を確認することができないこととなるような方法で乗車をしてはならない。

2. 車両等の運転者は、安全を確認しないで、ドアを開き、又は車両等から降りないようにし、及びその車両等に乗車している他の者がこれらの行為により交通の危険を生じさせないようにするため必要な措置を講じなければならない。

3. 自動車の運転者は、高速自動車国道に限り、法令で定めるやむを得ない理由があるときを除き、他の者を運転者席の横の乗車装置以外の乗車装置（当該乗車装置につき座席ベルトを備えなければならないこととされているものに限る。）に乗車させて自動車を運転するときは、その者に座席ベルトを装着させなければならない。

4. 車両等に乗車し、又は乗車しようとしている者が道路交通法第65条第1項（酒気帯び運転等の禁止）の規定に違反して車両等を運転するおそれがあると認められるときは、警察官はその者が正常な運転ができる状態になるまで車両等を運転してはならない旨を指示する等道路における交通の危険を防止するため必要な応急の措置をとることができる。

第3章 道路交通法

**ポイント解説**

1. 正しい。道交法第55条第2項を参照。
2. 正しい。道交法第71条第1項第4号の3を参照。
3. **誤り。高速道路に限らず**、すべての場合において、運転者席以外の乗車装置に乗車させて自動車を運転するときは、**座席ベルトを装着させなければならない**。ただし、法令で定めるやむを得ない理由があるときを除く。道交法第71条の3第2項を参照。
4. 正しい。道交法第67条第4項を参照。

▶答え　**3**

## 問1 ★☆☆ ✓✓✓✓✓

道路交通法に定める交通事故の場合の措置についての次の文中、A、B、Cに入るべき字句としていずれか正しいものを1つ選びなさい。

交通事故があったときは、当該交通事故に係る車両等の運転者その他の乗務員は、直ちに車両等の運転を停止して、（A）し、道路における危険を防止する等必要な措置を講じなければならない。この場合において、当該車両等の運転者（運転者が死亡し、又は負傷したためやむを得ないときは、その他の乗務員）は、警察官が現場にいるときは当該警察官に、警察官が現場にいないときは直ちに最寄りの警察署の警察官に当該交通事故が発生した日時及び場所、当該交通事故における（B）及び負傷者の負傷の程度並びに損壊した物及びその損壊の程度、当該交通事故に係る車両等の積載物並びに（C）を報告しなければならない。

A　① 事故状況を確認　　　　　　　② 負傷者を救護

B　① 死傷者の数　　　　　　　　　② 事故車両の数

C　① 当該交通事故について講じた措置　② 運転者の健康状態

### ポイント解説

　交通事故があったときは、当該交通事故に係る車両等の運転者その他の乗務員は、直ちに車両等の運転を停止して、（**負傷者を救護**）し、道路における危険を防止する等必要な措置を講じなければならない。この場合において、当該車両等の運転者（運転者が死亡し、又は負傷したためやむを得ないときは、その他の乗務員）は、警察官が現場にいるときは当該警察官に、警察官が現場にいないときは直ちに最寄りの警察署の警察官に当該交通事故が発生した日時及び場所、当該交通事故における（**死傷者の数**）及び負傷者の負傷の程度並びに損壊した物及びその損壊の程度、当該交通事故に係る車両等の積載物並びに（**当該交通事故について講じた措置**）を報告しなければならない。道交法第72条第1項を参照。

▶答え　**A−②，B−①，C−①**

# 3−16 使用者に対する通知

## 問1 ★☆☆ ☑☑☑☑☑

車両等の運転者が道路交通法に定める規定に違反した場合等の措置についての次の文中、A、B、Cに入るべき字句としていずれか正しいものを1つ選びなさい。

車両等の運転者が道路交通法若しくは同法に基づく命令の規定又は同法の規定に基づく（A）した場合において、当該違反が当該違反に係る車両等の（B）の業務に関してなされたものであると認めるときは、公安委員会は、内閣府令で定めるところにより、当該車両等の使用者が道路運送法の規定による自動車運送事業者、貨物利用運送事業法の規定による第二種貨物利用運送事業を経営する者であるときは当該事業者及び当該事業を監督する行政庁に対し、当該車両等の使用者がこれらの事業者以外の者であるときは当該車両等の使用者に対し、当該（C）を通知するものとする。

A ①処分に違反 ②指示に違反
B ①運行管理者 ②使用者
C ①違反の内容 ②指示の内容

### ポイント解説

車両等の運転者が道路交通法若しくは同法に基づく命令の規定又は同法の規定に基づく（**処分に違反**）した場合において、当該違反が当該違反に係る車両等の（**使用者**）の業務に関してなされたものであると認めるときは、公安委員会は、内閣府令で定めるところにより、当該車両等の使用者が道路運送法の規定による自動車運送事業者、貨物利用運送事業法の規定による第二種貨物利用運送事業を経営する者であるときは当該事業者及び当該事業を監督する行政庁に対し、当該車両等の使用者がこれらの事業者以外の者であるときは当該車両等の使用者に対し、当該（**違反の内容**）を通知するものとする。道交法第108条の34第1項を参照。

▶答え **A−①, B−②, C−①**

**問1** ★☆☆ ✓✓✓✓✓

　次に掲げる標識のある道路における通行に関する各々の記述について、<u>誤っているもの</u>を1つ選びなさい。なお、解答にあたっては、各選択肢に記載されている事項以外は考慮しないものとする。

1. 車両は、黄色又は赤色の灯火の信号にかかわらず左折することができる。

 道路交通法施行規則別記様式第1
矢印及びわくの色彩は青色、地の色彩は白色とする。

2. 車両は横断（道路外の施設又は場所に出入するための左折を伴う横断を除く。）をしてはならない。

 「道路標識、区画線及び道路標示に関する命令」に定める様式
文字及び記号を青色、斜めの帯及び枠を赤色、縁及び地を白色とする。

3. 乗車定員が18人の中型乗用自動車は通行することができる。

 「道路標識、区画線及び道路標示に関する命令」に定める様式
文字及び記号を青色、斜めの帯及び枠を赤色、縁及び地を白色とする。

4. 車両は、法令の規定若しくは警察官の命令により、又は危険を防止するため一時停止する場合のほか、8時から20時までの間は駐停車してはならない。

 「道路標識、区画線及び道路標示に関する命令」に定める様式
斜めの帯及び枠を赤色、文字及び縁を白色、地を青色とする。

### ポイント解説

1. 正しい。［左折可］信号の灯火の色にかかわらず左折できることを指定している。

2. 正しい。［車両横断禁止］車両は横断（道路外の施設又は場所に出入するための左折を伴う横断を除く）することができない。

3. **誤り**。［大型乗用自動車等（特定中型乗用自動車）**通行禁止**］乗車定員18人の中型自動車は、**特定中型乗用自動車（乗車定員11人以上29人以下）**となるため、**通行できない**。

4. 正しい。［駐停車禁止時間（8時～20時）］したがって、8時から20時までの間は駐停車してはならない。

▶答え 3

次に掲げる標識のある道路における通行に関する各々の記述について、<u>誤っているもの</u>を1つ選びなさい。なお、解答にあたっては、各選択肢に記載されている事項以外は考慮しないものとする。

1. 　車両は、他の車両（軽車両を除く。）を追い越すことができない。

2. 　車両は、8時から20時までは駐車してはならない。

3. 　二輪の自動車以外の自動車は通行することができない。

4. 　幅2.2メートルの中型自動車であるバスは通行することができる。

第3章　道路交通法

### ポイント解説

1. 正しい。補助標識で追越し禁止を指定している。したがって、他の車両（軽車両を除く。）を追い越してはならない。

2. **誤り**。選択肢の標識は、**車両進入禁止**を表す。補助標識で車両進入禁止時間（8時〜20時）を指定しているため、車両は**8時から20時までは進入することができない**。

3. 正しい。二輪自動車以外の通行禁止を指定している。したがって、二輪の自動車以外の自動車は通行することができない。

4. 正しい。通行できる最大幅を指定している。したがって、幅2.2mの中型自動車であるバスは通行することができる。

▶答え　**2**

**覚えておこう✐ 【道路標識（抜粋）】**

| 標識 | 標識名称 | 意　味 |
|---|---|---|
| | 車両進入禁止 | 道路における車両の通行につき一定の方向にする通行が禁止される道路において、車両がその禁止される方向に向かって進入することができない。 |
| | 二輪の自動車以外の自動車通行止め | 二輪自動車以外、通行することができない。 |
| | 大型乗用自動車等通行止め | 大型乗用自動車、特定中型乗用自動車※の通行を禁止する。<br>※特定中型乗用自動車とは、車両総重量8t以上11t未満、最大積載量5t以上6.5t未満又は、車定員11人以上29人未満の車両をいう。 |
| | 車両横断禁止 | 車両は横断（道路外の施設又は場所に出入するための左折を伴う横断を除く。）することができない。 |
| 追越し禁止 | 追越し禁止 | 追越し禁止自動車は、他の自動車を追い越してはならない。 |
| 8-20 | 駐停車禁止 | 8時から20時までの間は駐停車してはならない。 |
| 8-20 | 駐車禁止 | 8時から20時までの間は駐車してはならない。 |
| 2.2m | 最大幅 | 自動車の幅が2.2メートルを超える車両の通行を禁止する。 |
| 8-20 | 時間 | 8時から20時までの間に本標識が表示する交通の規制が行われている。 |
| 大　乗 | 車両の種類 | 本標識が表示する交通の規制の対象は大型乗用自動車。 |
| ← | 左折可 | 黄色又は赤色の灯火の信号にかかわらず左折することができる。 |

第3章　道路交通法

第 **4** 章

# 労働基準法

4－1．労働条件・定義・解雇

4－2．賃金・休み・女性

4－3．就業規則

4－4．健康診断

4－5．労働時間等の改善基準［タクシー］

4－6．労働時間等の改善基準［バス①］

4－7．労働時間等の改善基準［バス②］

## 4-1 労働条件・定義・解雇

### 問1 ★★☆ ✓✓✓✓✓

　労働基準法（以下「法」という。）に定める労働契約についての次の記述のうち、<u>正しいものを2つ</u>選びなさい。なお、解答にあたっては、各選択肢に記載されている事項以外は考慮しないものとする。

1．使用者は、労働者が業務上負傷し、又は疾病にかかり療養のために休業する期間及びその後6週間並びに産前産後の女性が法第65条（産前産後）の規定によって休業する期間及びその後6週間は、解雇してはならない。

2．労働者が、退職の場合において、使用期間、業務の種類、その事業における地位、賃金又は退職の事由（退職の事由が解雇の場合にあっては、その理由を含む。）について証明書を請求した場合においては、使用者は、遅滞なくこれを交付しなければならない。

3．使用者は、労働者を解雇しようとする場合においては、法第20条の規定に基づき、少くとも14日前にその予告をしなければならない。14日前に予告をしない使用者は、14日分以上の平均賃金を支払わなければならない。

4．法第20条（解雇の予告）の規定は、法に定める期間を超えない限りにおいて、「日日雇い入れられる者」、「2ヵ月以内の期間を定めて使用される者」、「季節的業務に4ヵ月以内の期間を定めて使用される者」又は「試の使用期間中の者」のいずれかに該当する労働者については適用しない。

#### ポイント解説

1．**誤り。**労働者が業務上負傷し、又は疾病にかかり療養のために休業する期間及びその後**30日間**並びに産前産後の女性が法第65条（産前産後）の規定によって休業する期間及びその後**30日間**は、解雇してはならない。労基法第19条第1項を参照。

2．**正しい。**労基法第22条第1項を参照。

3．**誤り。**労働者を解雇しようとする場合においては、法第20条の規定に基づき、少くとも**30日前**にその予告をしなければならない。**30日前**に予告をしない使用者は、**30日分**以上の平均賃金を支払わなければならない。労基法第20条第1項を参照。

4．**正しい。**労基法第21条第1項第1号〜第4号を参照。

▶答え　2と4

**問2** ★★☆ ✓✓✓✓✓

労働基準法（以下「法」という。）の定めに関する次の記述のうち、誤っているものを1つ選びなさい。なお、解答にあたっては、各選択肢に記載されている事項以外は考慮しないものとする。

1. 平均賃金とは、これを算定すべき事由の発生した日以前3ヵ月間にその労働者に対し支払われた賃金の総額を、その期間の総日数で除した金額をいう。

2. 法で定める労働条件の基準は最低のものであるから、労働関係の当事者は、当事者間の合意がある場合を除き、この基準を理由として労働条件を低下させてはならないことはもとより、その向上を図るように努めなければならない。

3. 労働者が、退職の場合において、使用期間、業務の種類、その事業における地位、賃金又は退職の事由（退職の事由が解雇の場合にあっては、その理由を含む。）について証明書を請求した場合においては、使用者は、遅滞なくこれを交付しなければならない。

4. 使用者は、労働者の国籍、信条又は社会的身分を理由として、賃金、労働時間その他の労働条件について、差別的取扱をしてはならない。

**ポイント解説**

1. 正しい。労基法第12条第1項を参照。

2. **誤り。当事者間の合意がある場合であっても、**労基法で定める労働条件の基準を理由として、**労働条件を低下させてはならない。**労基法第1条第2項を参照。

3. 正しい。労基法第22条第1項を参照。

4. 正しい。労基法第3条第1項を参照。

▶答え　**2**

第4章　労働基準法

労働基準法（以下「法」という。）に定める労働契約に関する次の記述のうち、<u>正しい</u><u>ものを2つ</u>選びなさい。なお、解答にあたっては、各選択肢に記載されている事項以外は考慮しないものとする。

1. 使用者は、労働者を解雇しようとする場合においては、少くとも30日前にその予告をしなければならない。30日前に予告をしない使用者は、30日分以上の平均賃金を支払わなければならない。ただし、天災事変その他やむを得ない事由のために事業の継続が不可能となった場合又は労働者の責に帰すべき事由に基いて解雇する場合においては、この限りでない。

2. 試の使用期間中の者に該当する労働者については、法第20条の解雇の予告の規定は適用しない。ただし、当該者が1ヵ月を超えて引き続き使用されるに至った場合においては、この限りでない。

3. 労働契約は、期間の定めのないものを除き、一定の事業の完了に必要な期間を定めるもののほかは、3年（法第14条（契約期間等）第1項各号のいずれかに該当する労働契約にあっては、5年）を超える期間について締結してはならない。

4. 労働者は、労働契約の締結に際し使用者から明示された賃金、労働時間その他の労働条件が事実と相違する場合においては、少くとも30日前に使用者に予告したうえで、当該労働契約を解除することができる。

### ポイント解説

1. **正しい**。労基法第20条第1項を参照。

2. 誤り。試の使用期間中の労働者については、当該者が**14日**を超えて引き続き使用されるに至った場合において、解雇の予告の規定は適用しない。労基法第21条第1項を参照。

3. **正しい**。労基法第14条第1項を参照。

4. 誤り。労働契約の締結に際し使用者から明示された賃金、労働時間その他の労働条件が事実と相違する場合においては、**即時に**、当該労働契約を解除することができる。労基法第15条第2項を参照。

▶答え　**1と3**

## 問1 ★★☆ ☑☑☑☑☑

労働基準法（以下「法」という。）に定める労働時間及び休日等に関する次の記述のうち、誤っているものを1つ選びなさい。なお、解答にあたっては、各選択肢に記載されている事項以外は考慮しないものとする。

1. 使用者は、当該事業場に、労働者の過半数で組織する労働組合がある場合においてはその労働組合、労働者の過半数で組織する労働組合がない場合においては労働者の過半数を代表する者との書面による協定をし、これを行政官庁に届け出た場合においては、法定労働時間又は法定休日に関する規定にかかわらず、その協定で定めるところによって労働時間を延長し、又は休日に労働させることができる。

2. 使用者は、災害その他避けることのできない事由によって、臨時の必要がある場合においては、行政官庁の許可を受けて、その必要の限度において法に定める労働時間を延長し、又は休日に労働させることができる。ただし、事態急迫のために行政官庁の許可を受ける暇がない場合においては、事後に遅滞なく届け出なければならない。

3. 使用者は、2週間を通じ4日以上の休日を与える場合を除き、労働者に対して、毎週少なくとも2回の休日を与えなければならない。

4. 使用者が、法の規定により労働時間を延長し、又は休日に労働させた場合においては、その時間又はその日の労働については、通常の労働時間又は労働日の賃金の計算額の2割5分以上5割以下の範囲内でそれぞれ政令で定める率以上の率で計算した割増賃金を支払わなければならない。

### ポイント解説

1. 正しい。労基法第36条第1項を参照。
2. 正しい。労基法第33条第1項を参照。
3. **誤り**。使用者は、**4週間**を通じ4日以上の休日を与える場合を除き、労働者に対して、毎週少なくとも**1回**の休日を与えなければならない。労基法第35条第1項・第2項を参照。
4. 正しい。労基法第37条第1項を参照。

▶答え 3

第4章 労働基準法

135

労働基準法に定める労働時間及び休日等に関する次の記述のうち、誤っているものを1つ選びなさい。なお、解答にあたっては、各選択肢に記載されている事項以外は考慮しないものとする。

1. 労働時間は、事業場を異にする場合においても、労働時間に関する規定の適用については通算する。

2. 使用者は、労働時間が6時間を超える場合においては少くとも30分、8時間を超える場合においては少くとも45分の休憩時間を労働時間の途中に与えなければならない。

3. 使用者は、労働者に対して、毎週少くとも1回の休日を与えなければならない。ただし、この規定は、4週間を通じ4日以上の休日を与える使用者については適用しない。

4. 使用者は、その雇入れの日から起算して6ヵ月間継続勤務し全労働日の8割以上出勤した労働者に対して、継続し、又は分割した10労働日の有給休暇を与えなりればならない。

#### ポイント解説

1. 正しい。労基法第38条第1項を参照。

2. **誤り**。労働時間が6時間を超える場合においては少くとも**45分**、8時間を超える場合においては少くとも**1時間**の休憩時間を労働時間の途中に与えなければならない。労基法第34条第1項を参照。

3. 正しい。労基法第35条第1項・第2項を参照。

4. 正しい。労基法第39条第1項を参照。

▶答え　2

労働基準法（以下「法」という。）に定める労働契約等についての次の記述のうち、<u>正しいものを2つ</u>選びなさい。なお、解答にあたっては、各選択肢に記載されている事項以外は考慮しないものとする。

1．使用者は、労働者が出産、疾病、災害その他厚生労働省令で定める非常の場合の費用に充てるために請求する場合においては、支払期日前であっても、当該労働者に30日分以上の平均賃金を支払わなければならない。

2．生後満1年に達しない生児を育てる女性は、1日2回各々少なくとも30分、その生児を育てるための時間を請求することができる。

3．使用者は、使用者の責に帰すべき事由による休業の場合においては、休業期間中当該労働者に、その平均賃金の100分の80以上の手当を支払わなければならない。

4．労働者が、退職の場合において、使用期間、業務の種類、その事業における地位、賃金又は退職の事由（退職の事由が解雇の場合にあっては、その理由を含む。）について証明書を請求した場合においては、使用者は、遅滞なくこれを交付しなければならない。

### ポイント解説

1．**誤り**。使用者は、非常の場合の費用の請求においては、支払期日前であっても、**既往の労働に対する賃金**を支払わなければならない。労基法第25条第1項を参照。

2．**正しい**。労基法第67条第1項を参照。

3．**誤り**。使用者は、使用者の責に帰すべき事由による休業の場合においては、休業期間中当該労働者に、その平均賃金の**100分の60以上**の手当を支払わなければならない。労基法第26条第1項を参照。

4．**正しい**。労基法第22条第1項を参照。

▶答え　**2と4**

### 用語

| 既往の労働 | 既往とは「過去」や「過ぎ去った物事」のこと。つまり、既往の労働とは、既に働いた分ということ。 |
|---|---|

第4章　労働基準法

労働基準法の定めに関する次の記述のうち、誤っているものを1つ選びなさい。なお、解答にあたっては、各選択肢に記載されている事項以外は考慮しないものとする。

1. 使用者は、労働者の死亡又は退職の場合において、権利者の請求があった場合においては、30日以内に賃金を支払い、積立金、保証金、貯蓄金その他名称の如何を問わず、労働者の権利に属する金品を返還しなければならない。

2. 出来高払制その他の請負制で使用する労働者については、使用者は、労働時間に応じ一定額の賃金の保障をしなければならない。

3. 使用者は、産後8週間を経過しない女性を就業させてはならない。ただし、産後6週間を経過した女性が請求した場合において、その者について医師が支障がないと認めた業務に就かせることは、差し支えない。

4. 使用者は、労働者に、休憩時間を除き1週間について40時間を超えて、労働させてはならない。また、1週間の各日については、労働者に、休憩時間を除き1日について8時間を超えて、労働させてはならない。

### ポイント解説

1. **誤り**。使用者は、労働者の死亡又は退職の場合において、権利者の請求があった場合においては、**7日以内**に賃金を支払い、積立金、保証金、貯蓄金その他名称の如何を問わず、労働者の権利に属する金品を返還しなければならない。労基法第23条第1項を参照。

2. 正しい。労基法第27条第1項を参照。

3. 正しい。労基法第65条第2項を参照。

4. 正しい。労基法第32条第1項・第2項を参照。

▶答え　1

**問1**　★★☆　✓✓✓✓✓

　労働基準法に定める就業規則についての次の記述のうち、<u>誤っているものを1つ選びな</u>さい。なお、解答にあたっては、各選択肢に記載されている事項以外は考慮しないものとする。

1．常時10人以上の労働者を使用する使用者は、始業及び終業の時刻、休憩時間、休日、休暇等法令に定める事項について就業規則を作成し、行政官庁に届け出なければならない。

2．就業規則で、労働者に対して減給の制裁を定める場合においては、その減給は、1回の額が平均賃金の1日分の半額を超え、総額が一賃金支払期における賃金の総額の10分の1を超えてはならない。

3．使用者は、就業規則の作成又は変更について、当該事業場に、労働者の過半数で組織する労働組合がある場合においてはその労働組合、労働者の過半数で組織する労働組合がない場合においては労働者の過半数を代表する者と協議し、その内容について同意を得なければならない。

4．就業規則は、法令又は当該事業場について適用される労働協約に反してはならない。また、行政官庁は、法令又は労働協約に抵触する就業規則の変更を命ずることができる。

### ポイント解説

1．正しい。労基法第89条第1項第1号を参照。

2．正しい。労基法第91条第1項を参照。

3．**誤り**。労働者の過半数で組織する労働組合がない場合は、労働者の過半数を代表する者の**意見を聴かなければならない**。協議し、同意を得る必要はない。労基法第90条第1項を参照。

4．正しい。労基法第92条第1項・第2項を参照。

▶答え　**3**

労働基準法の定めに関する次の記述のうち、<u>誤っているもの</u>を1つ選びなさい。なお、解答にあたっては、各選択肢に記載されている事項以外は考慮しないものとする。

1. 使用者は、労働者名簿、賃金台帳及び雇入れ、解雇、災害補償、賃金その他労働関係に関する重要な書類を5年間保存しなければならない。ただし、経過措置として当分の間は3年間保存となっている。

2. 使用者は、労働契約の締結に際し、労働者に対して賃金、労働時間その他の労働条件を明示しなければならない。この明示された労働条件が事実と相違する場合においては、労働者は、即時に労働契約を解除することができる。

3. 労働契約は、期間の定めのないものを除き、一定の事業の完了に必要な期間を定めるもののほかは、1年を超える期間について締結してはならない。

4. 「賃金」とは、賃金、給料、手当、賞与その他名称の如何を問わず、労働の対償として使用者が労働者に支払うすべてのものをいう。

**ポイント解説**

1. 正しい。労基法第109条第1項を参照。

2. 正しい。労基法第15条第1項・第2項を参照。

3. **誤り**。労働契約は、一定の事業の完了に必要な期間を定めるもののほかは、**3年を超える期間**について締結してはならない。労基法第14条第1項を参照。

4. 正しい。労基法第11条第1項を参照。

▶答え　3

## 4-4　健康診断

問1　★★☆

　労働基準法及び労働安全衛生法の定める健康診断に関する次の記述のうち、<u>正しいもの</u>を2つ選びなさい。なお、解答にあたっては、各選択肢に記載されている事項以外は考慮しないものとする。

1．事業者は、健康診断の結果（当該健康診断の項目に異常の所見があると診断された労働者に係るものに限る。）に基づき、当該労働者の健康を保持するために必要な措置について、労働安全衛生規則で定めるところにより、医師又は歯科医師の意見を聴かなければならない。

2．事業者は、労働安全衛生規則で定めるところにより、深夜業に従事する労働者が、自ら受けた健康診断の結果を証明する書面を事業者に提出した場合において、その健康診断の結果（当該健康診断の項目に異常の所見があると診断された労働者に係るものに限る。）に基づく医師からの意見聴取は、当該健康診断の結果を証明する書面が事業者に提出された日から4ヵ月以内に行わなければならない。

3．事業者は、深夜業を含む業務等に常時従事する労働者に対し、当該業務への配置替えの際及び6ヵ月以内ごとに1回、定期に、労働安全衛生規則に定める所定の項目について医師による健康診断を行わなければならない。

4．事業者は、事業者が行う健康診断を受けた労働者から請求があった場合に限り、当該労働者に対し、規則で定めるところにより、当該健康診断の結果を通知するものとする。

### ポイント解説

1．**正しい**。安衛法第66条の4第1項を参照。

2．誤り。健康診断の結果に基づく医師からの意見聴取は、当該健康診断の結果を証明する書面が事業者に提出された日から**2ヵ月以内**に行わなければならない。衛生規則第51条の2第2項第1号を参照。

3．**正しい**。衛生規則第45条第1項を参照。

4．誤り。請求があった場合に限らず、労働者に対し当該健康診断の結果を**通知しなければならない**。安衛法第66条の6第1項を参照。

▶答え　1と3

労働基準法及び労働安全衛生法の定める健康診断に関する次の記述のうち、<u>誤っている</u><u>もの</u>を1つ選びなさい。なお、解答にあたっては、各選択肢に記載されている事項以外は考慮しないものとする。

1. 事業者は、常時使用する労働者を雇い入れるときは、当該労働者に対し、労働安全衛生規則に定める既往歴及び業務歴の調査等の項目について医師による健康診断を行わなければならない。ただし、医師による健康診断を受けた後、3ヵ月を経過しない者を雇い入れる場合において、その者が当該健康診断の結果を証明する書面を提出したときは、当該健康診断の項目に相当する項目については、この限りでない。

2. 事業者は、常時使用する労働者（労働安全衛生規則（以下「規則」という。）に定める深夜業を含む業務等に常時従事する労働者を除く。）に対し、1年以内ごとに1回、定期に、規則に定める項目について医師による健康診断を行わなければならない。また、この健康診断の結果に基づき、健康診断個人票を作成し、5年間保存しなければならない。

3. 事業者は、その労働時間の状況その他の事項が労働者の健康の保持を考慮して規則第52条の2で定める要件に該当する労働者からの申出があったときは、遅滞なく、当該労働者に対し、規則で定めるところにより、医師による面接指導を行わなければならない。

4. 事業者は、深夜業を含む業務等に常時従事する労働者に対し、当該業務への配置替えの際及び3ヵ月以内ごとに1回、定期に、労働安全衛生規則に定める所定の項目について医師による健康診断を行わなければならない。

### ポイント解説

1. 正しい。衛生規則第43条第1項を参照。

2. 正しい。衛生規則第44条第1項・衛生規則第51条第1項を参照。

3. 正しい。安衛法第66条の8第1項・衛生規則第52条の3第1項・第3項を参照。

4. **誤り**。深夜業を含む業務等に常時従事する労働者に対し、当該業務への配置替えの際及び**6ヵ月以内**ごとに1回、定期に、健康診断を行わなければならない。衛生規則第45条第1項を参照。

▶答え **4**

# 4-5 労働時間等の改善基準 [タクシー]

💡**問題を解く前のヒント**【タクシーの日勤勤務者の拘束時間及び休息期間】

## ■1ヵ月の拘束時間

1ヵ月の拘束時間は**299時間**が限度になります。ただし、車庫待ち等の運転者については、書面による労使協定を結ぶことにより、1ヵ月の拘束時間を**322時間**まで延長できます。

用語

| 車庫待ち等の運転者 | 顧客の需要に応ずるため常態として車庫等において待機する就労形態のタクシー運転者。 |
|---|---|
| 労使協定 | 使用者が労働者との間で締結される、書面による協定のこと。 |

## ■1日の拘束時間と休息期間

1日の拘束時間は**13時間**以内を基本とし、これを延長する場合には**16時間**が限度になります。また、1日の休息期間は継続**8時間**以上必要になります。

勤務例1は、拘束時間13時間、休息時間11時間であるため、改善基準に適合している。

勤務例2は、拘束時間16時間、休息時間8時間であるため、改善基準に適合している。

勤務例3は、拘束時間**17時間**であるため、改善基準に**違反している**。

勤務例4は、休息時間**7時間**であるため、改善基準に**違反している**。

勤務例5は、拘束時間**17時間**、休息時間**7時間**であるため、改善基準に**違反している**。

また、車庫待ち等の運転者については、以下の要件を満たす場合には、1日の拘束時間を**24時間**まで延長することができます。

① 勤務終了後、継続**20時間**以上の休息期間を与えること。

② 1日の拘束時間が**16時間**を超える回数が1ヵ月について**7回以内**であること。

③ 1日の拘束時間が**18時間**を超える場合、**夜間4時間**以上の仮眠時間を与えること。

第4章 労働基準法

## 用語

| 拘束時間 | 始業時刻から終業時刻までの時間で、労働時間と休憩時間（仮眠時間を含む）の合計時間。 |
|---|---|
| 休息時間 | 勤務と次の勤務の間の時間で、睡眠時間を含む労働者の生活時間として、労働者にとって全く自由な時間。 |
| 1日の拘束時間 | 始業時刻から起算して24時間。 |

**覚えておこう** 【拘束時間及び休息期間の考え方】

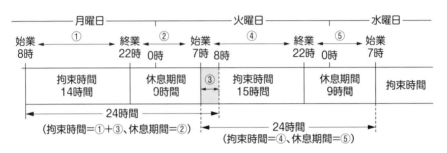

1日の拘束時間の開始は、当日の始業時刻とし、終了は始業時刻から**24時間後**となります。したがって、月曜日の拘束時間は、始業時刻8時から24時間後の翌日8時までとなります。この月曜日の始業時刻から24時間以内には火曜日の7時から8時の1時間も含まれるので、拘束時間の計算は次のようになります。

月曜日の拘束時間は、月曜日の始業時刻8時～終業時刻22時（①）と火曜日始業時刻7時～8時（③）となり、14時間＋1時間＝15時間になります。また、火曜日始業時刻7時～8時の1時間は、火曜日の拘束時間にも含まれます。

なお、バスの場合でも拘束時間及び休息期間の考え方は同じになります。

**問題を解く前のヒント** 【タクシーの隔日勤務者の拘束時間及び休息期間】

### ■1ヵ月の拘束時間

1ヵ月の拘束時間は**262時間**が限度になります。ただし、地域的事情その他の特別な事情がある場合において、書面による労使協定があるときは、1年のうち**6ヵ月**までは、1ヵ月の拘束時間の限度を**270時間**まで延長することができます。

第4章 労働基準法

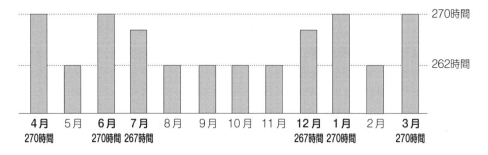

| | | | | | | | | | | | |
|---|---|---|---|---|---|---|---|---|---|---|---|
| **4月** | 5月 | **6月** | **7月** | 8月 | 9月 | 10月 | 11月 | **12月** | **1月** | 2月 | **3月** |
| 270時間 | | 270時間 | 267時間 | | | | | 267時間 | 270時間 | | 270時間 |

## ■2暦日の拘束時間と休息時間

2暦日の拘束時間は**21時間**以内になります。また、勤務終了後、継続**20時間**以上の休息期間が必要になります。※車庫待ち等の運転者は除く。

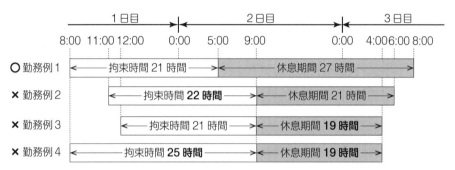

勤務例1は、拘束時間21時間、休息時間27時間であるため、改善基準に適合している。

勤務例2は、拘束時間**22時間**であるため、改善基準に**違反している**。

勤務例3は、休息時間**19時間**であるため、改善基準に**違反している**。

勤務例4は、拘束時間**25時間**、休息時間**19時間**であるため、改善基準に**違反している**。

### 💡問題を解く前のヒント【休日労働】

休日労働は1ヵ月の拘束時間の限度内で**2週間に1回**が限度になります。

「自動車運転者の労働時間等の改善のための基準」に定める一般乗用旅客自動車運送事業に従事する自動車運転者（隔日勤務に就く運転者及びハイヤーに乗務する運転者以外のもの。）の拘束時間及び休息期間についての次の文中、A、B、Cに入るべき字句としていずれか正しいものを1つ選びなさい。

1日（始業時刻から起算して24時間をいう。以下同じ。）についての拘束時間は、13時間を超えないものとし、当該拘束時間を延長する場合であっても、1日についての拘束時間の限度（最大拘束時間）は、（A）とすること。ただし、車庫待ち等の自動車運転者について、次に掲げる要件を満たす場合には、この限りでない。

イ　勤務終了後、継続（B）以上の休息期間を与えること。

ロ　1日についての拘束時間が（A）を超える回数が、1ヵ月について7回以内であること。

ハ　1日についての拘束時間が（C）を超える場合には、夜間4時間以上の仮眠時間を与えること。

ニ　1回の勤務における拘束時間が、24時間を超えないこと。

A　① 15時間　　② 16時間

B　① 8時間　　② 20時間

C　① 18時間　　② 20時間

### ポイント解説

改善基準第2条第1項第2号を参照。

1日（始業時刻から起算して24時間をいう。以下同じ。）についての拘束時間は、13時間を超えないものとし、当該拘束時間を延長する場合であっても、1日についての拘束時間の限度（最大拘束時間）は、（**16時間**）とすること。ただし、車庫待ち等の自動車運転者について、次に掲げる要件を満たす場合には、この限りでない。

イ　勤務終了後、継続（**20時間**）以上の休息期間を与えること。

ロ　1日についての拘束時間が（**16時間**）を超える回数が、1ヵ月について7回以内であること。

ハ　1日についての拘束時間が（**18時間**）を超える場合には、夜間4時間以上の仮眠時間を与えること。

▶答え　A−②，B−②，C−①

第4章　労働基準法

　下表は、一般乗用旅客自動車運送事業の隔日勤務に従事する自動車運転者の1ヵ月の勤務状況の例を示したものであるが、「自動車運転者の労働時間等の改善のための基準」に定める拘束時間等に照らし、次の1～4の中から違反している事項を2つ選びなさい。なお、車庫待ち等はないものとし、また、「1ヵ月についての拘束時間の延長に関する労使協定」及び「時間外労働及び休日労働に関する労使協定」があり、下表の1ヵ月は、当該協定により1ヵ月についての拘束時間を延長することができる月に該当するものとする。

| 日付 | 1日 | 2日 | 3日 | 4日 | 5日 | 6日 | 7日 | 8日 | 9日 | 10日 | 11日 | 12日 | 13日 | 14日 | 15日 | 16日 |
|---|---|---|---|---|---|---|---|---|---|---|---|---|---|---|---|---|
| 勤務等状況 | 労働日 | | 労働日 | | 休日 | 労働日 | | 労働日 | | 休日 | 労働日 | | 労働日 | | 労働日 | |
| 始業時刻（午前） | 9:00 | | 8:00 | | 休日 | 9:00 | | 9:00 | | 休日 | 8:00 | | 9:00 | | 8:00 | |
|  | ～ | | ～ | | | ～ | | ～ | | | ～ | | ～ | | ～ | |
| 終業時刻（午前） | | 6:00 | | 5:00 | | | 6:00 | | 6:00 | | | 5:00 | | 6:00 | | 5:00 |
| 拘束時間（時間） | 21 | | 21 | | — | 21 | | 21 | | — | 21 | | 21 | | 21 | |

| 日付 | 17日 | 18日 | 19日 | 20日 | 21日 | 22日 | 23日 | 24日 | 25日 | 26日 | 27日 | 28日 | 29日 | 30日 | 31日 | 1ヵ月（1日～31日）の拘束時間計 |
|---|---|---|---|---|---|---|---|---|---|---|---|---|---|---|---|---|
| 勤務等状況 | 労働日 | | 休日 | 休日 | 労働日 | | 労働日 | | 休日労働日 | | 労働日 | | 労働日 | | 休日 | |
| 始業時刻（午前） | 8:00 | | 休日 | 休日 | 8:00 | | 8:00 | | 10:00 | | 9:00 | | 8:00 | | 休日 | |
|  | ～ | | | | ～ | | ～ | | ～ | | ～ | | ～ | | | |
| 終業時刻（午前） | | 6:00 | | | | 5:00 | | 5:00 | | 4:00 | | 6:00 | | 5:00 | | |
| 拘束時間（時間） | 22 | | — | — | 21 | | 21 | | 18 | | 21 | | 21 | | — | 271 時間 |

(注1) 協定における時間外労働及び休日労働の起算日は、1日とする。
(注2) 1日の前日は休日とする。
(注3) 拘束時間と次の拘束時間の間は休息期間とする。

1.　休息期間
2.　労働基準法第35条の休日に労働させる回数
3.　2暦日についての拘束時間
4.　1ヵ月の拘束時間

──────── ‐ ‐ ‐ 答えは次のページ ‐ ‐ ‐ ────────

**ポイント解説**

改善基準第2条第2項第1号・第2号、第4項を参照。

始業・終業時刻を休息期間に書き換えると次のとおりになる。

| 日　付 | 1日 | 2日 | 3日 | 4日 | 5日 | 6日 | 7日 | 8日 | 9日 | 10日 | 11日 | 12日 | 13日 | 14日 | 15日 | 16日 |
|---|---|---|---|---|---|---|---|---|---|---|---|---|---|---|---|---|
| 勤務等状況 | 労働日 | | 労働日 | | 休日 | 労働日 | | 労働日 | | 休日 | 労働日 | | 労働日 | | 労働日 | |
| 拘束時間（時間） | 21 | | 21 | | | 21 | | 21 | | | 21 | | 21 | | 21 | |
| 休息期間（時間） | | | | 26 | — | | | 27 | | — | | 28 | | 26 | | 27 |

| 日　付 | 17日 | 18日 | 19日 | 20日 | 21日 | 22日 | 23日 | 24日 | 25日 | 26日 | 27日 | 28日 | 29日 | 30日 | 31日 |
|---|---|---|---|---|---|---|---|---|---|---|---|---|---|---|---|
| 勤務等状況 | 労働日 | | 休日 | 休日 | 労働日 | | 労働日 | | 休日労働 | | 労働日 | | 労働日 | | 休日 |
| 拘束時間（時間） | 22 | | | | 21 | | 21 | | 18 | | 21 | | 21 | | |
| 休息期間（時間） | | — | — | | | 27 | | 29 | | 29 | | 26 | | | — |

1ヵ月（1日～31日）の拘束時間計 **271時間**

1．休息期間は、勤務終了後、継続20時間以上でなければならない。いずれも継続20時間以上のため改善基準に違反していない。

2．労働基準法第35条の休日に労働させる回数は、2週間について1回を超えてはならない。2週間で1回（25～26日）のみのため、改善基準に違反していない。

3．拘束時間は、2暦日について21時間を超えないこと。17～18日（**22時間**）が21時間を超えているため改善基準に**違反している**。

4．1ヵ月についての拘束時間は、262時間を超えないこと。ただし、労使協定がある場合は、1年のうち6ヵ月は、各月について270時間を超えないこと。労使協定はあるが、拘束時間の合計が**271時間**となっているため、改善基準に**違反している**。

▶答え　**3と4**

第4章　労働基準法

# 4-6 労働時間等の改善基準 [バス①]

## 問1 ★★☆ ✓✓✓✓✓

　「自動車運転者の労働時間等の改善のための基準」（以下「改善基準告示」という。）に定める一般乗用旅客自動車運送事業以外の旅客自動車運送事業に従事する自動車運転者（以下「バス運転者」という。）の拘束時間等についての次の文中、A、B、C、Dに入るべき字句としていずれか正しいものを1つ選びなさい。

1．1日（始業時刻から起算して24時間をいう。以下同じ。）についての拘束時間は、13時間を超えないものとし、当該拘束時間を延長する場合であっても、最大拘束時間は（A）とすること。

2．業務の必要上、勤務の終了後継続8時間以上の休息期間を与えることが困難な場合には、当分の間、一定期間における全勤務回数の2分の1を限度に、休息期間を拘束時間の途中及び拘束時間の経過直後に分割して与えることができるものとする。この場合において、分割された休息期間は、1日において1回当たり継続（B）以上、合計10時間以上でなければならないものとする。

3．労使当事者は、時間外労働協定においてバス運転者に係る一定期間についての延長時間について協定するに当たっては、当該一定期間は2週間及び（C）以内の一定の期間とするものとする。

4．使用者は、バス運転者に労働基準法第35条の休日に労働させる場合は、当該労働させる休日は（D）について1回を超えないものとし、当該休日の労働によって改善基準告示第5条第1項に定める拘束時間及び最大拘束時間の限度を超えないものとする。

A　① 15時間　　　　　② 16時間

B　① 3時間　　　　　　② 4時間

C　① 1ヵ月以上3ヵ月　② 3ヵ月以上6ヵ月

D　① 2週間　　　　　　② 4週間

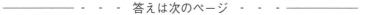

――――――・・・ 答えは次のページ ・・・――――――

1. 1日（始業時刻から起算して24時間をいう。以下同じ。）についての拘束時間は、13時間を超えないものとし、当該拘束時間を延長する場合であっても、最大拘束時間は（**16時間**）とすること。改善基準第5条第1項第2号を参照。

2. 業務の必要上、勤務の終了後継続8時間以上の休息期間を与えることが困難な場合には、当分の間、一定期間における全勤務回数の2分の1を限度に、休息期間を拘束時間の途中及び拘束時間の経過直後に分割して与えることができるものとする。この場合において、分割された休息期間は、1日において1回当たり継続（**4時間**）以上、合計10時間以上でなければならないものとする。特例通達1（1）を参照。

3. 労使当事者は、時間外労働協定においてバス運転者に係る一定期間についての延長時間について協定するに当たっては、当該一定期間は2週間及び（**1ヵ月以上3ヵ月**）以内の一定の期間とするものとする。改善基準第5条第4項を参照。

4. 使用者は、バス運転者に労働基準法第35条の休日に労働させる場合は、当該労働させる休日は（**2週間**）について1回を超えないものとし、当該休日の労働によって改善基準告示第5条第1項に定める拘束時間及び最大拘束時間の限度を超えないものとする。改善基準第5条第5項を参照。

▶答え　**A－②，B－②，C－①，D－①**

「自動車運転者の労働時間等の改善のための基準」（以下「改善基準告示」という。）に定める一般乗用旅客自動車運送事業以外の旅客自動車運送事業に従事する自動車運転者（以下「バス運転者」という。）の拘束時間等に関する次の記述のうち、<u>正しいものを2つ選びなさい</u>。なお、解答にあたっては、各選択肢に記載されている事項以外は考慮しないものとする。

1. 使用者は、貸切バス運転者の1日（始業時刻から起算して24時間をいう。以下同じ。）についての拘束時間については、13時間を超えないものとし、当該拘束時間を延長する場合であっても、最大拘束時間は、16時間とすること。この場合において、1日についての拘束時間が13時間を超える回数は、1週間について2回以内とすること。

2. 使用者は、業務の必要上、貸切バス運転者（1人乗務の場合）に勤務の終了後継続8時間以上の休息期間を与えることが困難な場合には、当分の間、一定期間における全勤務回数の2分の1を限度に、休息期間を拘束時間の途中及び拘束時間の経過直後に分割して与えることができるものとする。この場合において、分割された休息期間は、1日（始業時刻から起算して24時間をいう。以下同じ。）において1回当たり継続4時間以上、合計10時間以上でなければならないものとする。

3. 使用者は、貸切バス運転者の運転時間については、2日（始業時刻から起算して48時間をいう。）を平均し1日当たり9時間、4週間を平均し1週間当たり40時間を超えないものとすること。ただし、労使協定があるときは、4週間を平均し1週間当たりの運転時間については改善基準告示で定める範囲内において延長することができる。

4. 使用者は、業務の必要上やむを得ない場合には、当分の間、貸切バス運転者を隔日勤務に就かせることができる。この場合、2暦日における拘束時間は、24時間を超えないものとする。

### ポイント解説

1. 誤り。1日についての拘束時間が**15時間を超える回数**は、1週間について2回以内とすること。改善基準第5条第1項第2号を参照。

2. **正しい**。特例通達1（1）を参照。

3. **正しい**。改善基準第5条第1項第4号を参照。

4. 誤り。2暦日における拘束時間は、**21時間**を超えてはならないものとする。特例通達3（1）を参照。

▶答え　2と3

## 問3 ★★☆ ✓✓✓✓✓

「自動車運転者の労働時間等の改善のための基準」（以下「改善基準告示」という。）において定める一般貸切旅客自動車運送事業に従事する自動車運転者（以下「貸切バス運転者」という。）の拘束時間等に関する次の記述のうち、正しいものを2つ選びなさい。ただし、当該運行は、1人乗務で、隔日勤務には就いていない場合とする。なお、解答にあたっては、各選択肢に記載されている事項以外は考慮しないものとする。

1. 使用者は、貸切バス運転者の1日（始業時刻から起算して24時間をいう。）についての拘束時間については、13時間を超えないものとし、当該拘束時間を延長する場合であっても、最大拘束時間は、16時間とすること。この場合において、1日についての拘束時間が15時間を超える回数は、1週間について2回以内とすること。

2. 使用者は、貸切バス運転者の運転時間については、2日（始業時刻から起算して48時間をいう。）を平均し1日当たり9時間、4週間を平均し1週間当たり44時間を超えないものとすること。ただし、労使協定があるときは、4週間を平均し1週間当たりの運転時間については改善基準告示で定める範囲内において延長することができる。

3. 使用者は、貸切バス運転者に労働基準法第35条の休日に労働させる場合は、当該労働させる休日は2週間について1回を超えないものとし、当該休日の労働によって改善基準告示第5条第1項に定める拘束時間及び最大拘束時間の限度を超えないものとする。

4. 使用者は、貸切バス運転者の連続運転時間（1回が連続5分以上で、かつ、合計が30分以上の運転の中断をすることなく連続して運転する時間をいう。）は、4時間を超えないものとすること。

### ポイント解説

1. **正しい**。改善基準第5条第1項第2号を参照。

2. 誤り。貸切バス運転者の運転時間については、2日を平均し1日当たり9時間、4週間を平均し1週間当たり**40時間**を超えないものとすること。改善基準第5条第1項第4号を参照。

3. **正しい**。改善基準第5条第5項を参照。

4. 誤り。貸切バス運転者の連続運転時間（1回が**連続10分以上**で、かつ、合計が30分以上の運転の中断をすることなく連続して運転する時間をいう。）は、4時間を超えないものとすること。改善基準第5条第1項第5号を参照。

▶答え　1と3

💡 **問題を解く前のヒント**【４週間を平均した１週間当たりの拘束時間】

　拘束時間は、４週間を平均し１週間当たり**65時間**が限度になります。ただし、貸切バスを運行する営業所において運転業務に従事する者、貸切バスに乗務する者及び高速バスの運転者については、労使協定があるときは、52週間のうち**16週間**までは、４週間を平均し１週間当たり**71.5時間**まで延長することができます。

### 例１）４週間を平均した１週間当たりの拘束時間が改善基準に適合する場合

| 区分 | 第1 | 第2 | 第3 | 第4 | 第5 | 第6 | 第7 | 第8 | 第9 | 第10 | 第11 | 第12 | 第13 |
|---|---|---|---|---|---|---|---|---|---|---|---|---|---|
| ４週間平均の１週間当たり拘束時間 | 64時間 | 63時間 | 64時間 | 67時間 | 62時間 | 60時間 | 71.5時間 | 62時間 | 63時間 | 65時間 | 71.5時間 | 64時間 | 67時間 |

※４週間を１区分として、第１から第13まで区分している。４週間×13区分＝52週（１年）。

①拘束時間が65時間を超えている区分は、第４・第７・第11・第13の４区分。１区分が４週間のため、４区分×４週間＝16週間。

②拘束時間が71.5時間を超える区分はない。

［結果］

　65時間超が16週を超えておらず、また、拘束時間を延長できる71.5時間を超える区分もないため、改善基準に適合している。

### 例２）４週間を平均した１週間当たりの拘束時間が改善基準に違反する場合①

| 区分 | 第1 | 第2 | 第3 | 第4 | 第5 | 第6 | 第7 | 第8 | 第9 | 第10 | 第11 | 第12 | 第13 |
|---|---|---|---|---|---|---|---|---|---|---|---|---|---|
| ４週間平均の１週間当たり拘束時間 | 66時間 | 63時間 | 64時間 | 67.5時間 | 62時間 | 65時間 | 64時間 | 68時間 | 63時間 | 61時間 | 69時間 | 64時間 | 68時間 |

①拘束時間が65時間を超えている区分は、第１・第４・第８・第11・第13の５区分。１区分が４週間のため、５区分×４週間＝**20週間**。

②拘束時間が71.5時間を超える区分はない。

［結果］

　拘束時間を延長できる71.5時間を超える区分はないが、65時間超が16週を超えているため、**改善基準に違反している。**

**例3）4週間を平均した1週間当たりの拘束時間が改善基準に違反する場合②**

| 区分 | 第1 | 第2 | 第3 | 第4 | 第5 | 第6 | 第7 | 第8 | 第9 | 第10 | 第11 | 第12 | 第13 |
|---|---|---|---|---|---|---|---|---|---|---|---|---|---|
| 4週間平均の1週間当たり拘束時間 | 65時間 | 62時間 | 64時間 | 70.5時間 | 62時間 | 63時間 | 64.5時間 | 66時間 | 61時間 | 65時間 | 71.5時間 | 61時間 | **72時間** |

①拘束時間が65時間を超えている区分は、第4・第8・第11・第13の4区分。1区分が4週間のため、4区分×4週間＝16週間。

②第13区分が**72時間**で、拘束時間が71.5時間を超えている。

［結果］

　65時間超が16週を超えていないが、拘束時間を延長できる71.5時間を超えている区分があるため、**改善基準に違反している。**

---

💡**問題を解く前のヒント**【1日の拘束時間と休息期間】

　1日の拘束時間は**13時間**以内を基本とし、これを延長する場合でも**16時間**が限度になります。また、1日の休息期間は継続**8時間**以上必要になります。

　　　　　　　　　当日始業　　　　　　　　当日終業　　　　　　　　翌日始業
〇 勤務例1 ├─────拘束時間13時間─────┤├───休息期間11時間───┤

　　　　　　　　　当日始業　　　　　　　　当日終業　　　　　　翌日始業
〇 勤務例2 ├──────拘束時間16時間──────┤├─休息期間8時間─┤

　　　　　　　　　当日始業　　　　　　　　当日終業　　　　　翌日始業
✕ 勤務例3 ├──────拘束時間17時間──────┤├──休息期間8時間──┤

　　　　　　　　　当日始業　　　　　　　　当日終業　　　　　翌日始業
✕ 勤務例4 ├──────拘束時間16時間──────┤├休息期間7時間┤

　　　　　　　　　当日始業　　　　　　　　当日終業　　　　　翌日始業
✕ 勤務例5 ├──────拘束時間17時間──────┤├休息期間7時間┤

　勤務例1は、拘束時間13時間、休息時間11時間であるため、改善基準に適合している。

　勤務例2は、拘束時間16時間、休息時間8時間であるため、改善基準に適合している。

　勤務例3は、拘束時間**17時間**であるため、改善基準に**違反している**。

　勤務例4は、休息時間**7時間**であるため、改善基準に**違反している**。

　勤務例5は、拘束時間**17時間**、休息時間**7時間**であるため、改善基準に**違反している**。

　また、1日についての拘束時間が**15時間を超える**回数は1週間について**2回**までが限度になります。

## 例1） 1日の拘束時間延長限度が改善基準に適合する場合

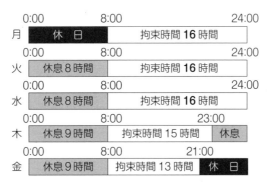

※土日は休日とする。

　1日15時間を超える勤務が月曜日（16時間）、火曜日（16時間）の2回で限度以内なので、改善基準に適合している。

## 例2） 1日の拘束時間延長限度が改善基準に違反する場合

　1日15時間を超える勤務が月曜日（16時間）、火曜日（16時間）、水曜日（16時間）の**3回**となり、限度を超えているため、**改善基準に違反している**。

### 💡問題を解く前のヒント【2日平均の運転時間】

　2日平均の運転時間の問題は、「特定日の前日＋特定日」及び「特定日＋特定日の翌日」の平均運転時間がともに9時間を超えていないかがポイントになります。改善基準に適合する例と違反する例は次のとおりです。

第
4
章
　
労
働
基
準
法

155

## 例1）改善基準に適合する場合

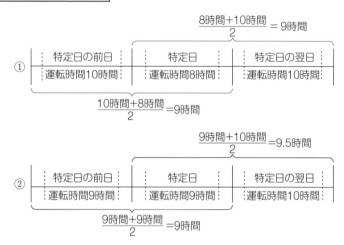

①…「特定日の前日＋特定日」及び「特定日＋特定日の翌日」がともに9時間を超えていないため、改善基準に適合している。

②…「特定日の前日＋特定日」は9時間を超えていないが、「特定日＋特定日の翌日」は9時間を超えている。しかし、ともに9時間を超える場合のみ違反となるため、この場合は改善基準に適合している。

## 例2）改善基準に違反する場合

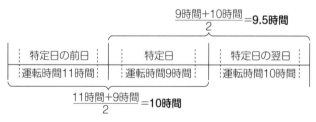

「特定日の前日＋特定日」及び「特定日＋特定日の翌日」がともに9時間を超えているため、改善基準に**違反している**。

💡 **問題を解く前のヒント**【4週間を平均した1週間当たりの運転時間】

　4週間を平均し1週間当たりの運転時間は**40時間**が限度になります。ただし、貸切バスを運行する営業所において運転業務に従事する者、貸切バスに乗務する者及び高速バスの運転者については、労使協定があるときは、52週間についての運転時間が**2,080時間**を超えない範囲内において、52週間のうち**16週間**までは、4週間を平均し1週間当たり**44時間**まで延長することができます。

**例１）４週間を平均した１週間当たりの運転時間が改善基準に適合する場合**

| 区分 | 第1 | 第2 | 第3 | 第4 | 第5 | 第6 | 第7 | 第8 | 第9 | 第10 | 第11 | 第12 | 第13 | 52週間の運転時間 |
|---|---|---|---|---|---|---|---|---|---|---|---|---|---|---|
| ４週間を平均した１週間当たりの運転時間 | 36時間 | 39時間 | 41時間 | 40時間 | 35時間 | 37時間 | 42時間 | 35時間 | 41時間 | 39時間 | 44時間 | 36時間 | 40時間 | 2,020時間 |

※４週間を１区分として、第１から第13まで区分している。４週間×13区分＝52週（１年）。

①運転時間が40時間を超えている区分は、第３・第７・第９・第11の４区分の16週間（４区分×４週間）。

②52週間の運転時間は2,020時間で2,080時間を超えていない。

③44時間を超える区分はない。

［結果］

　運転時間が40時間を超える区分が４区分（16週間）を超えておらず、52週間の運転時間も2,080時間を超えておらず、かつ、延長できる運転時間44時間を超える区分もないため、改善基準に適合している。

**例２）４週間を平均した１週間当たりの運転時間が改善基準に違反する場合①**

| 区分 | 第1 | 第2 | 第3 | 第4 | 第5 | 第6 | 第7 | 第8 | 第9 | 第10 | 第11 | 第12 | 第13 | 52週間の運転時間 |
|---|---|---|---|---|---|---|---|---|---|---|---|---|---|---|
| ４週間を平均した１週間当たりの運転時間 | 39時間 | 38時間 | 41時間 | 36時間 | 42時間 | 36時間 | 41時間 | 36時間 | 37時間 | 39時間 | 42時間 | 38時間 | 41時間 | 2,024時間 |

①運転時間が40時間を超えている区分は、第３・第５・第７・第11・第13の**５区分**の20週間（５区分×４週間）。

②52週間の運転時間は2,024時間で2,080時間を超えていない。

③44時間を超える区分はない。

［結果］

　52週間の運転時間が2,080時間を超えておらず、延長できる運転時間の44時間を超える区分はないが、運転時間が40時間を超える区分が４区分（16週間）を超えているため、**改善基準に違反している**。

**例３）４週間を平均した１週間当たりの運転時間が改善基準に違反する場合②**

| 区分 | 第1 | 第2 | 第3 | 第4 | 第5 | 第6 | 第7 | 第8 | 第9 | 第10 | 第11 | 第12 | 第13 | 52週間の運転時間 |
|---|---|---|---|---|---|---|---|---|---|---|---|---|---|---|
| ４週間を平均した１週間当たりの運転時間 | 39時間 | 38時間 | 43時間 | 39時間 | 39時間 | 43時間 | 39時間 | 39時間 | 39時間 | 42時間 | 38時間 | 39時間 | 44時間 | **2,084時間** |

①運転時間が40時間を超えている区分は、第3・第6・第10・第13の4区分の16週間（4区分×4週間）。

③52週間の運転時間は**2,084時間**で2,080時間を超えている。

②44時間を超える区分はない。

［結果］

　運転時間が40時間を超える区分が4区分（16週間）を超えておらず、延長できる運転時間の44時間を超える区分はないが、52週間の運転時間が2,080時間を超えているため、**改善基準に違反している。**

## 💡問題を解く前のヒント【連続運転時間】

　連続運転時間の問題は、4時間以内または4時間運転直後に合計30分以上の中断（休憩）時間があるかどうか、がポイントになります。改善基準に適合する例と違反する例は次のとおりです。

### 例1）改善基準に適合する場合

| ① | 4時間 | | | 30分 |
|---|---|---|---|---|

| ② | 1時間20分 | 10分 | 1時間20分 | 10分 | 1時間20分 | 10分 |
|---|---|---|---|---|---|---|

| ③ | 2時間40分 | | 20分 | 1時間20分 | 10分 |
|---|---|---|---|---|---|

□：運転時間　　　▨：中断時間

①…4時間運転直後に30分中断時間をとっているため、改善基準に適合している。

②と③…左から運転時間を足していくと4時間、中断時間を足していくと30分。それぞれ4時間運転直後に合計30分中断時間をとっているため、改善基準に適合している。

### 例2）改善基準に違反する場合

| ① | 4時間10分 | | 30分 |
|---|---|---|---|

| ② | 1時間25分 | 5分 | 1時間25分 | 5分 | 1時間10分 | 20分 |
|---|---|---|---|---|---|---|

①…4時間10分運転直後に30分中断時間をとっているが連続運転時間が4時間を超えているため、**改善基準に違反している。**

②…10分未満は、実際には中断しているが、改善基準の連続運転時間の規定では中断時間に加算されない。連続運転時間が合計4時間で中断時間が20分のみとなり、**改善基準に違反している。**

下表は、貸切バスの運転者の4週間を平均した1週間当たりの拘束時間の例を示したものであるが、このうち、「自動車運転者の労働時間等の改善のための基準」に適合しているものを1つ選びなさい。なお、隔日勤務に就く場合には該当しないものとする。また、「4週間を平均した1週間当たりの拘束時間の延長に関する労使協定」があるものとする。

1.

| | 1週~4週 | 5週~8週 | 9週~12週 | 13週~16週 | 17週~20週 | 21週~24週 | 25週~28週 | 29週~32週 | 33週~36週 | 37週~40週 | 41週~44週 | 45週~48週 | 49週~52週 |
|---|---|---|---|---|---|---|---|---|---|---|---|---|---|
| 4週間を平均した1週間当たりの拘束時間 | 60 | 68 | 63 | 62 | 65 | 66 | 58 | 62 | 66 | 67 | 64 | 63 | 70 |

2.

| | 1週~4週 | 5週~8週 | 9週~12週 | 13週~16週 | 17週~20週 | 21週~24週 | 25週~28週 | 29週~32週 | 33週~36週 | 37週~40週 | 41週~44週 | 45週~48週 | 49週~52週 |
|---|---|---|---|---|---|---|---|---|---|---|---|---|---|
| 4週間を平均した1週間当たりの拘束時間 | 64 | 66 | 64 | 71 | 65 | 63 | 60 | 59 | 67 | 72 | 62 | 64 | 61 |

3.

| | 1週~4週 | 5週~8週 | 9週~12週 | 13週~16週 | 17週~20週 | 21週~24週 | 25週~28週 | 29週~32週 | 33週~36週 | 37週~40週 | 41週~44週 | 45週~48週 | 49週~52週 |
|---|---|---|---|---|---|---|---|---|---|---|---|---|---|
| 4週間を平均した1週間当たりの拘束時間 | 61 | 64 | 60 | 71 | 65 | 64 | 63 | 60 | 62 | 69 | 64 | 70 | 67 |

4.

| | 1週~4週 | 5週~8週 | 9週~12週 | 13週~16週 | 17週~20週 | 21週~24週 | 25週~28週 | 29週~32週 | 33週~36週 | 37週~40週 | 41週~44週 | 45週~48週 | 49週~52週 |
|---|---|---|---|---|---|---|---|---|---|---|---|---|---|
| 4週間を平均した1週間当たりの拘束時間 | 64 | 70 | 61 | 66 | 62 | 63 | 58 | 64 | 70 | 72 | 62 | 63 | 60 |

———— - - - 答えは次のページ - - - ————

第4章 労働基準法

改善基準第5条第1項第1号を参照。

　拘束時間が4週間を平均し1週間当たり65時間を超えないものとすること。ただし、労使協定があるときは、52週間のうち16週間までは、4週間を平均し1週間当たり71.5時間まで延長することができる。ポイントは、①65時間超が16週間を超える、または②71.5時間超の区分が1区分以上ある、のどちらかにあてはまると改善基準違反になる。

1.

| | 1週~<br>4週 | 5週~<br>8週 | 9週~<br>12週 | 13週~<br>16週 | 17週~<br>20週 | 21週~<br>24週 | 25週~<br>28週 | 29週~<br>32週 | 33週~<br>36週 | 37週~<br>40週 | 41週~<br>44週 | 45週~<br>48週 | 49週~<br>52週 |
|---|---|---|---|---|---|---|---|---|---|---|---|---|---|
| 4週間を平均した<br>1週間当たりの<br>拘束時間 | 60 | 68 | 63 | 62 | 65 | 66 | 58 | 62 | 66 | 67 | 64 | 63 | 70 |

①拘束時間が65時間を超えている区分は、5~8週、21~24週、33~36週、37~40週、49~52週の5区分。5区分×4週間=**20週間**。

②拘束時間が71.5時間を超える区分はない。

◎拘束時間の65時間超が**20週間**のため、**改善基準に違反している。**

2.

| | 1週~<br>4週 | 5週~<br>8週 | 9週~<br>12週 | 13週~<br>16週 | 17週~<br>20週 | 21週~<br>24週 | 25週~<br>28週 | 29週~<br>32週 | 33週~<br>36週 | 37週~<br>40週 | 41週~<br>44週 | 45週~<br>48週 | 49週~<br>52週 |
|---|---|---|---|---|---|---|---|---|---|---|---|---|---|
| 4週間を平均した<br>1週間当たりの<br>拘束時間 | 64 | 66 | 64 | 71 | 65 | 63 | 60 | 59 | 67 | **72** | 62 | 64 | 61 |

①拘束時間が65時間を超えている区分は、5~8週、13~16週、33~36週、37~40週の4区分。4区分×4週間=16週間。

②37~40週に拘束時間が**72時間**で71.5時間を超えている。

◎拘束時間の65時間超は16週間を超えていないが、37~40週に拘束時間が**72時間**のため、**改善基準に違反している。**

## 3.

| | 1週~4週 | 5週~8週 | 9週~12週 | 13週~16週 | 17週~20週 | 21週~24週 | 25週~28週 | 29週~32週 | 33週~36週 | 37週~40週 | 41週~44週 | 45週~48週 | 49週~52週 |
|---|---|---|---|---|---|---|---|---|---|---|---|---|---|
| 4週間を平均した1週間当たりの拘束時間 | 61 | 64 | 60 | 71 | 65 | 64 | 63 | 60 | 62 | 69 | 64 | 70 | 67 |

①拘束時間が65時間を超えている区分は、13~16週、37~40週、45~48週、49~52週の4区分。4区分×4週間＝16週間。

②拘束時間が71.5時間を超える区分はない。

◎拘束時間の65時間超が16週間を超えておらず、また、拘束時間を延長できる71.5時間を超える区分もないため、改善基準に適合している。

## 4.

| | 1週~4週 | 5週~8週 | 9週~12週 | 13週~16週 | 17週~20週 | 21週~24週 | 25週~28週 | 29週~32週 | 33週~36週 | 37週~40週 | 41週~44週 | 45週~48週 | 49週~52週 |
|---|---|---|---|---|---|---|---|---|---|---|---|---|---|
| 4週間を平均した1週間当たりの拘束時間 | 64 | 70 | 61 | 66 | 62 | 63 | 58 | 64 | 70 | 72 | 62 | 63 | 60 |

①拘束時間が65時間を超えている区分は、5~8週、13~16週、33~36週、37~40週の4区分。4区分×4週間＝16週間。

②37~40週に拘束時間が**72時間**で71.5時間を超えている。

◎拘束時間の65時間超は16週間を超えていないが、37~40週に拘束時間が**72時間**のため、**改善基準に違反している。**

▶答え　3

下表の1～4は、貸切バスの運転者の52週間における各4週間を平均し1週間当たりの拘束時間の例を示したものである。下表の空欄A、B、C、Dについて、次の選択肢ア～ウの拘束時間の組み合わせをあてはめた場合、「自動車運転者の労働時間等の改善のための基準」に適合するものを1つ選びなさい。なお、「4週間を平均し1週間当たりの拘束時間の延長に関する労使協定」があるものとする。

1.

| | 1週～4週 | 5週～8週 | 9週～12週 | 13週～16週 | 17週～20週 | 21週～24週 | 25週～28週 | 29週～32週 | 33週～36週 | 37週～40週 | 41週～44週 | 45週～48週 | 49週～52週 |
|---|---|---|---|---|---|---|---|---|---|---|---|---|---|
| 拘束時間(時間) | 65 | 58 | 66 | 64 | 59 | 70 | 54 | A | 64 | 68 | 64 | 67 | 57 |

2.

| | 1週～4週 | 5週～8週 | 9週～12週 | 13週～16週 | 17週～20週 | 21週～24週 | 25週～28週 | 29週～32週 | 33週～36週 | 37週～40週 | 41週～44週 | 45週～48週 | 49週～52週 |
|---|---|---|---|---|---|---|---|---|---|---|---|---|---|
| 拘束時間(時間) | 59 | 63 | 61 | B | 66 | 59 | 71 | 60 | 61 | 65 | 67 | 65 | 58 |

3.

| | 1週～4週 | 5週～8週 | 9週～12週 | 13週～16週 | 17週～20週 | 21週～24週 | 25週～28週 | 29週～32週 | 33週～36週 | 37週～40週 | 41週～44週 | 45週～48週 | 49週～52週 |
|---|---|---|---|---|---|---|---|---|---|---|---|---|---|
| 拘束時間(時間) | 62 | 69 | 62 | 59 | 60 | 68 | 58 | 61 | 70 | C | 60 | 56 | 66 |

4.

| | 1週～4週 | 5週～8週 | 9週～12週 | 13週～16週 | 17週～20週 | 21週～24週 | 25週～28週 | 29週～32週 | 33週～36週 | 37週～40週 | 41週～44週 | 45週～48週 | 49週～52週 |
|---|---|---|---|---|---|---|---|---|---|---|---|---|---|
| 拘束時間(時間) | 58 | 59 | 71 | 62 | 63 | D | 69 | 59 | 60 | 63 | 68 | 58 | 61 |

| 選択肢 | | A (時間) | B (時間) | C (時間) | D (時間) |
|---|---|---|---|---|---|
| | ア | 64 | 71 | 63 | 65 |
| | イ | 62 | 68 | 73 | 67 |
| | ウ | 68 | 63 | 65 | 69 |

改善基準第5条第1項第1号を参照。

はじめに1〜4について、71.5時間まで延長できる区分が残っているかどうかを考える。

1.

| | 1〜4週 | 5〜8週 | 9〜12週 | 13〜16週 | 17〜20週 | 21〜24週 | 25〜28週 | 29〜32週 | 33〜36週 | 37〜40週 | 41〜44週 | 45〜48週 | 49〜52週 |
|---|---|---|---|---|---|---|---|---|---|---|---|---|---|
| 拘束時間(時間) | 65 | 58 | 66 | 64 | 59 | 70 | 54 | A | 64 | 68 | 64 | 67 | 57 |

拘束時間が65時間を超えている区分は、9〜12週、21〜24週、37〜40週、45週〜48週の4区分。4区分×4週間=16週間。71.5時間まで延長できる区分は**残っていない**。

2.

| | 1〜4週 | 5〜8週 | 9〜12週 | 13〜16週 | 17〜20週 | 21〜24週 | 25〜28週 | 29〜32週 | 33〜36週 | 37〜40週 | 41〜44週 | 45〜48週 | 49〜52週 |
|---|---|---|---|---|---|---|---|---|---|---|---|---|---|
| 拘束時間(時間) | 59 | 63 | 61 | B | 66 | 59 | 71 | 60 | 61 | 65 | 67 | 65 | 58 |

拘束時間が65時間を超えている区分は、17〜20週、25〜28週、41〜44週の3区分。3区分×4週間=12週間。71.5時間まで延長できる16週まで**残り1区分**。

3.

| | 1〜4週 | 5〜8週 | 9〜12週 | 13〜16週 | 17〜20週 | 21〜24週 | 25〜28週 | 29〜32週 | 33〜36週 | 37〜40週 | 41〜44週 | 45〜48週 | 49〜52週 |
|---|---|---|---|---|---|---|---|---|---|---|---|---|---|
| 拘束時間(時間) | 62 | 69 | 62 | 59 | 60 | 68 | 58 | 61 | 70 | C | 60 | 56 | 66 |

拘束時間が65時間を超えている区分は、5〜8週、21〜24週、33〜36週、49〜52週の4区分。4区分×4週間=16週間となり、71.5時間まで延長できる区分は**残っていない**。

4.

| | 1〜4週 | 5〜8週 | 9〜12週 | 13〜16週 | 17〜20週 | 21〜24週 | 25〜28週 | 29〜32週 | 33〜36週 | 37〜40週 | 41〜44週 | 45〜48週 | 49〜52週 |
|---|---|---|---|---|---|---|---|---|---|---|---|---|---|
| 拘束時間(時間) | 58 | 59 | 71 | 62 | 63 | D | 69 | 59 | 60 | 63 | 68 | 58 | 61 |

拘束時間が65時間を超えている区分は、9〜12週、25〜28週、41〜44週の3区分。3区分×4週間=12週間。71.5時間まで延長できる16週まで**残り1区分**。

ここで条件をまとめると、

　　AとCは、71.5時間まで延長できない区分のため、AとCに入る時間は65時間以下。
　　BとDは、71.5時間まで延長できる区分のため、BとDに入る時間は71.5時間以下。

以上より、

選択肢イは、Cが73時間であり、延長できる71.5時間を超えているため除外される。
選択肢ウは、Aが68時間であり、拘束時間の65時間を超えているため除外される。
したがって、ABCDの条件をすべて満たしている**選択肢ア**が正解となる。

▶**答え　ア**

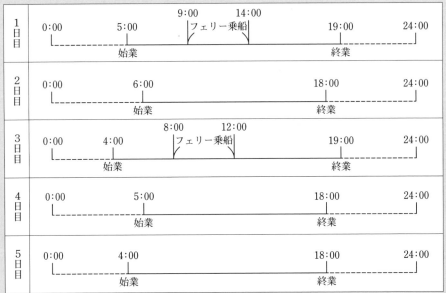

**問3** ★☆☆ ✓✓✓✓✓

　下図は、貸切バス運転者（１人乗務で隔日勤務に就く運転者以外のもの。）の５日間の勤務状況の例を示したものであるが、次の１〜４の拘束時間のうち、「自動車運転者の労働時間等の改善のための基準」における１日についての拘束時間として、<u>正しいものを１つ選びなさい</u>。

**1日目**
0:00　　　5:00　　9:00　　14:00　　　　　　19:00　　24:00
　　　　　始業　　フェリー乗船　　　　　　　　　終業

**2日目**
0:00　　　　6:00　　　　　　　　　　18:00　　24:00
　　　　　始業　　　　　　　　　　　　終業

**3日目**
0:00　　4:00　　8:00　　12:00　　　　　19:00　　24:00
　　　　始業　　フェリー乗船　　　　　　　　終業

**4日目**
0:00　　　5:00　　　　　　　　　　18:00　　24:00
　　　　　始業　　　　　　　　　　　終業

**5日目**
0:00　　4:00　　　　　　　　　　18:00　　24:00
　　　　始業　　　　　　　　　　　終業

1. 1日目：12時間　　2日目：12時間　　3日目：13時間　　4日目：13時間
2. 1日目： 9時間　　2日目：14時間　　3日目：11時間　　4日目：14時間
3. 1日目：11時間　　2日目：14時間　　3日目：13時間　　4日目：14時間
4. 1日目：12時間　　2日目：14時間　　3日目：13時間　　4日目：14時間

**ポイント解説**

　改善基準第５条第１項第２号、特例基準４（２）を参照。

　一般乗用旅客自動車運送事業以外の旅客自動車運送事業に従事する自動車運転者のフェリー乗船時間（乗船時刻から下船時刻まで）のうち、**２時間**（フェリー乗船時間が２時間未満の場合には、その時間）については**拘束時間**として取り扱い、その他の時間については休息期間として取り扱う。よって、フェリー乗船がある日程で２時間以上乗船している場合は、拘束時間から「フェリー乗船時間−２時間」分を差し引かなければならない。

第４章　労働基準法

## 例）フェリーに乗船した場合

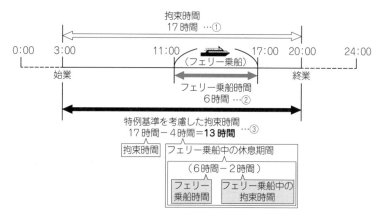

上図の拘束時間は始業3時〜終業20時（①）で、11時〜17時の6時間はフェリー乗船（②）している。フェリー乗船時間が2時間以上の場合は2時間が拘束時間、残りが休息期間となるため、6時間中4時間が休息期間として取り扱われる。よって、拘束時間は17時間から休息期間の4時間を差し引いた時間（③）となる。

設問の1日目〜4日目の拘束時間は、次のとおりになる。

| 1日目の拘束時間 | **11時間** | 【14時間（始業5時〜終業19時）－3時間（フェリー乗船中の休息期間5時間－2時間）】 |
|---|---|---|
| 2日目の拘束時間 | **14時間** | 【12時間（始業6時〜終業18時）＋翌日2時間】 |
| 3日目の拘束時間 | **13時間** | 【15時間（始業4時〜終業19時）－2時間（フェリー乗船中の休息期間4時間－2時間）】 |
| 4日目の拘束時間 | **14時間** | 【13時間（始業5時〜終業18時）＋翌日1時間】 |

▶答え　**3**

　下図は、一般貸切旅客自動車運送事業に従事する自動車運転者の1週間の勤務状況の例を示したものであるが、「自動車運転者の労働時間等の改善のための基準」（以下「改善基準告示」という。）に定める拘束時間等に関する次の記述のうち、<u>適切なものを2つ選び</u>なさい。ただし、すべて1人乗務の場合とする。なお、解答にあたっては、下図に示された内容及び各選択肢に記載されている事項以外は考慮しないものとする。

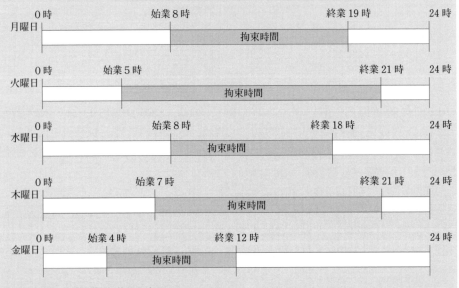

　注）土曜日及び日曜日は休日とする。

1．1日についての拘束時間が改善基準告示に定める最大拘束時間に違反するものがある。

2．勤務終了後の休息期間が改善基準告示に違反するものがある。

3．1日についての拘束時間が15時間を超えることができる1週間についての回数は、改善基準告示に違反している。

4．月曜日に始まる勤務の1日についての拘束時間は、この1週間の勤務の中で1日についての拘束時間が最も長い。

**ポ イ ン ト 解 説**

改善基準第5条第1項第2号を参照。

1日についての拘束時間は13時間を超えないものとし、当該拘束時間を延長する場合であっても、1日についての拘束時間の限度（最大拘束時間）は16時間とすること。また、勤務終了後に継続8時間以上の休息期間を与えること。ポイントは、①最大拘束時間が16時間を超える、②休息期間が8時間未満であると改善基準違反となる。

月曜日から金曜日までの拘束時間と休息期間は次のとおり。

| | | |
|---|---|---|
| 月 | 拘束時間 | 14時間（11時間（始業8時〜終業19時）＋翌日3時間） |
| | 休息期間 | 10時間（月曜終業19時〜火曜始業5時） |
| 火 | 拘束時間 | 16時間（始業5時〜終業21時） |
| | 休息期間 | 11時間（火曜終業21時〜水曜始業8時） |
| 水 | 拘束時間 | 11時間（10時間（始業8時〜終業18時）＋翌日1時間） |
| | 休息期間 | 13時間（水曜終業18時〜木曜始業7時） |
| 木 | 拘束時間 | **17時間**（14時間（始業7時〜終業21時）＋翌日3時間） |
| | 休息期間 | **7時間**（木曜終業21時〜金曜始業4時） |
| 金 | 拘束時間 | 8時間（始業4時〜終業12時） |

1．**適切**。改善基準に定める1日についての最大拘束時間は16時間とすること。木曜日の拘束時間が17時間と最大拘束時間の16時間を超えているため、改善基準に違反している。

2．**適切**。勤務終了後の休息期間は継続して8時間以上与えること。木曜日の休息期間が7時間になっており、8時間未満であるため、改善基準に違反している。

3．不適切。1日についての拘束時間が15時間を超える回数は、1週間について2回以内とする。月曜日〜金曜日までのうち15時間を超えるのは、**火曜日（16時間）、木曜日（17時間）の計2回**となり、改善基準に違反していない。

4．不適切。**月曜日の拘束時間は14時間である**。月曜日〜金曜日のうち、最も拘束時間が長いのは、木曜日（17時間）である。

▶答え　**1と2**

　下表は、一般貸切旅客自動車運送事業に従事する自動車運転者の5日間の運転時間の例を示したものであるが、5日間すべての日を特定日とした2日を平均し1日当たりの運転時間が「自動車運転者の労働時間等の改善のための基準」に<u>違反しているもの</u>をすべて選びなさい。

1.

| | 休日 | 1日目 | 2日目 | 3日目 | 4日目 | 5日目 | 休日 |
|---|---|---|---|---|---|---|---|
| 運転時間 | － | 10時間 | 7時間 | 11時間 | 10時間 | 8時間 | － |

2.

| | 休日 | 1日目 | 2日目 | 3日目 | 4日目 | 5日目 | 休日 |
|---|---|---|---|---|---|---|---|
| 運転時間 | － | 7時間 | 8時間 | 9時間 | 10時間 | 9時間 | |

3.

| | 休日 | 1日目 | 2日目 | 3日目 | 4日目 | 5日目 | 休日 |
|---|---|---|---|---|---|---|---|
| 運転時間 | － | 8時間 | 9時間 | 10時間 | 9時間 | 8時間 | － |

4.

| | 休日 | 1日目 | 2日目 | 3日目 | 4日目 | 5日目 | 休日 |
|---|---|---|---|---|---|---|---|
| 運転時間 | － | 10時間 | 9時間 | 9時間 | 9時間 | 10時間 | － |

### ポイント解説

改善基準第5条第1項第4号を参照。

1．2日を平均した1日当たりの運転時間は以下のとおり。

| | 休日 | 1日目 | 2日目 | 3日目 | 4日目 | 5日目 | 休日 |
|---|---|---|---|---|---|---|---|
| 運転時間 | — | 10時間 | 7時間 | 11時間 | 10時間 | 8時間 | — |

5時間　8.5時間　9時間　10.5時間　9時間　4時間

　5日間すべての日を特定日としても、2日を平均して1日当たり9時間を超える日はないため、改善基準に適合している。

2．2日を平均した1日当たりの運転時間は以下のとおり。

| | 休日 | 1日目 | 2日目 | 3日目 | 4日目 | 5日目 | 休日 |
|---|---|---|---|---|---|---|---|
| 運転時間 | — | 7時間 | 8時間 | 9時間 | 10時間 | 9時間 | — |

3.5時間　7.5時間　8.5時間　9.5時間　9.5時間　4.5時間

　4日目を特定日とした場合、「特定日（10時間）と特定日の前日（9時間）」の平均運転時間は**9.5時間**。「特定日（10時間）と特定日の翌日（9時間）」の平均運転時間も**9.5時間**となり、いずれも9時間を超えているので、**改善基準に違反している**。

3．2日を平均した1日当たりの運転時間は以下のとおり。

| | 休日 | 1日目 | 2日目 | 3日目 | 4日目 | 5日目 | 休日 |
|---|---|---|---|---|---|---|---|
| 運転時間 | — | 8時間 | 9時間 | 10時間 | 9時間 | 8時間 | — |

4時間　8.5時間　9.5時間　9.5時間　8.5時間　4時間

　3日目を特定日とした場合、「特定日（10時間）と特定日の前日（9時間）」の平均運転時間は**9.5時間**。「特定日（10時間）と特定日の翌日（9時間）」の平均運転時間も**9.5時間**となり、いずれも9時間を超えているので、**改善基準に違反している**。

4．2日を平均した1日当たりの運転時間は以下のとおり。

| | 休日 | 1日目 | 2日目 | 3日目 | 4日目 | 5日目 | 休日 |
|---|---|---|---|---|---|---|---|
| 運転時間 | — | 10時間 | 9時間 | 9時間 | 9時間 | 10時間 | — |

5時間　9.5時間　9時間　9時間　9.5時間　5時間

　5日間すべての日を特定日としても、2日を平均して1日当たり9時間を超える日はないため、改善基準に適合している。

▶答え　**2と3**

下図は、貸切バス運転者の4週間の運転時間の例を示したものである。図の空欄A、B、C、Dについて、次の選択肢1〜4の運転時間の組み合わせを当てはめた場合、2日を平均した1日当たりの運転時間及び4週間を平均した1週間当たりの運転時間のいずれも「自動車運転者の労働時間等の改善のための基準」に適合しているものをすべて選びなさい。ただし、1人乗務とし、「4週間を平均し1週間当たりの運転時間の延長に関する労使協定」があり、下図の4週間は、当該協定により4週間を平均し1週間当たりの運転時間を延長することができるものとする。

| | 前週 | | 第1週 | | | | | | | | 第2週 | | | | |
|---|---|---|---|---|---|---|---|---|---|---|---|---|---|---|---|
| | | (起算日) | | | | | | | | | | | | | |
| 日付 | 1日 | 2日 | 3日 | 4日 | 5日 | 6日 | 7日 | 8日 | 9日 | 10日 | 11日 | 12日 | 13日 | 14日 |
| 運転時間等<br>(時間) | 5 | 6 | 5 | 9 | A | 10 | 休日 | 8 | B | 10 | 5 | 6 | 7 | 休日 |

| | 第3週 | | | | | | | 第4週 | | | | | | |
|---|---|---|---|---|---|---|---|---|---|---|---|---|---|---|
| 日付 | 15日 | 16日 | 17日 | 18日 | 19日 | 20日 | 21日 | 22日 | 23日 | 24日 | 25日 | 26日 | 27日 | 28日 |
| 運転時間等<br>(時間) | 7 | 6 | 9 | C | 10 | 6 | 休日 | 5 | 10 | D | 10 | 5 | 6 | 休日 |

(注1) 2日を平均した1日当たりの運転時間については、当該4週間のすべてを特定日とすること。
(注2) 4週間の起算日は1日とする。
(注3) 各労働日の始業時刻は午前8時とする。

| | | A<br>(時間) | B<br>(時間) | C<br>(時間) | D<br>(時間) | 第1週〜第4週を<br>合計した運転時間<br>(時間) |
|---|---|---|---|---|---|---|
| 選択肢 | 1 | 9 | 8 | 6 | 8 | 176 |
| | 2 | 8 | 9 | 9 | 7 | 178 |
| | 3 | 7 | 6 | 10 | 6 | 174 |
| | 4 | 6 | 10 | 7 | 8 | 176 |

改善基準第5条第1項第4号を参照。

ポイントは、①2日を平均し1日当たりの運転時間が9時間以内で、②4週間を平均し1週間当たりの運転時間が40時間以内であれば改善基準違反とならない。

なお、設問では、貸切バスの運転者についての労使協定があるため、4週間を平均し1週間あたりの運転時間は44時間まで延長できる。

はじめに、選択肢1～4の「第1週～第4週を合計した運転時間」を4で割り、4週間を平均した1週間当たりの運転時間をそれぞれ求めてみる。

選択肢1：176時間÷4週間＝44時間　　　　　選択肢2：178時間÷4週間＝**44.5**時間

選択肢3：174時間÷4週間＝43.5時間　　　　選択肢4：176時間÷4週間＝44時間

**選択肢2**は、4週間を平均した1週間当たりの運転時間が**44時間を超えており**、**改善基準に違反**しているため**除外**される。

また、図の18日（C）を特定日とした場合、17日が9時間、19日が10時間であるため、Cは**9時間以下**でなければならない。よって**選択肢3のCは10時間**であるため、**除外**される。

残った選択肢1と選択肢4の運転時間を当てはめてみる。

1．A～Dに運転時間を入れると次のとおりになる。

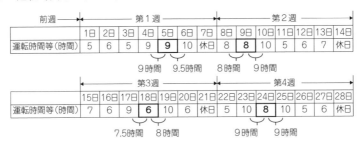

◎5日（A）を特定日とした場合、「特定日と特定日の前日」の平均運転時間は9時間。

「特定日と特定日の翌日」の平均運転時間は9.5時間となり、「特定日と特定日の翌日」は9時間を超えているが、「特定日と特定日の前日」が9時間を超えていないので、改善基準に適合している。

◎9日（B）を特定日とした場合、「特定日と特定日の前日」の平均運転時間は8時間。

「特定日と特定日の翌日」の平均運転時間は9時間となり、いずれも9時間を超えていないので、改善基準に適合している。

◎18日（C）を特定日とした場合、「特定日と特定日の前日」の平均運転時間は7.5時間。

「特定日と特定日の翌日」の平均運転時間は8時間となり、いずれも9時間を超えていないので、改善基準に適合している。

第4章　労働基準法

◎24日（D）を特定日とした場合、「特定日と特定日の前日」の平均運転時間は9時間。

「特定日と特定日の翌日」の平均運転時間も9時間となり、いずれも9時間を超えていないので、改善基準に適合している。

選択肢1は改善基準に適合している。


4．A～Dに運転時間を入れると次のとおりになる。

◎5日（A）を特定日とした場合、「特定日と特定日の前日」の平均運転時間は7.5時間。

「特定日と特定日の翌日」の平均運転時間は8時間となり、いずれも9時間を超えていないので、改善基準に適合している。

◎9日（B）を特定日とした場合、「特定日と特定日の前日」の平均運転時間は9時間。

「特定日と特定日の翌日」の平均運転時間は10時間となり、「特定日と特定日の翌日」は9時間を超えているが、「特定日と特定日の前日」が9時間を超えていないので、改善基準に適合している。

◎18日（C）を特定日とした場合、「特定日と特定日の前日」の平均運転時間は8時間。

「特定日と特定日の翌日」の平均運転時間は8.5時間となり、いずれも9時間を超えていないので、改善基準に適合している。

◎24日（D）を特定日とした場合、「特定日と特定日の前日」の平均運転時間は9時間。

「特定日と特定日の翌日」の平均運転時間も9時間となり、いずれも9時間を超えていないので、改善基準に適合している。

選択肢4は改善基準に適合している。


以上より、

◎2日を平均した1日当たりの運転時間及び4週間を平均した1週間当たりの運転時間のいずれも改善基準に適合しているのは、**選択肢1と4**である。

▶答え　**1と4**

　下表は、貸切バスの運転者の52週間における各4週間を平均した1週間当たりの運転時間の例を示したものであるが、このうち、「自動車運転者の労働時間等の改善のための基準」に適合しているものを1つ選びなさい。ただし、「4週間を平均し1週間当たりの運転時間の延長に関する労使協定」があるものとする。

1.

|  | 1～4週 | 5～8週 | 9～12週 | 13～16週 | 17～20週 | 21～24週 | 25～28週 | 29～32週 | 33～36週 | 37～40週 | 41～44週 | 45～48週 | 49～52週 | 52週間の運転時間 |
|---|---|---|---|---|---|---|---|---|---|---|---|---|---|---|
| 4週間を平均した1週間当たりの運転時間 | 38 | 35 | 40 | 46 | 44 | 43 | 38 | 35 | 40 | 44 | 36 | 40 | 40 | 2,076 |

2.

|  | 1～4週 | 5～8週 | 9～12週 | 13～16週 | 17～20週 | 21～24週 | 25～28週 | 29～32週 | 33～36週 | 37～40週 | 41～44週 | 45～48週 | 49～52週 | 52週間の運転時間 |
|---|---|---|---|---|---|---|---|---|---|---|---|---|---|---|
| 4週間を平均した1週間当たりの運転時間 | 39 | 40 | 39 | 41 | 43 | 40 | 39 | 38 | 40 | 44 | 38 | 39 | 41 | 2,084 |

3.

|  | 1～4週 | 5～8週 | 9～12週 | 13～16週 | 17～20週 | 21～24週 | 25～28週 | 29～32週 | 33～36週 | 37～40週 | 41～44週 | 45～48週 | 49～52週 | 52週間の運転時間 |
|---|---|---|---|---|---|---|---|---|---|---|---|---|---|---|
| 4週間を平均した1週間当たりの運転時間 | 35 | 40 | 39 | 43 | 41 | 42 | 39 | 37 | 40 | 43 | 36 | 40 | 41 | 2,064 |

4.

|  | 1～4週 | 5～8週 | 9～12週 | 13～16週 | 17～20週 | 21～24週 | 25～28週 | 29～32週 | 33～36週 | 37～40週 | 41～44週 | 45～48週 | 49～52週 | 52週間の運転時間 |
|---|---|---|---|---|---|---|---|---|---|---|---|---|---|---|
| 4週間を平均した1週間当たりの運転時間 | 37 | 38 | 40 | 42 | 40 | 44 | 38 | 38 | 41 | 44 | 37 | 39 | 40 | 2,072 |

──────── - - - 答えは次のページ - - - ────────

**ポ イ ン ト 解 説**

改善基準第 5 条第 1 項第 4 号を参照。

運転時間は、4 週間を平均し 1 週間当たり40時間を超えないものとすること。ただし、貸切バスを運行する営業所において運転業務に従事する者、貸切バスに乗務する者及び高速バスの運転者については、労使協定があるときは、52週間についての運転時間が2,080時間を超えない範囲において、52週間のうち16週間までは、4 週間を平均し 1 週間当たり44時間まで延長することができる。

ポイントは、①40時間超の区分が 4 区分（16週間）を超えている、②52週間の運転時間が2,080時間を超えている、③44時間超の区分が 1 区分（4 週間）以上ある、のいずれかにあてはまると改善基準に違反となる。

1.

| | 1～4週 | 5～8週 | 9～12週 | 13～16週 | 17～20週 | 21～24週 | 25～28週 | 29～32週 | 33～36週 | 37～40週 | 41～44週 | 45～48週 | 49～52週 | 52週間の運転時間 |
|---|---|---|---|---|---|---|---|---|---|---|---|---|---|---|
| 4 週間を平均した 1 週間当たりの運転時間 | 38 | 35 | 40 | 46 | 44 | 43 | 38 | 35 | 40 | 44 | 36 | 40 | 40 | 2,076 |

①運転時間が40時間を超えている区分は、13～16週・17～20週・21～24週・37～40週の 4 区分。4 区分×4 週間＝16週間。

②52週間の運転時間は2,076時間で2,080時間を超えていない。

③13～16週に運転時間が**46時間**で44時間を超えている。

◎運転時間が40時間を超える区分は 4 区分（16週間）を超えておらず、かつ、52週間の運転時間が2,080時間を超えていないが、延長できる運転時間の44時間を超える区分があるため、**改善基準に違反している**。

2.

| | 1～4週 | 5～8週 | 9～12週 | 13～16週 | 17～20週 | 21～24週 | 25～28週 | 29～32週 | 33～36週 | 37～40週 | 41～44週 | 45～48週 | 49～52週 | 52週間の運転時間 |
|---|---|---|---|---|---|---|---|---|---|---|---|---|---|---|
| 4 週間を平均した 1 週間当たりの運転時間 | 39 | 40 | 39 | 41 | 43 | 40 | 39 | 38 | 40 | 44 | 38 | 39 | 41 | **2,084** |

①運転時間が40時間を超えている区分は、13～16週・17～20週・37～40週・49～52週の 4 区分。4 区分×4 週間＝16週間。

②52週間の運転時間は**2,084時間**で2,080時間を超えている。

③44時間を超える区分はない。

◎運転時間が40時間を超える区分は 4 区分（16週間）を超えておらず、延長できる運転時間の44時間を超える区分はないが、52週間の運転時間が2,080時間を超えているため、**改善基準に違反している**。

3.

| | 1〜4週 | 5〜8週 | 9〜12週 | 13〜16週 | 17〜20週 | 21〜24週 | 25〜28週 | 29〜32週 | 33〜36週 | 37〜40週 | 41〜44週 | 45〜48週 | 49〜52週 | 52週間の運転時間 |
|---|---|---|---|---|---|---|---|---|---|---|---|---|---|---|
| 4週間を平均した1週間当たりの運転時間 | 35 | 40 | 39 | 43 | 41 | 42 | 39 | 37 | 40 | 43 | 36 | 40 | 41 | 2,064 |

①運転時間が40時間を超えている区分は、13〜16週・17〜20週・21〜24週・37〜40週・49
〜52週の5区分。5区分×4週間=**20週間**。

②52週間の運転時間は2,064時間で2,080時間を超えていない。

③44時間を超える区分はない。

◎52週間の運転時間が2,080時間を超えておらず、延長できる運転時間の44時間を超える区
分はないが、運転時間が40時間を超える区分が4区分（16週間）を超えているため、**改
善基準に違反している**。

4.

| | 1〜4週 | 5〜8週 | 9〜12週 | 13〜16週 | 17〜20週 | 21〜24週 | 25〜28週 | 29〜32週 | 33〜36週 | 37〜40週 | 41〜44週 | 45〜48週 | 49〜52週 | 52週間の運転時間 |
|---|---|---|---|---|---|---|---|---|---|---|---|---|---|---|
| 4週間を平均した1週間当たりの運転時間 | 37 | 38 | 40 | 42 | 40 | 44 | 38 | 38 | 41 | 44 | 37 | 39 | 40 | 2,072 |

①運転時間が40時間を超えている区分は、13〜16週・21〜24週・33〜36週・37〜40週の4
区分。4区分×4週間=16週間。

②52週間の運転時間は2,072時間で2,080時間を超えていない。

③44時間を超える区分はない。

◎運転時間が40時間を超える区分は4区分（16週間）を超えておらず、52週間の運転時間
も2,080時間を超えておらず、かつ、延長できる運転時間44時間を超える区分もないため、
改善基準に適合している。

▶答え　**4**

## 問8 ★★☆ ✓✓✓✓✓

　下図は、旅客自動車運送事業（一般乗用旅客自動車運送事業を除く。）に従事する自動車運転者の運転時間及び休憩時間の例を示したものであるが、このうち、連続運転の中断方法として「自動車運転者の労働時間等の改善のための基準」に適合しているものを2つ選びなさい。

**1.**

| 乗務開始 | 運転 | 休憩 | 運転 | 休憩 | 運転 | 休憩 | 運転 | 休憩 | 運転 | 休憩 | 運転 | 休憩 | 運転 | 乗務終了 |
|---|---|---|---|---|---|---|---|---|---|---|---|---|---|---|
| | 30分 | 10分 | 2時間 | 15分 | 30分 | 10分 | 1時間30分 | 1時間 | 2時間 | 15分 | 1時間30分 | 10分 | 1時間 | |

**2.**

| 乗務開始 | 運転 | 休憩 | 運転 | 休憩 | 運転 | 休憩 | 運転 | 休憩 | 運転 | 休憩 | 運転 | 休憩 | 運転 | 乗務終了 |
|---|---|---|---|---|---|---|---|---|---|---|---|---|---|---|
| | 1時間 | 15分 | 2時間 | 10分 | 1時間 | 15分 | 1時間 | 1時間 | 1時間30分 | 10分 | 1時間 | 5分 | 30分 | |

**3.**

| 乗務開始 | 運転 | 休憩 | 運転 | 休憩 | 運転 | 休憩 | 運転 | 休憩 | 運転 | 休憩 | 運転 | 休憩 | 運転 | 乗務終了 |
|---|---|---|---|---|---|---|---|---|---|---|---|---|---|---|
| | 2時間 | 10分 | 1時間30分 | 10分 | 30分 | 10分 | 1時間 | 1時間 | 1時間 | 10分 | 1時間 | 10分 | 2時間 | |

**4.**

| 乗務開始 | 運転 | 休憩 | 運転 | 休憩 | 運転 | 休憩 | 運転 | 休憩 | 運転 | 休憩 | 運転 | 休憩 | 運転 | 乗務終了 |
|---|---|---|---|---|---|---|---|---|---|---|---|---|---|---|
| | 1時間 | 10分 | 1時間30分 | 15分 | 30分 | 5分 | 1時間30分 | 1時間 | 2時間 | 10分 | 1時間30分 | 10分 | 30分 | |

### ポ イ ン ト 解 説

改善基準第5条第1項第5号を参照。

　連続運転時間とは、「1回が連続10分以上で、かつ、合計が30分以上の運転の中断をすることなく連続して運転する時間」をいう。そのため、改善基準で規定されている最大運転時間は合計4時間までであるが、運転時間が合計4時間にならなくても、中断時間が合計30分以上を満たした場合、連続運転時間は一区切りされる。

**1.**

　①運転時間を合計すると3時間となり、対する中断時間は合計35分で改善基準に適合している。②運転時間は1時間30分となり、対する中断時間は1時間で改善基準に適合している。③運転時間は合計**4時間30分**となる。連続運転時間が4時間を超えており、この運転時間に対する中断時間は25分のみのため、**改善基準に違反している**。

第4章　労働基準法

2.

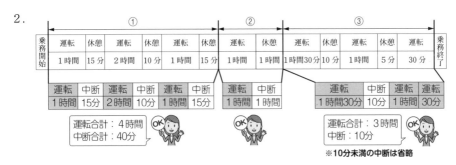

①運転時間を合計すると4時間となり、対する中断時間は合計40分で改善基準に適合している。②運転時間は1時間となり、対する中断時間は1時間で改善基準に適合している。③運転時間は合計3時間となり、対する中断時間は10分のみで30分未満となるが、乗務を終了しているため、改善基準に適合している。

3.

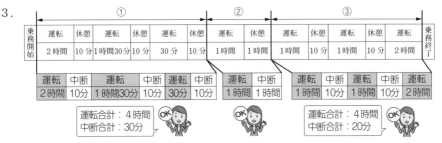

①運転時間を合計すると4時間となり、対する中断時間は合計30分改善基準に適合している。②運転時間は1時間となり、対する中断時間は1時間で改善基準に適合している。③運転時間は合計4時間となり、対する中断時間は20分のみで30分未満となるが、乗務を終了しているため、改善基準に適合している。

4.

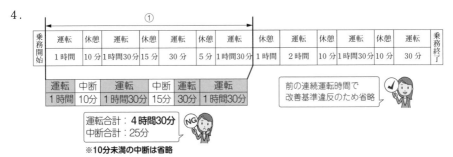

①運転時間は、運転30分の後の休憩5分は中断とみなさないため、休憩5分後の運転時間1時間30分までが含まれ、合計**4時間30分**となる。連続運転時間が4時間を超えており、この運転時間に対する中断時間は合計25分のみのため、**改善基準に違反している**。

▶答え　**2と3**

**覚えておこう** 【改善基準の重要項目と要点】

### 一般乗用旅客運送事業者（タクシー）

| 項目 | 法令の要点 |
|---|---|
| 一ヵ月の拘束時間 | ・**299時間**を超えないこと<br>【労使協定がある場合】<br>・最大**322時間**まで延長できる |
| 一日の拘束時間と<br>休息期間 | ・**13時間**を超えないものとし、最大拘束時間**16時間**を超えないこと<br>・**継続8時間**以上の休息期間を与えること<br>【車庫待ち等の運転者】<br>・拘束時間が**18時間**を超える場合は、**夜間4時間以上**の仮眠時間を与えること |
| 2暦日の拘束時間 | ・2暦日の拘束時間が**21時間**を超えないこと<br>・1ヵ月の拘束時間の合計が**262時間**を超えないこと |
| 休日労働 | ・**2週間**について**1回**を超えないこと |

### 一般乗合・一般貸切旅客運送事業者（バス）

| 項目 | 法令の要点 |
|---|---|
| 1週間当たりの<br>拘束時間 | ・4週間を平均して1週間当たり**65時間**を超えないこと<br>【労使協定がある場合（貸切バス・高速バス）】<br>・52週間のうち**16週間**までは、4週間を平均して1週間当たり**71.5時間**まで延長できる |
| 一日の拘束時間と<br>休息期間 | ・**13時間**を超えないものとし、最大拘束時間**16時間**を超えないこと<br>・**15時間**を超える回数は、1週間に**2回以内**<br>・**継続8時間**以上の休息期間を与えること |
| 2日平均の運転時間 | ・2日を平均して1日当たり**9時間**<br>・4週間を平均し1週間当たり**40時間**を超えないこと<br>【労使協定がある場合（貸切バス・高速バス）】<br>・52週間のうち**16週間**までは、4週間を平均し1週間当たり**44時間**まで延長できる（ただし、52週間の運転時間が**2,080時間**を超えない範囲内） |
| 連続運転時間 | ・**4時間**運転毎に**30分以上**の休憩<br>（1回が**連続10分以上**かつ、**合計30分以上**の中断が必要。） |
| 休日労働 | ・**2週間**について**1回**を超えないこと |
| 延長時間の協定に係る<br>一定期間 | ・**2週間以上**及び**1ヵ月以上3ヵ月以内** |

第 **5** 章

# 実務上の知識及び能力

5-1．運行管理者

5-2．運行計画

5-3．配置基準

5-4．運転者の健康管理

5-5．交通事故等緊急事態

5-6．事故の再発防止

5-7．交通事故の防止

5-8．視覚と視野と夜間等の運転

5-9．走行時に働く力と諸現象

5-10．自動車に関する計算問題

運行管理に関する次の記述のうち、<u>適切なものをすべて選びなさい</u>。なお、解答にあたっては、各選択肢に記載されている事項以外は考慮しないものとする。

1. 運行管理者は、自動車運送事業者の代理人として事業用自動車の輸送の安全確保に関する業務全般を行い、交通事故を防止する役割を担っている。したがって、事故が発生した場合には、自動車運送事業者に代わって責任を負うこととなる。

2. 運行管理者は、運行管理業務に精通し、確実に遂行しなければならない。そのためにも自動車輸送に関連する諸規制を理解し、実務知識を身につけると共に、日頃から運転者と積極的にコミュニケーションを図り、必要な場合にあっては運転者の声を自動車運送事業者に伝え、常に安全で明るい職場環境を築いていくことも重要な役割である。

3. 運行管理者は、乗務開始及び乗務終了後の運転者に対し、原則、対面で点呼を実施しなければならないが、遠隔地で乗務が開始又は終了する場合、車庫と営業所が離れている場合、又は運転者の出庫・帰庫が早朝・深夜であり、点呼を行う運行管理者が営業所に出勤していない場合等、運行上やむを得ず、対面での点呼が実施できないときには、電話、その他の方法で行う必要がある。

4. 運行管理者は、事業用自動車が運行しているときにおいては、運行管理業務に従事している必要がある。しかし、1人の運行管理者が毎日、24時間営業所に勤務することは不可能である。そのため自動車運送事業者は、複数の運行管理者を選任して交替制で行わせるか、又は、運行管理者の補助者を選任し、点呼の一部を実施させるなど、確実な運行管理業務を遂行させる必要がある。

### ポイント解説

1. **不適切。運行管理者が事業者に代わって責任を負うことはない**。ただし、適切な運行管理を行っていないことで交通事故が発生した場合は、厳しい処分を受ける場合がある。

2. **適切である**。

3. 不適切。車庫と営業所が離れている場合や、出庫・帰庫が早朝や深夜で、運行管理者が出勤していない場合などは**「運行上やむを得ない場合」に該当しないため**、電話による点呼は**できない**。必要に応じて運行管理者や補助者を派遣して、対面での点呼を確実に実施する。「運輸規則の解釈及び運用」第24条第1項第1号を参照。

4. **適切である**。

▶答え **2と4**

運行管理者の日常業務の記録等に関する次の記述のうち、<u>適切なものをすべて選びなさい</u>。なお、解答にあたっては、各選択肢に記載されている事項以外は考慮しないものとする。

1. 運行管理者は、事業用自動車の運転者が他の営業所に転出し当該営業所の運転者でなくなったときは、直ちに、乗務員台帳に運転者でなくなった年月日及び理由を記載して1年間保存している。

2. 運行管理者は、貸切バスに装着された運行記録計により記録される「瞬間速度」、「運行距離」及び「運行時間」等により運転者の運行の実態や車両の運行の実態を分析し、運転者の日常の乗務を把握し、過労運転の防止及び運行の適正化を図る資料として活用しており、この運行記録計の記録を1年間保存している。

3. 運行管理者は、事業用自動車の運転者に対し、事業用自動車の構造上の特性、乗車中の旅客の安全を確保するために留意すべき事項など事業用自動車の運行の安全及び旅客の安全を確保するために必要な運転に関する技能及び知識等について、適切に指導を行うとともに、その内容等について記録し、かつ、その記録を営業所において1年間保存している。

4. 運行管理者は、事業用自動車の運転者に対する乗務前点呼において、酒気帯びの有無については、目視等で確認するほか、アルコール検知器を用いて確認するとともに、点呼を行った旨並びに報告及び指示の内容等を記録し、かつ、その記録を1年間保存している。

### ポイント解説

1. **不適切**。乗務員台帳に、運転者でなくなった年月日及び理由を記載して**3年間**保存する。運輸規則第37条第2項を参照。

2. **適切である**。運行記録計は、「瞬間速度」、「運行距離」、「運行時間」等を記録することができるので、これを活用して、過労運転の防止や運行の適正化を図る資料にする。法令により、この運行記録計の記録は1年間保存しなければならない。運輸規則第26条第1項、運輸規則第48条第1項第8号を参照。

3. **不適切**。事業用自動車の運転者に対する指導・監督の内容等について記録は、営業所において**3年間**保存する。運輸規則第38条第1項、運輸規則第48条第1項第16号を参照。

4. **適切である**。運輸規則第24条第4項・第5項を参照。

▶答え **2と4**

運行管理の意義、運行管理者の役割等に関する次の記述のうち、<u>適切なものをすべて選</u>びなさい。なお、解答にあたっては、各選択肢に記載されている事項以外は考慮しないものとする。

1. 運行管理者は、仮に事故が発生していない場合でも、同業他社の事故防止の取組事例などを参考にしながら、現状の事故防止対策を分析・評価することなどにより、絶えず運行管理業務の改善に向けて努力していくことも重要な役割である。

2. 事業用自動車の点検及び整備に関する車両管理については、整備管理者の責務において行うこととされていることから、運転者が整備管理者に報告した場合にあっては、点呼において運行管理者は事業用自動車の日常点検の実施について確認する必要はない。

3. 運行管理者は、運転者の指導教育を実施していく際、運転者一人ひとりの個性に応じた助言・指導（カウンセリング）を行うことも重要である。そのためには、日頃から運転者の性格や能力、事故歴のほか、場合によっては個人的な事情についても把握し、そして、これらに基づいて助言・指導を積み重ねることによって事故防止を図ることも重要な役割である。

4. 事業者が、事業用自動車の定期点検を怠ったことが原因で重大事故を起こしたことにより、行政処分を受けることになった場合、当該重大事故を含む運行管理業務上に一切問題がなくても、運行管理者は事業者に代わって事業用自動車の運行管理を行っていることから、事業者が行政処分を受ける際に、運行管理者が運行管理者資格者証の返納を命じられる。

### ポイント解説

1. **適切である。**

2. 不適切。運転者が整備管理者に報告した場合であっても、**点呼時には必ず日常点検の実施についての確認を行わなければならない**。運輸規則第24条第1項第1号を参照。

3. **適切である。**

4. 不適切。運行管理者が事業者と**同等の責任は負うことはない**。ただし、適切な運行管理を行っていないことで交通事故が発生した場合は、厳しい処分を受けることがある。

▶答え　**1と3**

旅客自動車運送事業の事業用自動車の運転者に対する点呼の実施等に関する次の記述のうち、適切なものをすべて選びなさい。なお、解答にあたっては、各選択肢に記載されている事項以外は考慮しないものとする。

1. 乗務前の点呼において運転者の健康状態を的確に確認することができるようにするため、健康診断の結果等から異常の所見がある運転者又は就業上の措置を講じた運転者が一目で分かるように、個人のプライバシーに配慮しながら点呼記録表の運転者の氏名の横に注意喚起のマークを付記するなどして、これを点呼において活用している。

2. 乗務前の点呼においてアルコール検知器を使用し、呼気中のアルコール濃度1リットル当たり0.17ミリグラムであったため、乗務を中止させた。しかし、交替要員がないため、2時間休憩させ、あらためて、アルコール検知器を使用し、呼気中のアルコール濃度1リットル当たり0.10ミリグラムとなったため、乗務させた。

3. 3日間にわたる事業用自動車の運行で、2日目は遠隔地の乗務のため、乗務後の点呼については、目的地への到着予定時刻が運行管理者等の勤務時間外となることから、乗務途中の休憩時間を利用して運行管理者等が営業所に勤務する時間帯に携帯電話により行い、所定の事項を点呼記録表に記録した。

4. 以前に自社の運転者が自動車運転免許証の停止の処分を受けているにもかかわらず、事業用自動車を運転していた事案が発覚したことがあったため、運行管理規程に乗務前の点呼における実施事項として、自動車運転免許証の提示及び確認について明記した。その後、運行管理者は、乗務前の点呼の際の運転免許証の確認については、各自の運転免許証のコピーにより行い、再発防止を図っている。

### ポイント解説

1. **適切である**。運輸規則第24条第1項第3号・運輸規則第48条第1項第4号の2を参照。

2. 不適切。**微量**であってもアルコールが残っている場合は**乗務させてはならない**。「運輸規則の解釈及び運用」第24条第1項第7号・第2項第6号を参照。

3. 不適切。運行管理者等の**勤務時間外になるという理由**で、乗務後の点呼を**乗務途中に行ってはならない**。必ず、事業者・運行管理者・補助者のいずれかの者が乗務後の点呼を行わなければならない。運輸規則第24条第2項を参照。

4. 不適切。点呼の際は、自動車運転免許証のコピーによる確認ではなく、都度、**運転免許証の現物を提示させ、確認**し、再発防止を図る。

▶答え　1

旅客自動車運送事業の事業用自動車の運転者に対する点呼の実施等に関する次の記述の
うち、適切なものをすべて選びなさい。なお、解答にあたっては、各選択肢に記載されて
いる事項以外は考慮しないものとする。

1. 運行管理者は、乗務開始及び乗務終了後の運転者に対し、原則、対面で点呼を実施し
   なければならないが、遠隔地で乗務が開始又は終了する場合、車庫と営業所が離れてい
   る場合、又は運転者の出庫・帰庫が早朝・深夜であり、点呼を行う運行管理者が営業所
   に出勤していない場合等、運行上やむを得ず、対面での点呼が実施できないときには、
   電話、その他の方法で行っている。

2. 3日間にわたる事業用自動車の運行で、2日目は遠隔地の乗務のため、乗務後の点呼
   については、目的地への到着予定時刻が運行管理者等の勤務時間外となることから、乗
   務途中の休憩時間を利用して運行管理者等が営業所に勤務する時間帯に携帯電話により
   行い、所定の事項を点呼記録表に記録した。

3. 輸送の安全及び旅客の利便の確保に関する取組が優良であると認められる営業所に属
   する運転者が、当該営業所の車庫において、当該営業所の運行管理者による国土交通大
   臣が定めた機器を使用して行う旅客IT点呼を受けた。

4. 乗務前の点呼においてアルコール検知器を使用するのは、身体に保有している酒気帯
   びの有無を確認するためのものであり、道路交通法施行令で定める呼気中のアルコール
   濃度1リットル当たり0.15ミリグラム以上であるか否かを判定するためのものではな
   い。

## ポイント解説

1. **不適切。**遠隔地で乗務が開始又は終了する場合や、車庫と営業所が離れているなど、出
   庫・帰庫が早朝や深夜で、運行管理者が不在などの場合は「運行上やむを得ない場合」に**該
   当しない**ため、電話による**点呼はできない**。必要に応じて運行管理者や補助者を派遣して、
   対面での点呼を確実に実施する。「運輸規則の解釈及び運用」第24条第1項第1号を参照。

2. **不適切。**運行管理者等の**勤務時間外になるという理由で**、乗務後の点呼を**乗務途中に行っ
   てはならない**。必ず、事業者、運行管理者、補助者のいずれかの者が乗務後の点呼を行わな
   ければならない。運輸規則第24条第2項を参照。

3. **適切である。**「運輸規則の解釈及び運用」第24条第1項第3号・第4号・第5号を参照。

4. **適切である。**「運輸規則の解釈及び運用」第24条第1項第7号・第2項第6号を参照。

▶答え **3と4**

　下表は、一般貸切旅客自動車運送事業者が、法令の規定により運転者ごとに行う点呼の記録表の一例を示したものである。この記録表に関し、A、B、Cに入る最もふさわしい事項を下の選択肢（①～⑧）から1つ選びなさい。

## 点呼記録表

| 社 長 | 所 長<br>(統括運行管理者) | 運行管理者 | 補助者 |
|---|---|---|---|
| | | | |

年 月 日 曜日 天候　　　　　　　　　　　営業所

| 登録番号 | 乗務前点呼 | | | | | | | | | |
|---|---|---|---|---|---|---|---|---|---|---|
| 運転者名<br>（ガイド名） | 点呼日時 | 点呼場所 | 点呼方法 | 疾病・疲労・睡眠不足等の状況 | アルコール検知器の使用の有無 | 酒気帯びの有無 | **A** | 指示事項 | その他必要な事項 | 執行者名 |
| | ／ | | 対面 | | 有 | 有 | | | | |
| | ： | | 電話 | | 無 | 無 | | | | |
| | ／ | | 対面 | | 有 | 有 | | | | |
| | ： | | 電話 | | 無 | 無 | | | | |
| | ／ | | 対面 | | 有 | 有 | | | | |
| | ： | | 電話 | | 無 | 無 | | | | |

| 乗務途中点呼 | | | | | | | |
|---|---|---|---|---|---|---|---|
| 点呼日時 | 点呼場所 | 点呼方法 | 自動車・道路及び運行の状況 | **B** | 指示事項 | その他必要な事項 | 執行者名 |
| ／ | | 電話 | | | | | |
| ： | | | | | | | |
| ／ | | 電話 | | | | | |
| ： | | | | | | | |
| ／ | | 電話 | | | | | |
| ： | | | | | | | |

| 乗務後点呼 | | | | | | | | |
|---|---|---|---|---|---|---|---|---|
| 点呼日時 | 点呼場所 | 点呼方法 | アルコール検知器の使用の有無 | 酒気帯びの有無 | 自動車・道路及び運行の状況 | **C** | その他必要な事項 | 執行者名 |
| ／ | | 対面 | 有 | 有 | | | | |
| ： | | 電話 | 無 | 無 | | | | |
| ／ | | 対面 | 有 | 有 | | | | |
| ： | | 電話 | 無 | 無 | | | | |
| ／ | | 対面 | 有 | 有 | | | | |
| ： | | 電話 | 無 | 無 | | | | |

①定期点検の状況　　　　　②苦情の状況　　　　　③薬物の使用状況
④運転者交替時の通告内容　⑤酒気帯びの有無　　　⑥日常点検の状況
⑦疾病・疲労・睡眠不足等の状況　　　　⑧指示事項

**ポイント解説**

運輸規則第24条第1項・第2項・第3項を参照。

▶答え　A-⑥, B-⑦, C-④

　旅客自動車運送事業者が事業用自動車の運転者に対して行う指導・監督に関する次の記述のうち、適切なものをすべて選びなさい。なお、解答にあたっては、各選択肢に記載されている事項以外は考慮しないものとする。

1. 雪道への対応の遅れは、雪道でのチェーンの未装着のため自動車が登り坂を登れないこと等により後続車両が滞留し大規模な立ち往生を発生させることにもつながる。このことから運行管理者は、状況に応じて早めのチェーン装着等を運転者に対し指導する必要がある。

2. 道路上におけるバスの乗客の荷物の落下は、事故を誘発するおそれがあることから、運行管理者は運転者に対し、バスを出発させる時には、トランクルームの扉が完全に閉まった状態であり、かつ、確実に施錠されていることを確認するなど、乗客の荷物等積載物の転落を防止するための措置を講ずるよう指導している。

3. 四輪車を運転する場合、二輪車との衝突事故を防止するための注意点として、①二輪車は死角に入りやすいため、その存在に気づきにくく、また、②二輪車は速度が実際より速く感じたり、距離が近くに見えたりする特性がある。したがって、運転者に対してこのような点に注意するよう指導する必要がある。

4. 近年、大型車のホイール・ボルトの折損等による車輪脱落事故が増加傾向にあり、冬季に集中して起こっている。特に冬用タイヤへの交換作業後1ヶ月以内に多く発生する傾向にある。このため、運行管理者は、運転者や交換作業者に対して、規定の締付トルクでの確実な締め付けや日常点検での目視等によるチェック等を徹底するよう指導している。

**ポイント解説**

1. **適切である。**

2. **適切である。** 運転者に対し、出発時にトランクルームの扉が完全に閉まった状態であり、かつ、確実に施錠されていることを確認するよう指導することは、積載物の転落や飛散を防ぐための必要な措置として適切である。道交法第71条第1項第4号を参照。

3. 不適切。四輪車を運転する場合、二輪車の速度が実際より**遅く**感じたり、距離が**遠く**に見えたりするため注意をするよう指導する必要がある。

4. **適切である。**

▶答え　**1と2と4**

旅客自動車運送事業者が事業用自動車の運転者に対して行う指導・監督に関する次の記述のうち、**適切なものをすべて選びなさい**。なお、解答にあたっては、各選択肢に記載されている事項以外は考慮しないものとする。

1. 時速36キロメートルで走行中の自動車を例に取り、運転者が前車との追突の危険を認知しブレーキ操作を行い、ブレーキが効きはじめるまでに要する空走時間を1秒間とし、ブレーキが効きはじめてから停止するまでに走る制動距離を8メートルとすると、当該自動車の停止距離は約13メートルとなるなど、危険が発生した場合でも安全に止まれるような速度と車間距離を保って運転するよう指導している。

2. 運転者の目は、車の速度が速いほど、周辺の景色が視界から消え、物の形を正確に捉えることができなくなるため、周辺の危険要因の発見が遅れ、事故につながるおそれが高まることを理解させるよう指導している。

3. 道路上におけるバスの乗客の荷物の落下は、事故を誘発するおそれがあることから、運行管理者は運転者に対し、バスを出発させる時には、トランクルームの扉が完全に閉まった状態であり、かつ、確実に施錠されていることを確認するなど、乗客の荷物等積載物の転落を防止するための措置を講ずるよう指導している。

4. 飲酒により体内に摂取されたアルコールを処理するために必要な時間の目安については、例えばビール500ミリリットル（アルコール5％）の場合、概ね4時間とされている。事業者は、これを参考に個人差も考慮して、体質的にお酒に弱い運転者のみを対象として、飲酒が運転に及ぼす影響等について指導を行っている。

### ポイント解説

1. **不適切。**停止距離は空走距離＋制動距離で求められる。空走距離がわからないため、はじめに空走距離を求めてから停止距離を求める。

空走時間が1秒であることから、時速36kmで走行中の自動車が1秒間に走行する距離を求めるため、時速を秒速に変換する。1kmは1000m、1時間は3600秒（s）である。

$$36\text{km/h} = \frac{36 \times 1000\text{m}}{3600\text{s}} = \frac{360\text{m}}{36\text{s}} = 10\text{m/s} \Rightarrow 空走距離 10\text{m}$$

停止距離＝空走距離＋制動距離＝10m＋8m＝18m

したがって、停止距離は**18メートル**となることを指導する。

2. **適切である。**

3. **適切である。**道交法第71条第1項第4号を参照。

4. **不適切。**飲酒が運転に及ぼす影響については、体質的に酒に弱い者のみに限定せず、**すべての運転者に対し、指導・監督を行わなければならない**。「指導・監督の指針」第1章2（1）⑨を参照。

▶答え **2と3**

**問9** ★★☆ ☑☑☑☑☑

旅客自動車運送事業者が事業用自動車の運転者に対して行う指導・監督に関する次の記述のうち、適切なものをすべて選びなさい。なお、解答にあたっては、各選択肢に記載されている事項以外は考慮しないものとする。

1. 異常気象や天災、事故等の緊急時の対応については、マニュアル化して指導するようにしており、緊急時における運転の中断、徐行運転等の運転に関わる判断はすべて運転者に任せ、中断等を行った際は報告するように指導している。

2. 時速36キロメートルで走行中の自動車の運転者が、前車との追突の危険を認知しブレーキ操作を行い、ブレーキが効きはじめるまでに要する空走時間を1秒間とし、ブレーキが効きはじめてから停止するまでに走る制動距離を8メートルとすると、当該自動車の停止距離は18メートルとなることなど、十分な車間距離が必要なことを指導している。

3. 車両の重量が重い自動車は、スピードを出すことにより、カーブでの遠心力が大きくなるため横転などの危険性が高くなり、また、制動距離が長くなるため追突の危険性も高くなる。このため、法定速度を遵守し、十分な車間距離を保つことを運転者に指導する必要がある。

4. 運転者が交通事故を起こした場合、乗客に対する被害状況を確認し、負傷者がいるときは、まず最初に運行管理者に連絡した後、負傷者の救護、道路における危険の防止、乗客の安全確保、警察への報告などの必要な措置を講じるよう運転者に対し指導している。

### ポイント解説

1. **不適切。** 異常気象や天災等による事業用自動車の運行の中断、徐行運転等の運転に関わることについては、運転者の判断に任せるのではなく、**事業者が状況を的確に把握**したうえで、**適切な指示を行い**、また、**必要な措置を講じなければならない**。運輸規則第20条第1項を参照。

2. **適切である。**

3. **適切である。** スピードの特性をふまえ、バスは乗客の安全を確保するために、法定速度を遵守させ、十分な車間距離を保つように指導しているので適切である。

4. **不適切。** 交通事故を起こし負傷者がいる場合は、**まず最初に負傷者の救護等を行い、その後、運行管理者に連絡をして指示を受ける**よう指導する。道交法第72条第1項を参照。

▶答え **2と3**

第5章 実務上の知識及び能力

**問1** ★★☆ ✓✓✓✓✓

　旅行業者から貸切バス事業者に対し、ツアー客の運送依頼があった。これを受けて運行管理者は、下の図に示す運行計画を立てた。この運行に関する次の1〜3の記述について、解答しなさい。なお、解答にあたっては、〈運行計画〉及び各選択肢に記載されている事項以外は考慮しないものとする。

〈運行計画〉

　朝B駅にてツアー客を乗車させ、C観光地及びD道の駅等を経て、F駅に帰着させる行程とする。当該運行は、乗車定員36名乗りの貸切バスを使用し、運転者1人乗務とする。

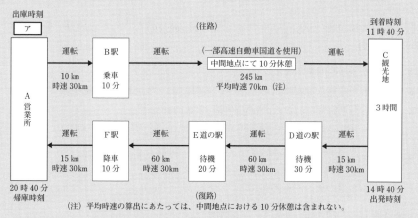

1. 当該運行においてC観光地に11時40分に到着させるためにふさわしいA営業所の出庫時刻アについて、次の①〜③の中から正しいものを1つ選びなさい。

　①7時20分　　　②7時30分　　　③7時40分

2. 当該運転者は前日の運転時間が9時間00分であり、また、翌日の運転時間を9時間20分とした場合、当日を特定の日とした場合の2日を平均して1日当たりの運転時間が自動車運転者の労働時間等の改善のための基準告示（以下「改善基準告示」という。）に違反しているか否かについて、正しいものを1つ選びなさい。

　①違反していない　　　②違反している

3. 当日の全運行において、連続運転時間は「改善基準告示」に、違反しているか否かについて、正しいものを1つ選びなさい。

　①違反していない　　　②違反している

ポイント解説

1．往路となるＡ営業所～Ｂ駅及びＢ駅～Ｃ観光地の所要時間を求める。

◎Ａ営業所～Ｂ駅は次のとおり。

$$所要時間 = \frac{距離}{速度} = \frac{10km}{30km/h} = \frac{1}{3}時間$$

「時間」を「分」に換算するため60分をかける。

$$\frac{1}{3}時間時間 \times 60分 = 20分$$

◎Ｂ駅～Ｃ観光地は次のとおり。

$$所要時間 = \frac{距離}{速度} = \frac{245km}{70km/h} = 3.5時間 = 3時間30分$$

Ｃ観光地11時40分に到着するためには、求めたそれぞれの時間を11時40分から引けばＡ営業所の出庫時刻がわかる。

Ａ営業所の出庫時刻＝11時40分－運転３時間30分－中間地点の休憩10分－乗車10分－運転20分＝**7時30分**

2．勤務当日の運転時間を求める。

往路は設問１で求めた運転時間を合計して３時間50分（20分＋３時間30分）。

復路は、以下のとおりそれぞれの運転時間を求めて合計する。

◎Ｃ観光地～Ｄ道の駅の運転時間

$$所要時間 = \frac{距離}{速度} = \frac{15km}{30km/h} = \frac{1}{2}時間 \Rightarrow \frac{1}{2} \times 60分 = 30分$$

◎Ｄ道の駅～Ｅ道の駅の運転時間

$$所要時間 = \frac{距離}{速度} = \frac{60km}{30km/h} = 2時間$$

◎Ｅ道の駅～Ｆ駅の運転時間

$$所要時間 = \frac{距離}{速度} = \frac{60km}{30km/h} = 2時間$$

◎Ｆ駅～Ａ営業所の運転時間

$$所要時間 = \frac{距離}{速度} = \frac{15km}{30km/h} = \frac{1}{2}時間 = 30分$$

各運転時間を合計すると復路は５時間（30分＋２時間＋２時間＋30分）。

往路と復路の運転時間を合計すると当日の運転時間は８時間50分（３時間50分＋５時間）。

第５章　実務上の知識及び能力

次に、勤務当日を特定の日とした場合の２日を平均して１日当たりの運転時間を求めると次のとおり。

　◎前日と勤務当日の２日平均の運転時間は、８時間55分（（９時間＋８時間50分）÷２）。

　◎勤務当日と翌日の２日平均の運転時間は、９時間５分（（９時間20分＋８時間50分）÷２）。

　したがって、改善基準に**違反していない**。改善基準第５条第１項第４号を参照。

３．出庫から順に、合計３時間50分の運転に対して合計３時間20分の中断、30分運転後に30分の中断、合計４時間の運転に対して合計30分の中断、30分運転後に乗務終了しているため、改善基準に**違反していない**。改善基準第５条第１項第５号を参照。

▶答え　１−②，２−①，３−①

第５章　実務上の知識及び能力

　旅行業者から下の運送依頼を受けて、Ａ営業所の運行管理者が次のとおり運行の計画を立てた。この計画に関するア～イについて解答しなさい。なお、解答にあたっては、〈運行計画〉及び各選択肢に記載されている事項以外は考慮しないものとする。

〈旅行業者からの運送依頼〉
○　Ｂ駅で観光客27名を乗車させＥ観光地に10時に到着させる。
○　13時にＥ観光地で観光を終えた乗客を乗せ、Ｆ観光地を回り、17時50分にＢ駅に到着させる。

〈運行の計画〉
○　次の運行経路図に示された経路に従い運行する。
○　この運行には運転者１名、バスガイド１名が乗務する。
○　道路標識等により最高速度が指定されていない高速自動車国道（高速自動車国道法に規定する道路。以下「高速道路」という。）のＣ料金所とＤ料金所間（走行距離135キロメートル）を、運転の中断をすることなく１時間30分で走行する。
○　運行するＦ観光地とＧ地点間の道路には 〔標識〕 が、Ｇ地点とＢ駅間の道路には 〔標識〕 の道路標識が設置されているので、これらを勘案して通行可能な貸切バスを配置する。（道路標識は、「文字及び記号を青色、斜めの帯及び枠を赤色、縁及び地を白色とする。」）

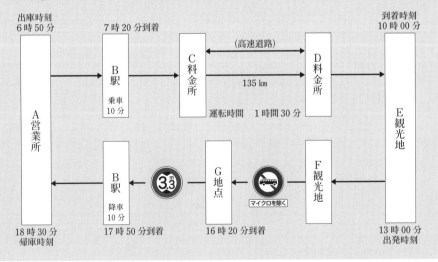

ア　当該運行に適した車両として、次の1～3の貸切バスの中から<u>正しいもの</u>を1つ選び
なさい。

| 貸切バス | 乗車定員（人） | 車両重量（kg） | 車両総重量（kg） | 自動車の大きさ（m） | | |
|---|---|---|---|---|---|---|
| | | | | 長さ | 幅 | 高さ |
| 1 | 47 | 12,930 | 15,515 | 11.99 | 2.49 | 3.75 |
| 2 | 29 | 9,900 | 11,495 | 8.99 | 2.49 | 3.30 |
| 3 | 29 | 6,390 | 7,985 | 6.99 | 2.05 | 2.63 |

イ　高速道路のC料金所とD料金所間の運転時間を1時間30分としたことについて、次
の1～2の中から<u>正しいもの</u>を1つ選びなさい。

1．適切

2．不適切

**ポイント解説**

ア．

| 大型乗用自動車等通行止め（大型乗用自動車のみ） | 車両総重量11,000kg以上又は乗車定員30人以上の大型乗用自動車は通行できない。 |
|---|---|
| 高さ制限 | 高さ3.3m以下の車両であれば通行できる。 |

　これらの道路標識が設置されている道路を通行する運行計画であるため、道交法も考慮
すると、貸切バス1は乗車定員と車両総重量及び車両の高さが、貸切バス2は車両総重量
が規制値を超えているため通行できない。よって、**貸切バス3**は高さ2.63m、車両総重量
7,985kg、乗車定員29名の中型バスに該当するため、この運行に適した車両となる。道交法
第3条を参照。

イ．C料金所からD料金所までの走行距離135km、走行時間1時間30分から、平均速度を計算
する。1時間30分は90分（60分＋30分）と考える。

　　平均速度＝距離÷時間

$$=135\text{km} \div \frac{90}{60} \text{時間} = \frac{135\text{km} \times 60}{90} = \textbf{90km/h}$$

　アで選んだ貸切バス（乗車定員11人以上29人以下）の高速道路での最高速度は100km/h
であるため、**適切である**。道交法施行令第27条第1項第4号を参照。

▶**答え　アー3、イー1**

## 5-3　配置基準

💡 **問題を解く前のヒント**【昼間・夜間・一運行の考え方】

### ■ 昼間・夜間の考え方

夜間ワンマン運行と昼間ワンマン運行の定義は次のとおりです。

| ワンマン運行 | 交替運転者が同乗していない運行。 |
|---|---|
| 夜間ワンマン運行 | 最初の旅客が乗車する時刻若しくは最後の旅客が降車する時刻（運転を交替する場合にあっては実車運行を開始する時刻若しくは実車運行を終了する時刻）が午前2時から午前4時までの間にあるワンマン運行又は当該時刻をまたぐワンマン運行。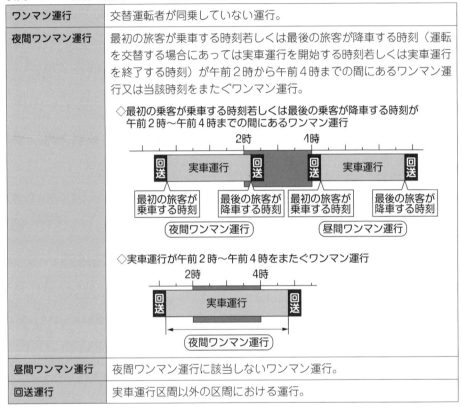 |
| 昼間ワンマン運行 | 夜間ワンマン運行に該当しないワンマン運行。 |
| 回送運行 | 実車運行区間以外の区間における運行。 |

### ■ 一運行の考え方

一運行の定義は次のとおりです。

| 一運行 | 1人の運転者の1日の乗務のうち、回送運行を含む運転を開始してから運転を終了するまでの一連の乗務をいう。ただし、1人の運転者が1日に2つ以上の実車運行に乗務し、その間に連続1時間以上の休憩を確保する場合であって、当該休憩の直前及び直後に回送運行があるときには、当該休憩の前後の実車運行はそれぞれ別の運行とする。なお、1人の運転者が同じ1日の乗務の中で2つの夜間ワンマン運行に連続して乗務する場合には、運行と運行の間に連続1時間以上の休憩を挟んでいても、これらの連続する運行を合わせて1つの夜間ワンマン運行とみなす。 |
|---|---|

## ★ポイント★

①1人の運転者が1日に2つ以上の実車運行に乗務し、その間に連続1時間以上の休憩を確保する場合で直前直後に回送運行があると、休憩の前後の実車運行はそれぞれ別の運行になる。ただし、直前及び直後に回送運行がないと連続1時間以上の休憩をはさんでいても一運行になる。

◇実車運行中以外で1時間以上の休憩　　◇実車運行中に1時間以上の休憩

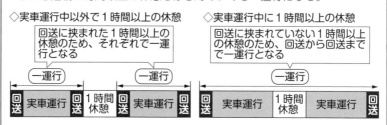

②1日の乗務の中で2つの夜間ワンマン運行に連続して乗務する場合、直前直後に回送運行があり、連続1時間以上の休憩を挟んでいても、1つの夜間ワンマン運行となる。

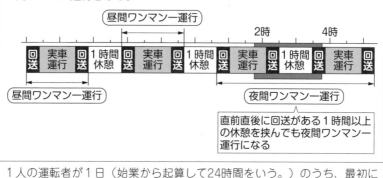

| 1日の乗務 | 1人の運転者が1日（始業から起算して24時間をいう。）のうち、最初に運転を開始してから、最後に運転を終了するまでの間の乗務。 |
|---|---|

## 💡 問題を解く前のヒント【距離による基準の考え方】

### ■ 実車運行等の定義

実車運行等の定義は次のとおりです。

| 実車運行 | 旅客の乗車の有無に関わらず、旅客の乗車が可能として設定した区間の運行をいい、回送運行は含まない。 |
|---|---|
| 実車距離 | 実車運行する区間（以下単に「実車運行区間」という。）の距離。 |
| 一運行の実車距離 | 1人の運転者が一運行で運転する実車距離。 |
| 1日の合計実車距離 | 1人の運転者が1日の乗務で運転する実車距離の合計。 |

## ■ 昼間ワンマン運行の一運行の実車距離について

　昼間ワンマン運行の一運行の実車距離は、**500km**（当該運行の実車運行区間の途中に合計１時間以上（分割する場合は、１回連続20分以上）の休憩を確保している場合にあっては**600km**）を超えないものとします。

### ★ポイント★

　①昼間ワンマン運行の一運行の実車距離は原則500kmを超えてはならない。

　②昼間ワンマン運行の実車運行区間の途中に合計１時間以上の休憩（分割する場合は、１回連続20分以上）を確保している場合は**600km**まで昼間ワンマン運行を行うことが可能。

◇実車運行途中に１時間以上の　　　　　　　◇実車運行途中に１回連続20分以上で
　まとまった休憩　　　　　　　　　　　　　　合計１時間の休憩

## ■ 夜間ワンマン運行の一運行の実車距離について

　夜間ワンマン運行の一運行の実車距離は、**400km**を超えないものとします。ただし、次のイ及びロに該当する場合には、**500km**を超えないものとします。

　イ　当該運行の運行直前に11時間以上の休息期間を確保している場合

　ロ　当該運行の一運行の乗務時間（当該運行の回送運行を含む乗務開始から乗務終了までの時間をいう。）が10時間以内であること又は当該運行の実車距離100kmから400kmまでの間に運転者が身体を伸ばして仮眠することのできる施設（車両床下の仮眠施設等、リクライニングシート等の座席を含む。）において仮眠するための連続１時間以上の休憩を確保している場合

### ★ポイント★

　夜間ワンマン運行の一運行の実車距離が500kmになる例です。

　①「運行直前に11時間以上の休息」＋「一運行の乗務時間が10時間以内」

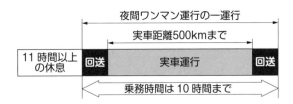

② 「運行直前に11時間以上の休息」＋「実車距離が100〜400kmまでの間に身体を伸ばして
仮眠ができる施設で連続１時間以上の休憩を確保」

## ■ １日の合計実車距離について

　１人の運転者が同じ１日の乗務の中で、２つ以上の運行に乗務する場合には、１日の合計実
車距離は**600km**を超えないものとします。ただし、１週間当たり２回まで、これを超えるこ
とができます。

### ★ポイント★

　１日の合計実車距離は、始業から24時間以内に運転した実車距離の合計となります。

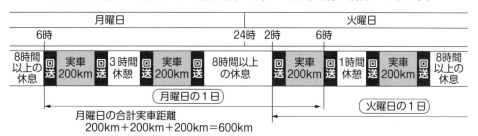

## 問題を解く前のヒント【運転時間による基準の考え方】

### ■ 運転の定義

　運転の定義は以下のとおりです。

| 一運行の運転時間 | １人の運転者が回送運行を含む一運行で運転する時間。 |
|---|---|
| １日の運転時間 | １人の運転者が回送運行を含む１日の乗務で運転する時間。 |

### ■ 昼間ワンマン運行の一運行の運転時間について

　昼間ワンマン運行の一運行の運転時間は、運行指示書上、**9時間**を超えないものとします。
ただし、１週間当たり２回まで、これを運行指示書上、10時間までとすることができます。

### ■ 夜間ワンマン運行の一運行の運転時間について

　夜間ワンマン運行の一運行の運転時間は、運行指示書上、**9時間**を超えないものとします。

## ■ 1日の運転時間について

1日の運転時間は、運行指示書上、**9時間**を超えないものとします。ただし、夜間ワンマン運行を行う場合を除き、1週間当たり2回まで、これを運行指示書上、10時間までとすることができるものとします。

## ★ポイント★

1日の運転時間は、始業から24時間以内に運転した運転時間の合計とします。

## 💡 問題を解く前のヒント【連続運転時間・休憩の考え方】

### ■ 連続運転時間の定義

連続運転時間の定義は以下のとおりです。

| 連続運転時間 | 10分以上の運転の中断をすることなく連続して運転する時間。 |
|---|---|

### ■ 高速道路の実車運行区間の連続運転時間について

昼間ワンマン運行の高速道路の実車運行区間においては、連続運転時間は、運行指示書上、概ね**2時間**までとします。なお、概ね2時間の「概ね」とは連続運転時間が2時間を超える次のSAまたはPAで休憩を取ることを指します。

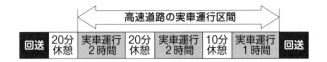

### ■ 実車運行区間の連続運転時間について

夜間ワンマン運行の実車運行区間においては、連続運転時間は、運行指示書上、概ね**2時間**までとします。

## ■ 夜間ワンマン運行の実車運行区間における休憩時間について

夜間ワンマン運行の実車運行区間においては、運行指示書上、実車運行区間における運転時間概ね２時間毎に**連続20分以上**（一運行の実車距離が400km以下の場合にあっては、実車運行区間における運転時間概ね２時間毎に**連続15分以上**）の休憩を確保しなければなりません。

### ★ポイント★

①実車距離が400km超の場合は、実車運行区間における運転時間概ね２時間毎に連続20分以上の休憩。

一運行の実車距離が 400km 超

| 回送 | 実車運行<br>２時間 | 20分<br>休憩 | 実車運行<br>２時間 | 回送 |

②実車距離が400km以下の場合は、実車運行区間における運転時間概ね２時間毎に連続15分以上の休憩。

一運行の実車距離が 400km 以下

| 回送 | 実車運行<br>２時間 | 15分<br>休憩 | 実車運行<br>２時間 | 回送 |

---

### 💡問題を解く前のヒント【連続乗務回数の考え方】

### ■ 連続乗務回数の定義

| 連続乗務回数 | 1人の運転者が回送運行を含む一運行で運転する時間の回数。 |

### ■ 夜間ワンマン運行の連続乗務回数について

夜間ワンマン運行の連続乗務回数は、**4回**（一運行の実車距離が400kmを超える場合にあっては、**2回**）以内となります。

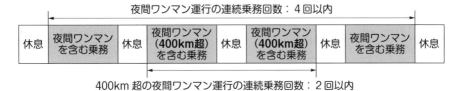

夜間ワンマン運行の連続乗務回数：4回以内

| 休息 | 夜間ワンマン<br>を含む乗務 | 休息 | 夜間ワンマン<br>（400km超）<br>を含む乗務 | 休息 | 夜間ワンマン<br>（400km超）<br>を含む乗務 | 休息 | 夜間ワンマン<br>を含む乗務 | 休息 |

400km 超の夜間ワンマン運行の連続乗務回数：2回以内

## 💡 問題を解く前のヒント【乗務中の体調報告について】

### ■ 乗務中の体調報告

　次のイまたはロの運行を行う場合にあっては、それぞれの実車距離において、運転者は所属する営業所の運行管理者等に電話等で連絡して体調報告を行うとともに、当該運行管理者等はその結果を記録し、1年間保存します。

　　イ．一運行の実車距離が400kmを超える夜間ワンマン運行を行う場合
　　　　当該運行の実車距離100kmから400kmまでの間
　　ロ．1日の乗務の合計実車距離が500kmを超えるワンマン運行を行う場合
　　　　当該1日の乗務の合計実車距離100kmから500kmまでの間

## 💡 問題を解く前のヒント【デジタル式運行記録計による運行管理について】

### ■ デジタル式運行記録計による運行管理

　一運行の実車距離400kmを超える夜間ワンマン運行又は1日の乗務の合計実車距離600kmを超えるワンマン運行を行う場合には、当該運行の用に供される車両にデジタル式運行記録計等を装着し、当該運行を行う事業者がそれを用いた運行管理を行わなければなりません。

一般旅客自動車運送事業者の過労運転の防止等に関する次の記述のうち、<u>正しいものを</u><u>すべて選びなさい</u>。なお、解答にあたっては、各選択肢に記載されている事項以外は考慮しないものとする。

1. 貸切バスの交替運転者の配置基準に定める夜間ワンマン運行（1人乗務）の1運行の運転時間は、運行指示書上、9時間を超えないものとする。

2. 貸切バスの交替運転者の配置基準に定める夜間ワンマン運行（1人乗務）の実車運行区間においては、運行指示書上、実車運行区間における運転時間概ね2時間毎に連続15分以上（一運行の実車距離が400km以下の場合にあっては、実車運行区間における運転時間概ね2時間毎に連続10分以上）の休憩を確保していなければならないものとする。

3. 貸切バスの交替運転者の配置基準に定める夜間ワンマン運行（1人乗務）において、1運行の実車距離は400キロメートルを超えないものとする。

4. 貸切バスの交替運転者の配置基準に定める夜間ワンマン運行（1人乗務）の連続乗務回数は、4回（一運行の実車距離が400kmを超える場合にあっては、2回）以内とする。

### ポイント解説

1. **正しい**。配置基準2（1）②を参照。

2. **誤り**。夜間ワンマン運行の実車運行区間においては、運行指示書上、実車運行区間における運転時間概ね2時間毎に**連続20分以上**（一運行の実車距離が400km以下の場合にあっては、実車運行区間における運転時間概ね2時間毎に**連続15分以上**）の休憩を確保していなければならない。配置基準2（1）⑤を参照。

3. **正しい**。配置基準2（1）①を参照。

4. **正しい**。配置基準2（1）③を参照。

▶答え　**1と3と4**

第5章　実務上の知識及び能力

## 問2 ★★★ ☑☑☑☑☑

一般貸切旅客自動車運送事業者の過労防止等についての国土交通省で定めた「貸切バスの交替運転者の配置基準」に関する次の記述のうち、**誤っているもの**を1つ選びなさい。なお、解答にあたっては、各選択肢に記載されている事項以外は考慮しないものとする。

1. 貸切バスの交替運転者の配置基準に定める夜間ワンマン運行（1人乗務）において、運行直前に11時間以上休息期間を確保している場合など配置基準に規定する場合を除き、1運行の実車距離は600キロメートルを超えないものとする。

2. 貸切バスの交替運転者の配置基準に定める夜間ワンマン運行（1人乗務）の1運行の運転時間は、運行指示書上、9時間を超えないものとする。

3. 貸切バスの交替運転者の配置基準に定める夜間ワンマン運行（1人乗務）の実車運行区間においては、連続運転時間は、運行指示書上、概ね2時間までとする。

4. 貸切バスの交替運転者の配置基準に定める夜間ワンマン運行（1人乗務）の実車運行区間においては、運行指示書上、実車運行区間における運転時間概ね2時間毎に連続20分以上（1運行の実車距離が400キロメートル以下の場合にあっては、実車運行区間における運転時間概ね2時間毎に連続15分以上）の休憩を確保しなければならない。

### ポイント解説

1. **誤り**。運行直前に11時間以上休息期間を確保している場合など配置基準に規定する場合を除き、1運行の実車距離は**400km**を超えないものとする。配置基準2 (1) ①を参照。

2. 正しい。配置基準2 (1) ②を参照。

3. 正しい。配置基準2 (1) ④を参照。

4. 正しい。配置基準2 (1) ⑤を参照。

▶答え　1

第5章　実務上の知識及び能力

　貸切バス事業の営業所の運行管理者は、旅行会社から運送依頼を受けて、次のとおり運行の計画を立てた。国土交通省で定めた「貸切バスの交替運転者の配置基準」（以下「配置基準」という。）等に照らし、この計画を立てた運行管理者の判断等に関する1～3の記述について、<u>正しいものをすべて</u>選びなさい。なお、解答にあたっては、〈運行の計画〉及び各選択肢に記載されている事項以外は考慮しないものとする。

（旅行会社の依頼事項）

　ハイキングツアー客（以下「乗客」という。）39名を乗せ、A地点を22時55分に出発し、D目的地に翌日の4時25分に到着する。その後、E目的地を14時10分に出発し、A地点に18時50分に戻る。

〈運行の計画〉

ア．デジタル式運行記録計を装着した乗車定員45名の貸切バスを使用し、運転者は1人乗務とする。

イ．当該運転者は、本運行の開始前10時間の休息をとった後、始業時刻である22時00分に乗務前点呼を受け、点呼後22時30分に営業所を出発する。A地点において乗客を乗せた後22時55分にD目的地に向け出発する。途中の高速自動車国道（法令による最低速度を定めない本線車道に該当しないもの。以下「高速道路」という。）のパーキングエリアにて、2回の休憩をとり乗務途中点呼後に、D目的地には翌日の4時25分に到着する。

　　乗客を降ろした後、指定された宿泊所に向かい、当該宿泊所において電話による乗務後点呼を受けた後、5時15分に往路の業務を終了する。

　　運転者は、同宿泊所において8時間休息する。

ウ．13時15分に同宿泊所において電話による乗務前点呼を受け、13時45分に出発する。E目的地において乗客を乗せた後14時10分にA地点に向け出発する。復路も高速道路等を運転し、2回の休憩をはさみ、A地点には18時50分に到着する。

　　乗客を降ろした後、19時10分に営業所に帰庫し、乗務後点呼の後、19時40分に終業する。当該運転者は、翌日は休日とする。

──────── ・ ・ ・ 次のページにつづく ・ ・ ・ ────────

（往 路）

| 点呼前 | 乗務前 | 回送 | 乗車 | 運転 | 運転(高速道路) | 休憩 | 運転(高速道路) | 休憩 | 乗務途中点呼 | 運転(高速道路) | 運転 | 降車 | 回送 | 点呼後 | 乗務後 |
|---|---|---|---|---|---|---|---|---|---|---|---|---|---|---|---|
| 30分 | 10分 | 15分 | 30分 | 1時間 | 15分 | 2時間 | 20分 | 5分 | 1時間 | 20分 | 10分 | 10分 | 30分 | | |
| | 5 km | | 10km | 80km | | 160 km | | | 80 km | 10 km | | 5 km | | | |

22時00分　　22時55分　　　　　　　　　　　　　　　　　　　　　　　4時25分　　　5時15分

営業所　　　A地点　（B料金所）　　　　　　　　　　　　　　（C料金所）　D目的地　　指定された宿泊所

| 点呼後 | 乗務前 | 回送 | 降車 | 運転 | 運転(高速道路) | 休憩 | 運転(高速道路) | 休憩 | 運転(高速道路) | 運転 | 乗車 | 回送 | 点呼前 | 乗務後 |
|---|---|---|---|---|---|---|---|---|---|---|---|---|---|---|
| 30分 | 10分 | 10分 | 30分 | 1時間 | 10分 | 1時間30分 | 10分 | 1時間 | 20分 | 15分 | 10分 | 30分 | | |
| | 5 km | | 20km | 80km | | 120 km | | 80 km | 10 km | | 5 km | | | |

営業所　　　A地点　（B料金所）　　　　　　　　　　　（F料金所）　E目的地

19時40分　　18時50分　　　　　　　　　　　　　　　　　14時10分　　13時15分

（復 路）

1．当該夜間ワンマン運行における実車運行区間においての休憩は、「配置基準」に定める限度に違反していないと判断したこと。

2．当該運行における実車運行区間においての連続運転時間は、「配置基準」に定める限度に違反していないと判断したこと。

3．1日についての実車距離は「配置基準」に定める限度を超えておらず、また、1日についての運転時間も「配置基準」に定める限度を超えていないと判断したこと。

## ポイント 解 説

1．**正しい**。配置基準2（1）①・⑤を参照。

夜間ワンマン運行の実車運行区間において、運行指示書上、実車運行区間における運転時間概ね2時間毎に連続20分以上（一運行の実車距離が**400km以下**の場合にあっては、実車運行区間における運転時間概ね**2時間毎に連続15分以上**）の休憩を確保する。

はじめに、この運行計画の夜間ワンマン運行（往路）の実車運行距離を求める。実車距離とは実車運行（旅客の乗車の有無に関わらず、旅客の乗車が可能として設定した区間の運行をいい、回送運行は含まない。）する区間の距離をいう。よって、営業所～A地点の5kmと、D目的地～指定された宿泊所の5kmは回送運行となるため、往路の**実車距離は340km**（10km＋80km＋160km＋80km＋10km）となる。

夜間ワンマン運行の実車距離が400km以下（340km）であるため、運転時間概ね2時間毎に連続15分以上の休憩を確保していればよい。

第5章　実務上の知識及び能力

◎夜間ワンマン運行の実車運行区間の途中における休憩は、30分＋1時間運行した後に15分休憩、2時間運行した後に20分休憩、1時間＋20分運行した後に降車しており、概ね2時間毎に連続15分以上の休憩を確保できているため、違反していない。

夜間ワンマン運行（往路）の休憩の確保
実車運行区間

| 乗車 15分 | 運転 30分 | 運転 1時間 | 休憩 15分 | 運転 2時間 | 休憩 20分 | 運転 1時間 | 運転 20分 | 降車 10分 |
|---|---|---|---|---|---|---|---|---|

2．**正しい**。夜間ワンマン運行の実車運行区間において、連続運転時間は運行指示書上、概ね**2時間**までとし、昼間ワンマン運行の高速道路の実車運行区間においても、連続運転時間は運行指示書上、概ね**2時間**までとする。連続運転時間とは、**10分以上中断することなく連続して運転する時間**をいう。したがって、夜間ワンマン運行の実車運行区間及び昼間ワンマン運行の高速道路の実車運行区間において、2時間を超えないように10分以上中断していれば連続運転時間の限度に違反していない。なお、この設問は連続運転時間の限度が適切であるかを判断するため、休憩の確保は考えなくてもよい。

《夜間ワンマン運行（往路）の連続運転時間》配置基準2（1）④を参照。

夜間ワンマン運行の実車運行区間の途中における連続運転時間は、①合計1時間30分運転した後に15分中断、②2時間運転した後に20分中断、③合計1時間30分運転した後に降車しているため、連続運転時間の限度に違反していない。

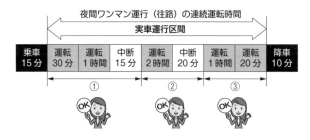

夜間ワンマン運行（往路）の連続運転時間
実車運行区間

| 乗車 15分 | 運転 30分 | 運転 1時間 | 中断 15分 | 運転 2時間 | 中断 20分 | 運転 1時間 | 運転 20分 | 降車 10分 |
|---|---|---|---|---|---|---|---|---|
| | ① | | | ② | | ③ | | |

《昼間ワンマン運行（復路）の高速道路の連続運転時間》配置基準2（2）③を参照。

昼間ワンマン運行の高速道路の連続運転時間は、①1時間運転した後10分中断、②1時間30分運転した後10分中断、③1時間運転した後に高速道路の運行を終了しているため、連続運転時間の限度に違反していない。

第5章　実務上の知識及び能力

昼間ワンマン運行（復路）の連続運転時間

| 高速道路の実車運行区間 | | | | |
|---|---|---|---|---|
| 運転（高速道路）1時間 | 中断10分 | 運転（高速道路）1時間30分 | 中断10分 | 運転（高速道路）1時間 |
| ① | | ② | | ③ |

◎実車運行区間においての連続運転時間は、配置基準に定める連続運転時間の限度に違反していない。


3．誤り。配置基準2（3）①・②を参照。

1日についての実車距離と1日についての運転時間が限度を超えていないか考える。

《1日についての実車距離》

　　**1日の合計実車距離**は、1人の運転者の1日の乗務が、夜間ワンマン運行又は昼間ワンマン運行の一運行のみの場合はそれぞれの運行に係る一運行の実車距離の規定を適用するが、2つ以上の運行に乗務する場合は**原則600km**までとなる。

　　往路（A地点〜D目的地）：340km（10km＋80km＋160km＋80km＋10km）

　　復路（E目的地〜A地点）：310km（10km＋80km＋120km＋80km＋20km）

　　往路と復路の**合計650km**が実車距離となる。なお、回送運行の営業所〜A地点の5km、D目的地〜指定された宿泊所の5km、指定された宿泊所〜E目的地の5km、A地点〜営業所の5kmは、実車距離に含まない。

　　◎1日についての実車距離は650kmとなり、**配置基準に定める限度（600km）を超えている**。


《1日についての運転時間》

　　**1日の運転時間**は、運行計画上、**原則9時間**までとする。また、1日とは始業から起算して24時間をいうため、1日の運転時間は**往路と復路の合計**になる。

　　運行の計画による運転時間は以下のとおりとなる。

　　往路：5時間10分（10分＋30分＋1時間＋2時間＋1時間＋20分＋10分）。

　　復路：4時間40分（10分＋20分＋1時間＋1時間30分＋1時間＋30分＋10分）。

　　1日の運転時間は、5時間10分＋4時間40分＝**9時間50分**。

　　◎1日についての運転時間は9時間50分となり、**配置基準に定める限度（9時間）を超えている**。

▶答え　**1と2**

　貸切バス事業の営業所の運行管理者は、旅行会社から運送依頼を受けて、次のとおり運行の計画を立てた。国土交通省で定めた「貸切バスの交代運転者の配置基準」(以下、「配置基準」という。)等に照らし、この計画を立てた運行管理者の判断等に関する1～3の記述について、<u>正しいものをすべて選びなさい</u>。なお、解答にあたっては、《運行の計画》に記載されている事項以外は考慮しないものとする。

(旅行会社の依頼事項)

　ハイキングツアー客(以下「乗客」という。)39名を乗せ、A地点を23時10分に出発し、D目的地に翌日の4時00分に到着する。その後、D目的地を13時55分に出発し、A地点に18時35分に戻る。

《運行の計画》

ア．デジタル式運行記録計を装着した乗車定員45名の貸切バスを使用し、運転者は1人乗務とする。

イ．当該運転者は、本運行の開始前10時間の休息をとった後、始業時刻である22時15分に乗務前点呼を受け、点呼後22時45分に営業所を出発する。A地点において乗客を乗せた後23時10分にD目的地に向け出発する。途中の高速自動車国道(法令による最低速度を定めない本線車道に該当しないもの。以下「高速道路」という。)のパーキングエリアにて、20分と15分の2回の休憩をとり乗務途中点呼後に、D目的地には翌日の4時00分に到着する。

　乗客を降ろした後、指定された宿泊所に向かい、当該宿泊所において電話による乗務後点呼を受けた後、4時55分に往路の業務を終了する。

　運転者は、同宿泊所において8時間5分休息する。

ウ．13時00分に同宿泊所において電話による乗務前点呼を受け、13時30分に出発する。D目的地において乗客を乗せた後13時55分にA地点に向け出発する。往路と同じルートの高速道路等を運転し、途中10分ずつ2回の休憩を挟み、A地点には18時35分に帰着する。

　乗客を降ろした後、19時00分に営業所に帰庫し、乗務後点呼の後、19時30分に終業する。当該運転者は、翌日は休日とする。

―――――・・・　次のページにつづく　・・・―――――

| | 往 路 | |
|---|---|---|

22時15分　　　　23時10分　　　　　　　　　　　　　　　　　　　　4時00分　　4時55分

| 点呼 乗務前 | 回送 | 乗車 | 運転 | 運転(高速道路) | 休憩 | 運転(高速道路) | 休憩 | 乗務途中点呼 | 運転(高速道路) | 運転 | 降車 | 回送 | 点呼 乗務後 | 指定された宿泊所 |
|---|---|---|---|---|---|---|---|---|---|---|---|---|---|---|
| 30分 | 10分 | 15分 | 30分 | 1時間 | 20分 | 1時間10分 | 15分 | 5分 | 1時間 | 30分 | 15分 | 10分 | 30分 | |
| | 5 km | 20km | 80km | 100 km | | | | | 80 km | 15 km | | 5 km | | |
| 営業所 | | A地点 | (B料金所) | | | | | | (C料金所) | | D目的地 | | | |

| 点呼 乗務後 | 回送 | 降車 | 運転 | 運転(高速道路) | 休憩 | 運転(高速道路) | 休憩 | 運転(高速道路) | 運転 | 乗車 | 回送 | 点呼 乗務前 |
|---|---|---|---|---|---|---|---|---|---|---|---|---|
| 30分 | 10分 | 15分 | 30分 | 1時間 | 10分 | 1時間20分 | 10分 | 1時間 | 30分 | 15分 | 10分 | 30分 |
| | 5 km | 20km | 80km | 100 km | | | | 80 km | 15 km | | 5 km | |
| 営業所 | | A地点 | (B料金所) | | | | | (C料金所) | | D目的地 | | |

19時30分　　　　18時35分　　　　　　　　　　　　　　　　　　　　13時55分　　13時00分

| | 復 路 | |
|---|---|---|

1．1日についての拘束時間が、「自動車運転者の労働時間等の改善のための基準（改善基準）」に定める最大拘束時間を超えていないと判断したこと。

2．1日についての実車距離は「配置基準」に定める限度を超えておらず、また、1日についての運転時間も「配置基準」に定める限度を超えていないと判断したこと。

3．当該運行における運転は、「配置基準」に定める連続運転時間の限度に違反していないと判断したこと。

### ポイント解説

1．**正しい**。改善基準第5条第1項第2号を参照。

　往路と復路で別々に点呼を行った場合、また、往路開始と復路開始の間に8時間の休息期間が与えられている場合、**拘束時間は別**として考える。

　往路の拘束時間は①22時15分〜翌日4時55分（6時間40分）と、当日22時15分から拘束時間が開始し、終了は24時間後の翌日22時15分までとなるため、翌日②13時00分から19時30分（6時間30分）の合計となる。したがって、往路の拘束時間は**13時間10分**（6時間40分＋6時間30分）となり、復路の拘束時間は②13時00分から19時30分までの**6時間30分**となる。

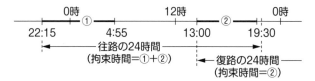

◎1日についての拘束時間は最大拘束時間を超えていない。

2．誤り。配置基準2 (3) ①・②を参照。

　　最初の旅客が乗車する時刻若しくは最後の旅客が降車する時刻が、午前2時から午前4時までの間にあるワンマン運行、又は当該時刻をまたぐワンマン運行であるため、往路は夜間ワンマン運行となり、復路は昼間ワンマン運行となる。

《1日についての実車距離》

　　1日の合計実車距離は、1人の運転者の1日の乗務が、夜間ワンマン運行又は昼間ワンマン運行の一運行のみの場合はそれぞれの運行に係る一運行の実車距離の規定を適用するが、2つ以上の運行に乗務する場合は原則600kmまでとなる。

　　往路（A地点〜D目的地）：295km（20km＋80km＋100km＋80km＋15km）

　　復路（D目的地〜A地点）：295km（15km＋80km＋100km＋80km＋20km）

　　往路と復路の合計**590km**が実車距離となる。なお、回送運行の営業所〜A地点の5km、D目的地〜指定された宿泊所の5km、指定された宿泊地〜D目的地の5km、A地点〜営業所の5kmは、実車距離に含まない。

◎1日についての実車距離は590kmとなり、配置基準に定める限度（600km）を超えていない。

《1日についての運転時間》

　　1日の運転時間は、運行計画上、原則**9時間まで**とする。また、1日とは始業から起算して24時間をいうため、1日の運転時間は、往路と復路の合計になる。

　　運行の計画による運転時間は以下のとおりとなる。

　　往路：4時間30分（10分＋30分＋1時間＋1時間10分＋1時間＋30分＋10分）。

　　復路：4時間40分（10分＋30分＋1時間＋1時間20分＋1時間＋30分＋10分）。

　　1日の運転時間は、4時間30分＋4時間40分＝**9時間10分**。

◎1日についての運転時間は9時間10分となり、配置基準に定める限度を**超えている**。

3．**正しい**。配置基準2 (1) ④・(2) ③を参照。

　　夜間ワンマン運行の実車運行区間において、連続運転時間は運行指示書上、概ね2時間までとし、昼間ワンマン運行の高速道路の実車運行区間においても、連続運転時間は、運行指示書上、概ね2時間までとする。連続運転時間とは、10分以上中断することなく連続して運転する時間をいう。したがって、夜間ワンマン運行の実車運行区間及び昼間ワンマン運行の高速道路の実車運行区間において、**2時間**を超えないように**10分以上中断**していれば連続運転時間の限度に違反していない。なお、この設問は連続運転時間の限度が適切であるかを判断するため、休憩の確保は考えなくてもよい。

《夜間ワンマン運行（往路）の連続運転時間》

　　夜間ワンマン運行の実車運行区間の途中における連続運転時間は、①合計1時間30分運転した後に20分中断、②1時間10分運転した後に15分中断、③合計1時間30分運転した後に降車しているため、連続運転時間の限度に違反していない。

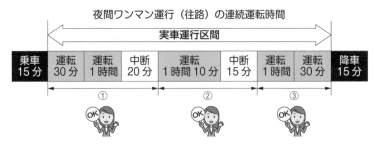

夜間ワンマン運行（往路）の連続運転時間

《昼間ワンマン運行（復路）の高速道路の連続運転時間》

　昼間ワンマン運行の高速道路の連続運転時間は、①1時間運転した後10分中断、②1時間20分運転した後10分中断、③1時間運転した後に高速道路の運行を終了しているため、連続運転時間の限度に違反していない。

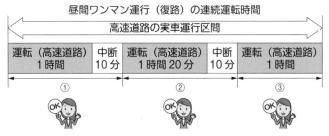

昼間ワンマン運行（復路）の連続運転時間

◎当該運行における運転は、配置基準に定める連続運転時間の限度に違反していない。

▶答え　1と3

# 5-4 運転者の健康管理

## 問1 ★★☆ ✓✓✓✓✓

事業用自動車の運転者の健康管理に関する次の記述のうち、<u>適切なものをすべて選びな</u>さい。なお、解答にあたっては、各選択肢に記載されている事項以外は考慮しないものとする。

1. 事業者は、健康診断の結果、運転者に心疾患の前兆となる症状がみられたので、当該運転者に医師の診断を受けさせた。その結果、医師より「直ちに入院治療の必要はないが、より軽度な勤務において経過観察することが必要」との所見が出されたが、繁忙期であったことから、運行管理者の判断で2週間に限り従来と同様の乗務を続けさせた。

2. 事業者は、法令により定められた健康診断を実施することが義務づけられているが、運転者が自ら受けた健康診断(人間ドックなど)であっても法令で必要な定期健康診断の項目を充足している場合は、法定健診として代用することができる。

3. 運転中に心臓疾患や大血管疾患が起こると、重大事故を引き起こすおそれがある。そのため、事業者は日ごろから点呼等で運転者の健康状態を把握するとともに、心臓疾患や大血管疾患の5大症状の『頭痛』『胸痛』『めまい・失神』『動悸』『呼吸困難』を見逃さないように注意している。

4. 事業者は、運転者が軽症度の睡眠時無呼吸症候群(SAS)と診断された場合は、残業を控えるなど業務上での負荷の軽減や、睡眠時間を多く取る、過度な飲酒を控えるなどの生活習慣の改善によって、業務が可能な場合があるので、医師と相談して慎重に対応している。

### ポイント解説

1. **不適切。**医師より「より軽度な勤務における経過観察が必要」との所見が出された場合は、期間に限らず**従来と同様の乗務を続けさせてはならない。**繁忙期であるなしに関わらず、**運転者の配置転換等を行う。**

2. **適切である。**

3. **不適切。**重篤な心臓疾患、大血管疾患を見逃さないために注意すべき症状は、「胸痛」「めまい・失神」「動悸」「呼吸困難」の**4大症状**とされている。国土交通省自動車局『自動車運送事業者における心臓疾患・大血管疾患対策ガイドライン』を参照。

4. **適切である。**

▶答え　**2と4**

第5章　実務上の知識及び能力

事業用自動車の運転者の健康管理及び就業における判断・対処に関する次の記述のうち、適切なものをすべて選びなさい。なお、解答にあたっては、各選択肢に記載されている事項以外は考慮しないものとする。

1. 自動車の運転中に、心臓疾患（心筋梗塞、心不全等）や、大血管疾患（急性大動脈解離、大動脈瘤破裂等）が起こると、ショック状態、意識障害、心停止等を生じ、運転者が事故を回避するための行動をとることができなくなり、重大事故を引き起こすおそれがある。そのため、健康起因事故を防止するためにも発症する前の早期発見や予防が重要となってくる。

2. 事業者は、業務に従事する運転者に対し法令で定める健康診断を受診させ、その結果に基づいて健康診断個人票を作成して5年間保存している。また、運転者が自ら受けた健康診断の結果を提出したものについても同様に保存している。

3. 自動車事故報告規則に基づく令和2年中のすべての事業用自動車の乗務員に起因する重大事故報告件数約1,500件の中で、健康起因による事故件数は約300件を占めている。そのうち運転者が死亡に至った事案は約50件あり、原因病名別にみると、心臓疾患が半数以上を占めている。

4. 睡眠時無呼吸症候群（SAS）は、大きないびきや昼間の強い眠気など容易に自覚症状を感じやすいので、事業者は、自覚症状を感じていると自己申告をした運転者に限定して、SASスクリーニング検査を実施している。

## ポイント解説

1. **適切である。**

2. **適切である。** 衛生規則第51条第1項を参照。

3. **適切である。** 令和2年中の事業用自動車の乗務員に起因する重大事故報告件数は1,472件で、運転者の健康状態に起因する事故件数は286件、死亡者数は47人であった。そのうち心臓疾患による死亡件数は27件で半数を占めている。事故統計年報（令和2年版）を参照。

4. **不適切。** SASは本人に自覚がないことが多い。事業者は、自己申告した運転者に**限定せず**、3年に1度を目安にSASスクリーニング検査を実施し、また、雇入れ時等にも検査を行う。

▶答え　**1と2と3**

## 用語

| 睡眠時無呼吸症候群（SAS） | 睡眠中に舌がのどの奥に沈下することにより気道がふさがれ、呼吸が止まったり、止まりかけたりする状態が断続的に繰り返される病気。 |
|---|---|

**問3** ★★☆ ✓✓✓✓✓

事業用自動車の運転者の健康管理に関する次の記述のうち、適切なものをすべて選びなさい。なお、解答にあたっては、各選択肢に記載されている事項以外は考慮しないものとする。

1. 事業者は、運転者が医師の診察を受ける際は、自身が職業運転者で勤務時間が不規則であることを伝え、薬を処方されたときは、服薬のタイミングと運転に支障を及ぼす副作用の有無について確認するよう指導している。

2. 事業者は、法令により定められた健康診断を実施することが義務づけられているが、運転者が自ら受けた健康診断（人間ドックなど）において、法令で必要な定期健康診断の項目を充足している場合であっても、法定健診として代用することができない。

3. 事業者は、健康診断の結果、運転者に心疾患の前兆となる症状がみられたので、当該運転者に医師の診断を受けさせた。その結果、医師より「直ちに入院治療の必要はないが、より軽度な勤務において経過観察することが必要」との所見が出されたが、繁忙期であったことから、運行管理者の判断で短期間に限り従来と同様の乗務を続けさせた。

4. 令和2年中のすべての事業用自動車の乗務員に起因する重大事故報告件数は約1,500件であり、このうち、運転者の健康状態に起因する事故件数は約300件となっている。病名別に見てみると、心筋梗塞等の心臓疾患と脳内出血等の脳疾患が多く発生している。

**ポイント解説**

1. **適切である**。薬は病気のコントロールや治療上必要なものであるが、眠気などの副作用が生じることもある。そのため、薬を処方された場合は、服用のタイミングや運転に支障を及ぼす副作用の有無について医師に確認するよう、運転者に指導する。

2. 不適切。運転者が自ら受けた健康診断（人間ドックなど）であっても、法令で必要な定期健康診断の項目を充足している場合は、**法定健診として代用できる**。

3. 不適切。医師より「より軽度な勤務における経過観察が必要」との所見が出された場合は、短期間であっても**従来と同様の乗務を続けさせてはならない**。繁忙期であるなしに関わらず、**運転者の配置転換等を行う**。

4. **適切である**。

▶答え　**1と4**

第5章　実務上の知識及び能力

事業用自動車の運転者の健康管理に関する次の記述のうち、<u>適切なもの</u>をすべて選びなさい。なお、解答にあたっては、各選択肢に記載されている事項以外は考慮しないものとする。

1. 事業者は、業務に従事する運転者に対し法令で定める健康診断を受診させ、その結果に基づいて健康診断個人票を作成して5年間保存している。また、運転者が自ら受けた健康診断の結果を提出したものについても同様に保存している。

2. 事業者や運行管理者は、点呼等の際に、運転者が意識や言葉に異常な症状があり普段と様子が違うときには、すぐに専門医療機関で受診させている。また、運転者に対し、脳血管疾患の症状について理解させ、そうした症状があった際にすぐに申告させるように努めている。

3. 事業者は、深夜（夜11時出庫）を中心とした業務に常時従事する運転者に対し、法令に定める定期健康診断を1年に1回、必ず、定期的に受診させるようにしている。

4. 事業者は、脳血管疾患の予防のため、運転者の健康状態や疾患につながる生活習慣の適切な把握・管理に努めるとともに、これらの疾患は定期健康診断において容易に発見することができることから、運転者に確実に受診させている。

**ポイント解説**

1. **適切である。** 衛生規則第51条第1項を参照。

2. **適切である。**

3. 不適切。深夜業務に常時従事する運転者の定期健康診断は、**6ヵ月に1回**受診させなければならない。衛生規則第45条第1項を参照。

4. 不適切。脳血管疾患は、定期健康診断では**容易に発見できない**。定期健康診断で、脳血管疾患及び心臓疾患に関連する血圧、血糖値等の検査項目に異常の所見があると診断された労働者に対し、脳血管や心臓の状態を把握するために精密検査等を受けるよう指導する。

▶答え　**1と2**

# 5−5　交通事故等緊急事態

## 問1 ★☆☆ ✓✓✓✓✓

　交通事故及び緊急事態が発生した場合における運行管理者又は事業用自動車の運転者の措置に関する次の記述のうち、<u>適切なものをすべて</u>選びなさい。なお、解答にあたっては、各選択肢に記載されている事項以外は考慮しないものとする。

1．貸切バスが営業所に戻るため回送で高速道路を運行中、サービスエリアにおいて当該バスの運転者から、営業所の運行管理者に対し、「現在走行している地域の天候が急変し、雪が強く降りはじめた。視界も悪くなってきたので、一時運転を中断している。」との連絡があった。連絡を受けた運行管理者は、「営業所では判断できないので、運行する経路を運転者自ら判断し、また、運行することが困難な状況に至った場合は、適当な待避場所を見つけて運転者自らの判断で運行の中断等を行うこと」を指示した。

2．タクシーが空車で運行中、オートバイと接触事故を起こした。オートバイの運転者が足を負傷し自力で動けなかったので、当該運転者を救護するため歩道に移動させた。その後、双方の事故車両を道路脇に移動させ、発炎筒を使用して後続車に注意を促すとともに、救急車の手配と警察への通報を行い、運行管理者に連絡し、到着した警察官に事故について報告した。

3．乗合バスが乗客を乗せて運行中、後続の自動車に追突され、乗客数名が重軽傷を負う事故が発生した。当該バスの運転者は、事故発生時にとるべき措置を講じた後、営業所の運行管理者に、事故の発生及び被害の状況等について連絡した。連絡を受けた運行管理者は、自社の規程に基づき、運転者から事故の状況及び乗客の状態等を確認し、負傷者の家族に連絡するとともに、負傷しなかった当該バスの乗客の意向を踏まえ、乗客を出発地まで送還するための代替バスを運行させた。

4．タクシーの運転者が空車で運転中、交差点内で接触事故を起こした。当方及び相手方の運転者にけがはなく、双方の自動車の損傷も軽微なものであった。相手方の運転者との話し合いの結果、事故はお互いの過失によるものであることから、自動車の修理費用についてはお互いが自己負担することとし、警察官には事故の報告をしないことにした。

―――――― ・・・ 答えは次のページ ・・・ ――――――

第5章　実務上の知識及び能力

215

**ポイント解説**

1. 不適切。異常気象時は、旅客の安全を最優先に考え、安全を確保するために**必要な措置を講じなければならない**。運転者から連絡を受けた運行管理者は、気象状況や道路状況の情報収集に努め、状況を的確に把握し、運転者に対し、運行中断等の指示を行う必要がある。現地の状況がわからないという理由で**運転者に判断を任せてはならない**。運輸規則第48条第1項第2号を参照。

2. **適切である**。交通事故の場合の措置である①負傷者を救護（負傷者を歩道へ移動）②危険防止の措置（車両を道路脇に移動）及び③警察官に交通事故の内容報告、を行っているため適切である。道交法第72条第1項を参照。

3. **適切である**。規程に基づいたことを行っており、また、乗客の意向を踏まえ出発地まで送還するための代替バスを運行させているので適切な措置である。運輸規則第18条第1項第2号を参照。

4. 不適切。交通事故を起こした時は**たとえ軽微なものであっても**、道路交通法により**警察への報告が義務付けられている**。道交法第72条第1項を参照。

▶答え　**2と3**

交通事故及び緊急事態が発生した場合における事業用自動車の運行管理者又は運転者の措置に関する次の記述のうち、適切なものをすべて選びなさい。なお、解答にあたっては、各選択肢に記載されている事項以外は考慮しないものとする。

1. 貸切バスが観光目的地に向かうため運行中、当該バスの運転者から、営業所の運行管理者に対し、「現在走行している地域の天候が急変し、集中豪雨のため、視界も悪くなってきたので、一時運転を中断している。」との連絡があった。連絡を受けた運行管理者は、「営業所と中断場所とは天候が異なり判断できないので、今後の運行する経路については土砂災害が発生しない地域を避け運転者自ら判断し運行するよう」指示した。

2. 乗合バスが乗客を乗せて運行中、後続の自動車に追突され、乗客数名が重軽傷を負う事故が発生した。当該バスの運転者は、事故発生時にとるべき措置を講じた後、営業所の運行管理者に、事故の発生及び被害の状況等について連絡した。連絡を受けた運行管理者は、自社の規程に基づき、運転者から事故の状況及び乗客の状態等を確認し、負傷者の家族に連絡するとともに負傷しなかった当該バスの乗客の意向を踏まえ、乗客を出発地まで送還するための代替バスを運行させた。

3. 運転者は、交通事故を起こしたので、二次的な事故を防ぐため、事故車両を安全な場所に移動させるとともに、ハザードランプの点灯、発炎筒の着火、停止表示器材の設置により他の自動車に事故の発生を知らせるなど、安全に留意しながら道路における危険防止の措置をとった。

4. 貸切バスの運転者が営業所に戻るため回送で運行中、踏切にさしかかりその直前で一旦停止した。踏切を渡った先の道路は混んでいるが、前の車両が前進すれば通過できると判断し踏切に進入したところ、車両の後方部分を踏切内に残し停車した。その後、踏切の警報機が鳴り、遮断機が下り始めたが、前方車両が動き出したため遮断機と接触することなく通過することができた。

――――――― ・ ・ ・ 答えは次のページ ・ ・ ・ ―――――――

**ポイント解説**

1．不適切。異常気象時は、旅客の安全を最優先に考え、安全を確保するために**必要な措置を講じなければならない**。運転者から連絡を受けた運行管理者は、気象状況や道路状況の情報収集に努め、状況を的確に把握し、運転者に対し、運行中断等の指示を行う必要がある。現地の状況がわからないという理由で**運転者に判断を任せてはならない**。運輸規則第48条第1項第2号を参照。

2．**適切である**。規程に基づいたことを行っており、また、乗客の意向を踏まえ出発地まで送還するための代替バスを運行させているので適切な措置である。運輸規則第18条第1項第2号を参照。

3．**適切である**。道交法第75条の11第1項を参照。

4．不適切。踏切の前方の道路が混雑している場合は、踏切内で停止するおそれがあると判断し、踏切内に**入ってはならない**。道交法第50条第2項を参照。

▶答え　**2と3**

**問1** ★★☆ ✓✓✓✓✓

　運行管理者が運転者に対し実施する危険予知訓練に関し、下図の交通場面の状況において考えられる〈運転者が予知すべき危険要因〉とそれに対応する〈運行管理者による指導事項〉として、最もふさわしい〈選択肢の組み合わせ〉1〜10の中から3つ選びなさい。

【交通場面の状況】
・住宅街の道路を走行している。
・前方に二輪車が走行している。
・右側の脇道から車や自転車が出ようとしている。
・前方の駐車車両の向こうに人影が見える。

1．〈運転者が予知すべき危険要因〉
①二輪車を避けようとしてセンターラインをはみ出すと、対向車と衝突する危険がある。
②駐車車両に進路を塞がれた二輪車が右に進路を変更してくることが予測されるので、このまま進行すると二輪車と衝突する危険がある。
③前方右側の脇道から左折しようとしている車の影に見える自転車が道路を横断してくると衝突する危険がある。
④後方の状況を確認せずに右側に進路変更をすると、後続の二輪車と接触する危険がある。
⑤駐車車両の先に歩行者が見えるが、この歩行者が道路を横断してくるとはねる危険がある。

2．〈運行管理者による指導事項〉
　ア　住宅街を走行する際に駐車車両があるときは、その付近の歩行者の動きにも注意し
　　スピードを落として走行する。
　イ　単路でも、いつ前車が進路変更などのために減速や停止をするかわからないので、
　　常に車間距離を保持しておく。
　ウ　進路変更するときは、必ず後続車の有無を確認するとともに、後続車があるとき
　　は、決して強引な進路変更はしない。
　エ　右側の脇道から自転車が出ようとしているので、周辺の交通状況を確認のうえ、脇
　　道の自転車の動きに注意し走行する。仮に出てきた場合は先に行かせる。
　オ　二輪車は、後方の確認をしないまま進路を変更することがよくあるので、二輪車を
　　追い越そうとはせず先に行かせる。

3．〈選択肢の組み合わせ〉

| | |
|---|---|
| 1：①－イ | 2：①－ウ |
| 3：②－エ | 4：②－オ |
| 5：③－ア | 6：③－エ |
| 7：④－イ | 8：④－オ |
| 9：⑤－ア | 10：⑤－ウ |

**ポイント解説**

1．〈運転者が予知すべき危険要因〉に対応する2．〈運行管理者による指導事項〉のうち最
　もふさわしい組み合わせを、3．〈選択肢の組み合わせ〉から3つ選ぶ。

危険要因①：図より、対向車は確認されないため省略。

危険要因②：二輪車に対する危険予知である。二輪車は、後方の確認をしないまま進路を変更
　　　　　することがよくあり、二輪車を追い越そうとはせず先に行かせるという指導事項オ
　　　　　は、適切な指導である。

危険要因③：自転車に対する危険予知である。右側の脇道から自転車が出ようとしているので、
　　　　　周辺の交通状況を確認のうえ、脇道の自転車の動きに注意して走行し、仮に出てき
　　　　　た場合は先に行かせるという指導事項エは、適切な指導である。

危険要因④：図より、後方には後続車等は確認されないため省略。

危険要因⑤：歩行者に対する危険予知である。住宅街を走行する際に駐車車両があるときは、
　　　　　その付近の歩行者の動きにも注意しスピードを落として走行するという指導事項ア
　　　　　は、適切な指導である。

したがって、最も適切な組み合わせは4：②－オ、6：③－エ、9：⑤－アである。

▶答え　4と6と9

第5章　実務上の知識及び能力

## 問2 ★☆☆ ✓✓✓✓✓

　運行管理者が運転者に対して実施する危険予知訓練に関する次の記述において、問題に示す【交通場面の状況等】を前提に危険要因などを記載した表中のA、Bに最もふさわしいものを【運転者が予知すべき危険要因の例】の①〜⑤の中から、また、C、Dに最もふさわしいものを【運行管理者による指導事項】の⑥〜⑩の中からそれぞれ1つ選びなさい。

【交通場面の状況等】

| | |
|---|---|
| ・信号機のある交差点を右折しようとしている。<br>・右折先の道路に駐車車両があり、その陰に歩行者が見える。<br>・対向直進車が接近している。 | ・制限速度：時速60キロ<br>・路　　面：乾燥<br>・天　　候：晴<br>・車　　両：乗合バス<br>・乗　　客：15名<br>・運 転 者：年齢58歳<br>・運転経験：30年 |

青信号　　　赤信号

時速10キロ

・・・・　次のページにつづく　・・・・

| 運転者が予知すべき危険要因の例 | 運行管理者による指導事項 |
|---|---|
| 対向車が交差点に接近しており、このまま右折をしていくと対向車と衝突する危険がある。 ➡ | C |
| A ➡ | 右折の際は、横断歩道の状況を確認し、特に横断歩道の右側から渡ってくる自転車等を見落としやすいので意識して確認をすること。 |
| 右折していく道路の先に駐車車両の陰に歩行者が見えるが、この歩行者が横断してくるとはねる危険がある。 ➡ | D |
| B ➡ | 対向車が通過後、対向車の後方から走行してくる二輪車等と衝突する危険があるため、周囲の交通状況をよく見て安全を確認してから右折すること。 |

【運転者が予知すべき危険要因の例】

① 右折時の内輪差による二輪車・原動機付自転車などの巻き込みの危険がある。

② 横断歩道の右側から自転車又は歩行者が横断歩道を渡ってくることが考えられ、このまま右折をしていくと衝突する危険がある。

③ 車幅が広いため、右折する交差点で対向車線へはみ出して衝突する危険がある。

④ 右折時に対向車の死角に隠れた二輪車・原動機付自転車を見落とし、対向車が通過直後に右折すると衝突する危険がある。

⑤ 急停止すると乗客が転倒するなど車内事故の危険がある。

【運行管理者による指導事項】

⑥ 対向車の速度が遅い時などは、交差点をすばやく右折し、自転車横断帯の自転車との衝突の危険を避けること。

⑦ スピードを十分落として交差点に進入すること。

⑧ 対向車があるときは無理をせず、対向車の通過を待ち、左右の安全を確認してから右折をすること。

⑨ 交差点に接近したときは、特に前車との車間距離を十分にとり、信号や前車の動向に注意しながら走行すること。

⑩ 交差点内だけでなく、交差点の右折した先の状況にも十分注意を払い走行すること。

A ：「運行管理者による指導事項」のポイントは、①右折、②横断歩道の状況確認、③自転車
　　等を見落としやすい、であるため、「運転者が予知すべき危険要因の例」のうち、「**右折、横
　　断歩道、自転車**」を含んでいるものを選択する。したがって②が**該当**する。

B ：「運行管理者による指導事項」のポイントは、①対向車が通過後、②二輪車等との衝突す
　　る危険、③安全を確認してから右折、であるため、「運転者が予知すべき危険要因の例」の
　　うち、「**対向車、二輪車、右折**」を含んでいるものを選択する。したがって、④が**該当**する。

C ：「運転者が予知すべき危険要因の例」のポイントは、①対向車が交差点に接近、②右折し
　　ていくと対向車と衝突する危険、であるため、「運行管理者による指導事項」のうち、「**対向
　　車と衝突する危険を回避**」できる内容のものを選択する。したがって、⑧が**該当**する。

D ：「運転者が予知すべき危険要因の例」のポイントは、①右折していく道路の先、②駐車車
　　両の陰に歩行者、③はねる危険、であるため、「運行管理者による指導事項」のうち、「**右折
　　先の歩行者をはねる危険を回避**」できる内容のものを選択する。したがって、⑩が**該当**する。

▶答え　A－②，B－④，C－⑧，D－⑩

# 問3 ★☆☆ ✓✓✓✓✓

運行管理者が、次の乗合バスの車内事故報告に基づき、この事故の要因分析を行い、同種の事故の再発を防止する対策として、最も直接的に有効と考えられる組合せを、<u>次の枠内の選択肢（1〜8）から1つ選びなさい</u>。なお、解答にあたっては、〈事故の概要〉及び〈事故関連情報〉に記載されている事項以外は考慮しないものとする。

〈事故の概要〉

当該運転者は、午前5時に出勤し日常点検を終え、点呼を受けてから定刻どおりに出庫した。その後、路線運行の途中において、前夜の睡眠不足による疲労と注意力の低下を感じながら、見通しの悪いバス停にさしかかったので、時速30キロメートル程度でバス停に接近した。降車する乗客もなく、バス停にも乗車する客が見あたらなかったので、そのまま通過しようとしたところ、電柱と街路樹の陰で合図をする客の姿が見えたので、あわてて強めのブレーキをかけて停車した。そのとき、最後部の座席の中央に着座していた高齢の乗客が、急ブレーキの反動で座席から通路に転がり落ちて負傷した。

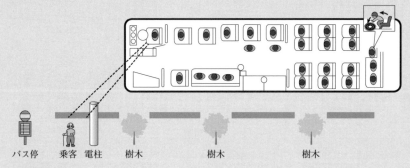

バス停　乗客　電柱　樹木　　　樹木　　　樹木

〈事故関連情報〉

○ 当該運転者は、28歳で運転経験3年、過去3年間無事故無違反の運転者である。

○ 当該運転者は、頻繁に夜遅くまで友人たちと遊興することがあり、事故前夜も夜更しをしたため、事故当日は、睡眠不足の状態であった。

○ 乗務前点呼時、運行管理者は運転者が睡眠不足気味に見えたものの、本人から特に申し出がなかったので、疲労の状態には問題がないと判断した。

○ 当該運転者は、事故発生後直ちに当該バスを路側に寄せ、負傷した乗客を介護した後、救急車を手配した。

○ 当該運転者の事故日前1ヵ月間の勤務において、拘束時間や休息期間等について、「自動車運転者の労働時間等の改善のための基準」の違反はみられなかった。

○ 当該バス会社では、乗合バスにドライブレコーダーは未装着であり、営業状況を勘案した上で導入を検討しているところであった。

第5章　実務上の知識及び能力

224

○ 同社では毎月運転者の集合教育を実施しているが、管理者の講話が中心で、運行時のヒヤリ・ハット体験などが教育に活用されていないため、運転者の間でそれらの情報が共有化されていなかった。

○ 当該運転者は、適性診断結果において「判断動作のタイミング」の項目で、動作が不安定になりやすいという結果となっていた。

○ 同社の定期健康診断は、年に２回実施しており、当該運転者は受診結果に問題はなかった。

〈事故の再発防止対策〉

ア 運行管理者は、運転者の生活状況を把握して、点呼時に疲労状況、睡眠不足や健康状態をしっかりとチェックするとともに、必要な助言・指導を行う。

イ 「自動車運転者の労働時間等の改善のための基準」告示に定められた休息期間について確認し、乗務割の見直しを行う。

ウ 事故が発生した場合には、直ちに車両を停止して負傷者を救護し、道路における危険を防止する等必要な措置を講じるよう再徹底する。

エ 実際に事故が発生した地点の情報や、ヒヤリ・ハット情報に基づく危険予知トレーニングを速やかに全社的に実施し、運転者がこれらの地点において安全運転の基本動作を確実に実施するよう指導する。

オ 運行の安全を確保するため、身体機能が変化しつつある高齢運転者を対象に、適性診断結果に基づき、日頃の運転で特に留意すべき事項を指導する。

カ 急停止や急発進等の走行に関するさまざまなデータの把握が行えるドライブレコーダーを速やかに導入し、運転者ごとの運転特性を的確に把握して、これを基に各運転者を指導する。

キ 通常の定期健康診断を確実に実施することに加えて、疲労が蓄積しないような責任ある自己管理を指導する。

ク バスの全運行経路において、見通しの悪いバス停をリストアップして、安全確保のための改善対策を速やかに講じ、運転者に周知する。

| | |
|---|---|
| 1．ア・イ・エ・キ | 2．ア・イ・カ・キ |
| 3．ア・ウ・オ・ク | 4．ア・エ・カ・ク |
| 5．イ・ウ・カ・キ | 6．イ・エ・オ・カ |
| 7．ウ・エ・オ・ク | 8．ウ・オ・キ・ク |

**ポイント解説**

「事故の概要」と「事故関連情報」から、「事故の再発防止策」が直接的に有効であるかどう
かを判断する。

ア．○：乗務前点呼時に運行管理者は運転者が睡眠不足気味に見えたが、本人の申し出がない
ことで、疲労状態に問題がないと判断したため起きた事故である。運転者の生活状況を把握
して、点呼時に疲労状況・睡眠不足・健康状態を確認し、必要な助言・指導を行うことは、
同種事故の再発を防止するための対策として**直接的に有効である**。

イ．×：休息期間等の違反はみられなかったため、同種事故の再発を防止するための対策には
当てはまらない。

ウ．×：バスを路側に寄せ、負傷した乗客を救護する等、事故後に適切な措置を行っているた
め、同種事故の再発を防止するための対策には当てはまらない。

エ．○：毎月の運転者の集合教育において、運行時のヒヤリ・ハット体験などが教育に活用さ
れておらず、また、情報も共有化されていなかった。そのため、実際に事故が発生した地点
の情報や、ヒヤリ・ハット情報に基づく危険予知トレーニングを速やかに全社的に実施し、
運転者がこれらの地点において安全運転の基本動作を確実に実施するよう指導することは、
同種事故の再発を防止するための対策として**直接的に有効である**。

オ．×：当該運転者は28歳であるため、同種事故の再発を防止するための対策には当てはま
らない。

カ．○：ドライブレコーダーが未装着であったので、ドライブレコーダーを速やかに導入し、
運転者ごとの運転特性を的確に把握して、これを基に各運転者を指導することは、同種事故
の再発を防止するための対策として**直接的に有効である**。

キ．×：当該運転者は、年2回の定期健康診断を受診し、受診結果に問題はなかったため、同
種事故の再発を防止するための対策には当てはまらない。

ク．○：見通しの悪いバス停で、陰から客が見えたため、慌ててブレーキをかけたことにより
乗客が負傷した事故である。そのため、バスの全運行経路において、見通しの悪いバス停を
リストアップして、安全確保のための改善対策を速やかに講じ、運転者に周知することは、
同種事故の再発を防止するための対策として**直接的に有効である**。

　以上の結果、同種事故の再発を防止するための対策として、最も直接的に有効と考えられ
る組み合わせは、**ア・エ・カ・ク**となり、**選択肢4**が正解となる。

▶答え　**4**

## 問1　★★☆ ✓✓✓✓✓

　交通事故防止対策に関する次の記述のうち、適切なものをすべて選びなさい。なお、解答にあたっては、各選択肢に記載されている事項以外は考慮しないものとする。

1．交通事故は、そのほとんどが運転者等のヒューマンエラーにより発生するものである。したがって、事故惹起運転者の社内処分及び再教育に特化した対策を講ずることが、交通事故の再発を未然に防止するには最も有効である。そのためには、発生した事故の調査や事故原因の分析よりも、事故惹起運転者及び運行管理者に対する特別講習を確実に受講させる等、ヒューマンエラーの再発防止を中心とした対策に努めるべきである。

2．衝突被害軽減ブレーキは、いかなる走行条件においても前方の車両等に衝突する危険性が生じた場合に確実にレーダー等で検知したうえで自動的にブレーキが作動し、衝突を確実に回避できるものである。当該ブレーキが備えられている自動車に乗務する運転者に対しては、当該ブレーキ装置の故障を検知し表示による警告があった場合の対応を指導する必要がある。

3．輸送の安全に関する教育及び研修については、知識を普及させることに重点を置く手法に加えて、問題を解決することに重点を置く手法を取り入れるとともに、グループ討議や「参加体験型」研修等、運転者が参加する手法を取り入れることも交通事故防止対策の有効な手段となっている。

4．指差呼称は、運転者の錯覚、誤判断、誤操作等を防止するための手段であり、道路の信号や標識などを指で差し、その対象が持つ名称や状態を声に出して確認することをいい、安全確認に重要な運転者の意識レベルを高めるなど交通事故防止対策に有効な手段の一つとして活用されている。

―――――　・・・　答えは次のページ　・・・　―――――

**ポイント解説**

1．不適切。交通事故の再発を未然に防止するためには、運転者の人的要因とともに、**事故が発生した要因について様々な角度から情報を収集し、調査や事故原因の分析を行うことが必要である**。なお、特別講習は、死亡又は重傷者を生じた事故を惹起した営業所の運行管理者、又は行政処分を受けた営業所の運行管理者が受講の対象である。

2．不適切。衝突被害軽減ブレーキは、レーダー等で検知した前方の車両等に**衝突する危険性が生じた場合**、運転者に**ブレーキ操作を行うよう促し**、さらに衝突する可能性が高くなると自動的にブレーキが作動して**衝突による被害を軽減させるためのもの**である。したがって、運転者には、**確実に危険を回避できるものではなく、**ブレーキの機能等を正しく理解させる必要がある。

3．**適切である。**

4．**適切である**。指差呼称は、意識レベルを高める効果があり有効な交通事故防止対策の一つである。

▶答え　**3と4**

交通事故防止対策に関する次の記述のうち、<u>適切なものをすべて</u>選びなさい。なお、解答にあたっては、各選択肢に記載されている事項以外は考慮しないものとする。

1．衝突被害軽減ブレーキは、いかなる走行条件においても前方の車両等に衝突する危険性が生じた場合に確実にレーダー等で検知したうえで自動的にブレーキが作動し、衝突を確実に回避できるものである。当該ブレーキが備えられている自動車に乗務する運転者に対しては、当該ブレーキ装置の故障を検知し表示による警告があった場合の対応を指導する必要がある。

2．アンチロック・ブレーキシステム（ABS）は、急ブレーキをかけた時などにタイヤがロック（回転が止まること）するのを防ぐことにより、車両の進行方向の安定性を保ち、また、ハンドル操作で障害物を回避できる可能性を高める装置である。ABSを効果的に作動させるためには、ポンピングブレーキを行うことが重要であり、この点を運転者に指導する必要がある。

3．自動車のハンドルを切り旋回した場合、左右及び前後輪はそれぞれ別の軌跡を通る。ハンドルを左に切った場合、左側の後輪が左側の前輪の軌跡に対し内側を通ることとなり、この前後輪の軌跡の差を内輪差という。ホイールベースの長い大型車ほどこの内輪差が大きくなる。したがって、このような大型車を運転する運転者に対し、交差点での左折時には、内輪差による歩行者や自転車等との接触、巻き込み事故に注意するよう指導する必要がある。

4．適性診断は、運転者の運転能力、運転態度及び性格等を客観的に把握し、運転の適性を判定することにより、運転に適さない者を運転者として選任しないようにするためのものであり、ヒューマンエラーによる交通事故の発生を未然に防止するための有効な手段となっている。

——————— - - - - 答えは次のページ - - - ———————

## ポイント解説

1. 不適切。衝突被害軽減ブレーキは、レーダー等で検知した前方の車両等に**衝突する危険性が生じた場合**に運転者に**ブレーキ操作を行うよう促し**、さらに衝突する可能性が高くなると自動的にブレーキが作動して**衝突による被害を軽減させるためのもの**である。したがって、運転者には、**確実に危険を回避できるものではなく**、ブレーキの機能等を正しく理解させる必要がある。

2. 不適切。アンチロック・ブレーキ（ABS）を効果的に作動させるためには、ポンピングブレーキではなく、**強く踏み続ける**ことが重要である。

3. **適切である。**

4. 不適切。適性診断は、運転者の運転行動や運転態度の長所や短所を診断し、運転のクセ等に応じたアドバイスを提供するためのもので、**運転者を選任する際の判断材料ではない**。

▶答え　3

## 問3 ★★☆ ☑☑☑☑☑

交通事故防止対策に関する次の記述のうち、適切なものをすべて選びなさい。なお、解答にあたっては、各選択肢に記載されている事項以外は考慮しないものとする。

1. いわゆるヒヤリ・ハットとは、運転者が運転中に他の自動車等と衝突又は接触するおそれなどがあったと認識した状態をいい、1件の重大な事故（死亡・重傷事故等）が発生する背景には多くのヒヤリ・ハットがあるとされており、このヒヤリ・ハットを調査し減少させていくことは、交通事故防止対策に有効な手段となっている。

2. 指差呼称は、運転者の錯覚、誤判断、誤操作等を防止するための手段であり、道路の信号や標識などを指で差し、その対象が持つ名称や状態を声に出して確認することをいい、安全確認に重要な運転者の意識レベルを高めるなど交通事故防止対策に有効な手段の一つとして活用されている。

3. 交通事故の防止対策を効率的かつ効果的に講じていくためには、事故情報を多角的に分析し、事故実態を把握したうえで、①計画の策定、②対策の実施、③効果の評価、④対策の見直し及び改善、という一連の交通安全対策のPDCAサイクルを繰り返すことが必要である。

4. 適性診断は、運転者の運転能力、運転態度及び性格等を客観的に把握し、運転の適性を判定することにより、運転に適さない者を運転者として選任しないようにするためのものであり、ヒューマンエラーによる交通事故の発生を未然に防止するための有効な手段となっている。

### ポイント解説

1. **適切である。**
2. **適切である。**
3. **適切である。**
4. 不適切。適性診断は、運転者の運転行動や運転態度の長所や短所を診断し、運転のクセ等に応じたアドバイスを提供するためのもので、**運転者を選任する際の判断材料ではない。**

▶答え　**1と2と3**

第5章　実務上の知識及び能力

　近年普及の進んできた安全運転支援装置等に関する次の文中、A、B、C、Dに入るべき字句を下の枠内の選択肢（1～6）から選びなさい。

　（A）は、走行車線を認識し、車線から逸脱した場合あるいは逸脱しそうになった場合には、運転者が車線中央に戻す操作をするよう警報が作動する装置

　（B）は、レーダー等により先行車との距離を常に検出し、追突の危険性が高まったら、まずは警報し、運転者にブレーキ操作を促し、それでもブレーキ操作をせず、追突、若しくは追突の可能性が高いと車両が判断した場合において、システムにより自動的にブレーキをかけ、衝突時の速度を低く抑える装置

　（C）は、急なハンドル操作や積雪がある路面の走行などを原因とした横転の危険を、運転者へ警告するとともに、エンジン出力やブレーキ力を制御し、横転の危険を軽減させる装置

　（D）は、交通事故やニアミスなどにより急停止等の衝撃を受けると、その前後の映像とともに、加速度等の走行データを記録する装置（常時記録の機器もある。）

> 1．衝突被害軽減ブレーキ　　2．映像記録型ドライブレコーダー
> 3．ふらつき注意喚起装置　　4．車線逸脱警報装置
> 5．デジタル式運行記録計　　6．車両安定性制御装置

**ポイント解説**

　（**車線逸脱警報装置**）は、走行車線を認識し、車線から逸脱した場合あるいは逸脱しそうになった場合には、運転者が車線中央に戻す操作をするよう警報が作動する装置

　（**衝突被害軽減ブレーキ**）は、レーダー等により先行車との距離を常に検出し、追突の危険性が高まったら、まずは警報し、運転者にブレーキ操作を促し、それでもブレーキ操作をせず、追突、若しくは追突の可能性が高いと車両が判断した場合において、システムにより自動的にブレーキをかけ、衝突時の速度を低く抑える装置

　（**車両安定性制御装置**）は、急なハンドル操作や積雪がある路面の走行などを原因とした横転の危険を、運転者へ警告するとともに、エンジン出力やブレーキ力を制御し、横転の危険を軽減させる装置

　（**映像記録型ドライブレコーダー**）は、交通事故やニアミスなどにより急停止等の衝撃を受けると、その前後の映像とともに、加速度等の走行データを記録する装置（常時記録の機器もある。）

▶答え　A－4，B－1，C－6，D－2

**覚えておこう**✐ 【安全運転支援装置（一部抜粋）】

| | | |
|---|---|---|
| 車線逸脱<br>警報装置 | 　走行車線を認識し、車線から逸脱した場合又は逸脱しそうな場合に、運転者が車線中央に戻す操作を行うよう警報が作動する装置。 | |
| 衝突被害<br>軽減ブレーキ | 　レーダー等で前方の車両等を検知し、衝突の危険性が生じると音声等で運転者にブレーキ操作を促す。衝突が回避できなくなると自動的にブレーキが作動し、衝突による被害を軽減させる装置。<br>　ただし、いかなる走行条件においても衝突を確実に回避できる装置ではない。 | |
| ふらつき<br>注意喚起装置 | 　運転者の低覚醒状態や低覚醒状態に起因する挙動を検知し、運転者に注意を喚起する装置。<br>　ただし、居眠り・脇見運転を防止する装置ではなく、また、検出できない環境や運転操作もある。 | |
| 車両安定性<br>制御装置 | 　急ハンドル等による横転の危険を警報音等により運転者に知らせ、エンジン出力やブレーキ力を制御し、横転の危険を軽減させる装置。 | |

**問1** ★☆☆ ☑☑☑☑☑

　自動車の運転に関する次の記述のうち、適切なものをすべて選びなさい。なお、解答にあたっては、各選択肢に記載されている事項以外は考慮しないものとする。

1．運転中の車外への脇見だけでなく、車内にあるカーナビ等の画像表示用装置を注視したり、スマートフォン等を使用することによって追突事故等の危険性が増加することについて、日頃から運転者に対して指導する必要がある。

2．自動車がカーブを走行するとき、自動車の重量及びカーブの半径が同一の場合には、速度が2倍になると遠心力の大きさも2倍になることから、カーブを走行する場合の横転などの危険性について運転者に対し指導する必要がある。

3．自動車の夜間の走行時においては、自車のライトと対向車のライトで、お互いの光が反射し合い、その間にいる歩行者や自転車が見えなくなることがあり、これを蒸発現象という。蒸発現象は暗い道路で特に起こりやすいので、夜間の走行の際には十分注意するよう運転者に対し指導する必要がある。

4．四輪車を運転する場合、二輪車との衝突事故を防止するための注意点として、①二輪車は死角に入りやすいため、その存在に気づきにくく、また、②二輪車は速度が実際より遅く感じたり、距離が実際より遠くに見えたりする特性がある。したがって、運転者に対してこのような点に注意するよう指導する必要がある。

### ポイント解説

1．**適切である**。
2．不適切。自動車の重量及びカーブの半径が同一の場合には、速度が2倍になると遠心力は**4倍**となる。
3．**適切である**。
4．**適切である**。

▶答え　1と3と4

自動車の運転に関する次の記述のうち、適切なものをすべて選びなさい。なお、解答にあたっては、各選択肢に記載されている事項以外は考慮しないものとする。

1．四輪車を運転する場合、二輪車との衝突事故を防止するための注意点として、①二輪車は死角に入りやすいため、その存在に気づきにくく、また、②二輪車は速度が実際より速く感じたり、距離が近くに見えたりする特性がある。したがって、運転者に対してこのような点に注意するよう指導する必要がある。

2．アンチロック・ブレーキシステム（ABS）は、急ブレーキをかけた時などにタイヤがロック（回転が止まること）するのを防ぐことにより、車両の進行方向の安定性を保ち、また、ハンドル操作で障害物を回避できる可能性を高める装置である。ABSを効果的に作動させるためには、できるだけ強くブレーキペダルを踏み続けることが重要であり、この点を運転者に指導する必要がある。

3．バス車両は、車両の直前に死角があり、子ども、高齢者、降車した乗客などが通行しているのを見落とすことがある。このため、発車時には目視及びアンダーミラーによる車両直前の確認等の基本動作を確実に行うため、運転者に対し、指差し呼称及び安全呼称を励行することを指導する必要がある。

4．車両の重量が重い自動車は、スピードを出すことにより、カーブでの遠心力が大きくなるため横転などの危険性が高くなり、また、制動距離が長くなるため追突の危険性も高くなる。このため、法定速度を遵守し、十分な車間距離を保つことを運転者に指導する必要がある。

### ポイント解説

1．不適切。四輪車を運転する場合、二輪車は速度が実際より**遅く**感じたり、距離が**遠く**に見えたりするため注意をするよう指導する必要がある。

2．**適切である**。

3．**適切である**。バス車両は死角が大きいことから、車両の直前の確認等は確実に行う指導は適切である。

4．**適切である**。スピードの特性をふまえ、バスは乗客の安全を確保するために、法定速度を遵守させ、十分な車間距離を保つように指導しているので適切である。

▶答え　**2と3と4**

第5章　実務上の知識及び能力

## 5-9 走行時に働く力と諸現象

**問1** ★☆☆ ☑☑☑☑☑

自動車の走行時に生じる諸現象とその主な対策に関する次の文中、A、B、C、Dに入るべき字句としていずれか正しいものを1つ選びなさい。

ア．（A）とは、自動車の夜間の走行時において、自車のライトと対向車のライトで、お互いの光が反射し合い、その間にいる歩行者や自転車が見えなくなることをいう。この状況は暗い道路で特に起こりやすいので、夜間の走行の際には十分注意するよう運転者に対し指導する必要がある。

  A   ① クリープ現象     ② 蒸発現象

イ．重量と速度が同じ場合、カーブの半径が（B）になると遠心力は2倍になる。

  B   ① 1/2       ② 1/4

ウ．乗車中の人間が両手両足で支えることのできる重量は、体重の約2～3倍程度といわれている。これは自動車が時速（C）km程度で衝突したときの力に相当する。

  C   ① 7       ② 15

エ．（D）とは、路面が水でおおわれているときに高速で走行するとタイヤの排水作用が悪くなり、水上を滑走する状態になって操縦不能になることをいう。これを防ぐため、日頃よりスピードを抑えた走行に努めるべきことや、タイヤの空気圧及び溝の深さが適当であることを日常点検で確認することの重要性を、運転者に対し指導する必要がある。

  D   ① ハイドロプレーニング現象     ② ウェットスキッド現象

### ポイント解説

ア．（**蒸発現象**）とは、自動車の夜間の走行時において、自車のライトと対向車のライトで、お互いの光が反射し合い、その間にいる歩行者や自転車が見えなくなることをいう。この状況は暗い道路で特に起こりやすいので、夜間の走行の際には十分注意するよう運転者に対し指導する必要がある。

イ．重量と速度が同じ場合、カーブの半径が（**1/2**）になると遠心力は2倍になる。

ウ．乗車中の人間が両手両足で支えることのできる重量は、体重の約2～3倍程度といわれている。これは自動車が時速（**7**）km程度で衝突したときの力に相当する。

エ．（**ハイドロプレーニング現象**）とは、路面が水でおおわれているときに高速で走行するとタイヤの排水作用が悪くなり、水上を滑走する状態になって操縦不能になることをいう。これを防ぐため、日頃よりスピードを抑えた走行に努めるべきことや、タイヤの空気圧及び溝の深さが適当であることを日常点検で確認することの重要性を、運転者に対し指導する必要がある。

▶答え   **A－②，B－①，C－①，D－①**

　自動車の運転の際に車に働く自然の力等に関する次の文中、A、B、Cに入るべき字句としていずれか正しいものを1つ選びなさい。

1．同一速度で走行する場合、カーブの半径が（A）ほど遠心力は大きくなる。

2．まがり角やカーブでハンドルを切った場合、自動車の速度が2倍になると遠心力は（B）になる。

3．自動車が衝突するときの衝撃力は、車両総重量が2倍になると（C）になる。

A　①小さい　　②大きい

B　①2倍　　　②4倍

C　①2倍　　　②4倍

**ポイント解説**

1．同一速度で走行する場合、カーブの半径が（**小さい**）ほど遠心力は大きくなる。

2．まがり角やカーブでハンドルを切った場合、自動車の速度が2倍になると遠心力は（**4倍**）になる。

3．自動車が衝突するときの衝撃力は、車両総重量が2倍になると（**2倍**）になる。

▶答え　　**A−①，B−②，C−①**

# 5−10 自動車に関する計算問題

## 問1 ★☆☆ ☑☑☑☑☑

　自動車の追い越しに関する次の文中、A及びBに入るべき字句を下の枠内の選択肢（1
〜6）から選びなさい。

1．高速自動車国道を車両の長さ10メートルのバスが時速80キロメートルで走行中、下
　図のとおり、時速70キロメートルで前方を走行中の車両の長さが10メートルのトラッ
　クを追い越すために要する走行距離は（A）必要となる。なお、この場合の「追越」と
　は、バスが前走するトラックの後方90メートル（ア）の位置から始まり、トラックを
　追い越してトラックとの車間距離が90メートル（イ）の位置に達するまでのすべての
　行程をいう。

2．「1」の場合において追い越しに要する時間は、（B）である。なお、解答として求め
　た数値に1未満の端数がある場合には、小数点第一位以下を四捨五入すること。

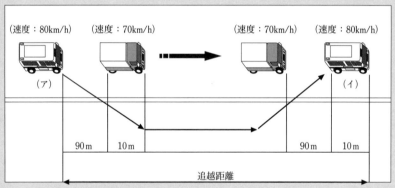

(注1)　追越車両の左右の移動量は、考慮しないものとする。
(注2)　各々の車両は、一定速度で走行しているものとする。

| 1．1,440メートル | 2．1,520メートル | 3．1,600メートル |
|---|---|---|
| 4．72秒 | 5．68秒 | 6．65秒 |

**ポ イ ン ト 解 説**

考えやすくするため、時速80kmと時速70kmを秒速に変換する。 1kmは1000m、1時間は3600秒（S）である。

◎バス

$$80\text{km/h} = \frac{80 \times 1000\text{m}}{3600\text{s}} = \frac{800}{36} \text{ m/s}$$

◎トラック

$$70\text{km/h} = \frac{70 \times 1000\text{m}}{3600\text{s}} = \frac{700}{36} \text{ m/s}$$

1秒間あたりバスはトラックに、（800／36）m －（700／36）m ＝（100／36）mずつ近づき、追い越していることになる。

ここでは、先に「2」の追い越しに要する時間（B）を求めてから、「1」の追い越すために要する走行距離（A）を求める。

トラックが追い越しを開始してバスの前方90mに達するまでが追い越しとなる。よって、両車の走行距離差は、トラックの全長が10m、バスの全長が10m、追越し前の車間距離が90m、追い越しの車間距離が90mであるため、10m ＋90m ＋10m ＋90m ＝200m となる。

2．追い越しに要する時間をT 秒とすると、次の等式が成り立つ。

$$T = \frac{\text{両車の走行距離差}}{\text{両車の速度差}} = \frac{200}{\dfrac{100}{36}} \text{秒} = \frac{200 \times 36}{100} \text{秒} = 72\text{秒}$$

したがって、追越しに要する時間（B）は**72秒**である。

1．トラックが追い越しを完了するまでの走行距離は次のとおりとなる。

$$\text{走行距離} = \frac{800}{36} \text{ m/s} \times 72\text{秒} = 1600\text{m}$$

したがって、追い越しに要する走行距離（A）は**1600m**必要となる。

▶答え　A－3，B－4

高速自動車国道において、Ａ自動車（貸切バス）が前方のＢ自動車とともにほぼ同じ速度で50メートルの車間距離を保ちながらＢ自動車に追従して走行していたところ、突然、前方のＢ自動車が急ブレーキをかけたのを認め、Ａ自動車も直ちに急ブレーキをかけ、Ａ自動車、Ｂ自動車とも停止した。Ａ自動車、Ｂ自動車とも安全を確認した後、走行を開始した。この運行に関する次のア～ウについて解答しなさい。

なお、下図は、Ａ自動車に備えられたデジタル式運行記録計で上記運行に関して記録された6分間記録図表の一部を示す。

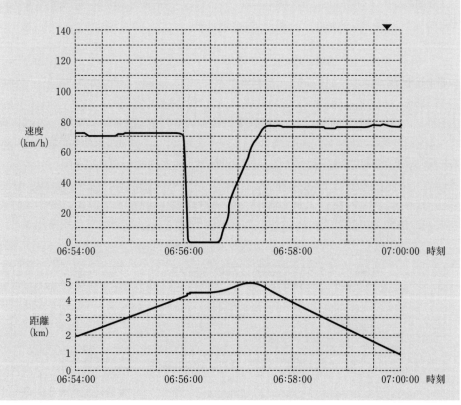

ア．左の記録図表からＡ自動車の急ブレーキを操作する直前の速度を読み取ったうえで、当該速度における空走距離（危険認知から、その状況を判断してブレーキを操作するという動作に至る間（空走時間）に自動車が走行した距離）を求めるとおよそ何メートルか。次の①～②の中から正しいものを１つ選びなさい。なお、この場合の空走時間は１秒間とする。

　　①15メートル

　　②20メートル

イ．Ａ自動車の急ブレーキを操作する直前の速度における制動距離（ブレーキが実際に効き始めてから止まるまでに走行した距離）を40メートルとした場合、Ａ自動車が危険を認知してから停止するまでに走行した距離は、およそ何メートルか。次の①～②の中から正しいものを１つ選びなさい。なお、この場合の空走時間は１秒間とする。

　　①55メートル

　　②60メートル

ウ．Ｂ自動車が急ブレーキをかけＡ自動車、Ｂ自動車とも停止した際の、Ａ自動車とＢ自動車の車間距離は、およそ何メートルか。次の①～②の中から正しいものを１つ選びなさい。なお、この場合において、Ａ自動車の制動距離及び空走時間は上記イに示すとおりであり、また、Ｂ自動車の制動距離は、35メートルとする。

　　①25メートル

　　②30メートル

──────── ・ ・ ・ 答えは次のページ ・ ・ ・ ────────

## ポイント解説

ア．6分間記録図表から、「6:56:00」直後に速度のグラフが0になっているため、この時に急ブレーキをかけた事がわかる。直前の速度を読み取ると、70km/h付近である。空走時間が1秒であることから、70km/hで走行中の自動車が1秒間に走行する距離を求める。

　　時速を秒速に変換する。1kmは1000m、1時間は3600秒（s）である。

$$70\text{km/h} = \frac{70 \times 1000\text{m}}{3600\text{s}} = \frac{700\text{m}}{36\text{s}} = 19.4 \cdots \text{m/s} \Rightarrow 19.4\text{m}$$

　　したがって、A自動車の空走距離はおよそ**20m**となる。

イ．危険を認知してから停止するまでに走行した距離は、停止距離といい、空走距離と制動距離の和から求める。

　　停止距離＝空走距離＋制動距離

　　アで求めた空走距離は20mであるため、A自動車が危険を認知してから停止するまでに走行した距離は、20m＋40m＝**60m**となる。

ウ．A自動車とB自動車のそれぞれの停止距離を確認する。A自動車の停止距離はイより、60m。B自動車は危険を認識後、ブレーキ・ペダルを踏み込む。この時点からB自動車は制動距離35mを走行して停止する。

　　A自動車とB自動車の車間距離は50mであるため、B自動車はA自動車の50m先から35m移動して停止する。一方、A自動車は60m移動して停止する。したがって、停止時のA自動車とB自動車の車間距離は（50m＋35m）－60m＝**25m**となる。

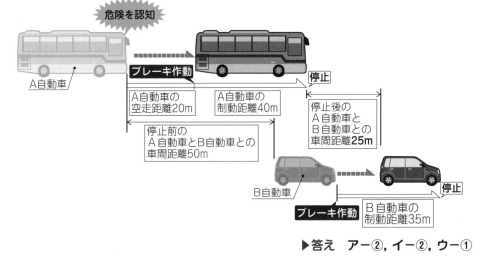

▶答え　アー②，イー②，ウー①

第5章　実務上の知識及び能力

# 模擬試験

## 注　意

※この模擬試験は過去問題の出題傾向をもとに作成したものであり、次回の試験に出題される問題を予想した予想問題ではありません。この点をご理解いただいた上で、実力チェックに活用してください。

1．問題は、全30問です。制限時間は90分です。
2．答えを記入する際は、各問題の設問の指示に従い解答してください。
　なお、解答にあたっては、各設問及び選択肢に記載された事項以外は、考慮しないものとします。また、設問で求める数と異なる数の解答をしたもの、及び複数の解答を求める問題で一部不正解のものは、正解としません。

## 1. 道路運送法

問1　一般旅客自動車運送事業に関する次の記述のうち、正しいものを2つ選びなさい。なお、解答にあたっては、各選択肢に記載されている事項以外は考慮しないものとする。

1．一般旅客自動車運送事業者は、事業計画の変更（法で定めるものを除く。）をしようとするときは、国土交通大臣の認可を受けなければならない。

2．一般貸切旅客自動車運送事業は、一個の契約により乗車定員11人未満の自動車を貸し切って旅客を運送する一般旅客自動車運送事業をいう。

3．一般乗合旅客自動車運送事業に係る停留所又は乗降地点の名称及び位置並びに停留所間又は乗降地点間のキロ程の変更をするときは、遅滞なく、その旨を国土交通大臣に届け出なければならない。

4．事業者は、「営業所ごとに配置する事業用自動車の数」の事業計画の変更をしたときは、遅滞なく、その旨を国土交通大臣に届け出なければならない。

問2　道路運送法に定める一般旅客自動車運送事業者の輸送の安全についての次の文中、A、B、Cに入るべき字句としていずれか正しいものを1つ選びなさい。

1．一般旅客自動車運送事業者は、事業計画（路線定期運行を行なう一般乗合旅客自動車運送事業者にあっては、事業計画及び運行計画）の遂行に（A）運転者の確保、事業用自動車の運転者がその休憩又は睡眠のために利用することができる施設の整備、事業用自動車の運転者の適切な勤務時間及び（B）の設定その他の運行の管理その他事業用自動車の運転者の過労運転を防止するために必要な措置を講じなければならない。

2．一般旅客自動車運送事業者は、事業用自動車の運転者が疾病により安全な運転ができないおそれがある状態で事業用自動車を運転することを防止するために必要な（C）に基づく措置を講じなければならない。

A　① 必要な資格を有する　　② 必要となる員数の
B　① 乗務時間　　　　　　② 休息期間
C　① 医学的知見　　　　　② 運行管理規程

問3　次の記述のうち、旅客自動車運送事業の運行管理者の行わなければならない業務として、誤っているものを1つ選びなさい。なお、解答にあたっては、各選択肢に記載されている事項以外は考慮しないものとする。

1．一般貸切旅客自動車運送事業の運行管理者にあっては、夜間において長距離の運行を行う事業用自動車に乗務する運転者に対して、当該乗務の途中において少なくとも1回電話その他の方法により点呼を行わなければならない。

2．事業用自動車に係る事故が発生した場合には、事故の発生日時等所定の事項を記録し、その記録を当該事業用自動車の運行を管理する営業所において所定の期間保存すること。

3．乗務員の健康状態の把握に努め、疾病、疲労、睡眠不足その他の理由により安全な運転をすることができないおそれがある乗務員を事業用自動車に乗務させないこと。

4．運行管理者は、法令の規定により、運転者に対して点呼を行い、報告を求め、確認を行い、指示を与え、記録し、及びその記録を保存し、並びに国土交通大臣が告示で定めるアルコール検知器を備え置くこと。

問4　旅客自動車運送事業の事業用自動車の運転者に対する点呼に関する次の記述のうち、正しいものをすべて選びなさい。なお、解答にあたっては、各選択肢に記載されている事項以外は考慮しないものとする。

1．乗務前の点呼は、対面（運行上やむを得ない場合は電話その他の方法）により行い、①道路運送車両法の規定による定期点検の実施、②酒気帯びの有無、③疾病、疲労、睡眠不足その他の理由により安全な運転をすることができないおそれの有無について報告を求め、及び確認を行い、並びに事業用自動車の運行の安全を確保するために必要な指示を与えなければならない。

2．乗務終了後の点呼は、対面（運行上やむを得ない場合は電話その他の方法）により行い、当該乗務に係る事業用自動車、道路及び運行の状況について報告を求め、並びに酒気帯びの有無について確認を行わなければならない。この場合において、乗務を終了した運転者が他の運転者と交替した場合にあっては、当該運転者が交替した運転者に対して行った法令の規定による通告についても報告を求めなければならない。

3．点呼を行った際に法令の規定により記録しなければならない事項は、運転者ごとに点呼を行った旨、報告、確認及び指示の内容のほか、①点呼を行った者及び点呼を受けた運転者の氏名、②点呼の日時である。

4．乗務終了後の点呼における運転者の酒気帯びの有無については、当該運転者からの報告と目視等による確認で酒気を帯びていないと判断できる場合は、アルコール検知器を用いての確認は実施する必要はない。

問5　自動車事故に関する次の記述のうち、旅客自動車運送事業者が自動車事故報告規則に基づき運輸支局長等に速報を要するものを2つ選びなさい。なお、解答にあたっては、各選択肢に記載されている事項以外は考慮しないものとする。

1．高速乗合バスが高速自動車国道を走行中、前方に渋滞により乗用車が停車していることに気づくのが遅れ、当該乗用車に追突する追突事故を引き起こした。この事故で、当該高速乗合バスの運転者と乗客あわせて5人が軽傷を負い、当該高速自動車国道が3時間にわたり自動車の運転が禁止となった。

2．高速乗合バスが高速自動車国道を走行中、突然エンジンルームから出火した。運転者は、当該車両をゆっくり路肩に停車させ、乗客の避難誘導を行なった。その後、当該車両は全焼したものの、乗客30人全員に怪我はなかった。

3．高速乗合バスが高速自動車国道を走行中、前方に乗用車が割り込んできたため慌てて急ブレーキを踏んだものの、間に合わず追突した。この事故で、当該高速乗合バスの乗客5人のうち1人が軽傷を負った。

4．タクシーが交差点で信号待ちをしていたところ、わき見運転の乗用車に追突される事故が起きた。この事故で、当該タクシーの乗客2人のうち1人が重傷を負った。

問6　旅客自動車運送事業者（以下「事業者」という。）の過労運転の防止等についての法令の定めに関する次の記述のうち、正しいものをすべて選びなさい。なお、解答にあたっては、各選択肢に記載されている事項以外は考慮しないものとする。

1．事業者は、乗務員が有効に利用することができるように、営業所、自動車車庫等に、休憩に必要な施設を整備し、及び乗務員に睡眠を与える必要がある場合は睡眠に必要な施設を整備しなければならない。ただし、寝具等必要な設備が整えられていない施設は、有効に利用することができる施設には該当しない。

2．事業者は、過労の防止を十分考慮して、国土交通大臣が告示で定める基準に従って、事業用自動車の運転者の勤務日数及び乗務距離を定め、当該運転者にこれらを遵守させなければならない。

3．一般貸切旅客自動車運送事業者は、事業用自動車の運行中少なくとも1人の運行管理者が、事業用自動車の運転業務に従事せずに、異常気象、乗務員の体調変化等の発生時、速やかに運行の中止等の判断、指示等を行える体制を整備しなければならない。

4．事業者は、事業計画（路線定期運行を行う一般乗合旅客自動車運送事業者にあっては、事業計画及び運行計画）の遂行に十分な数の事業用自動車の運転者を常時選任しておかなければならない。この場合、事業者（個人タクシー事業者を除く。）は、日日雇い入れられる者、3ヵ月以内の期間を定めて使用される者及び試みの使用期間中の者（14日を超えて引き続き使用されるに至った者を除く。）を当該運転者として選任してはならない。

問7　一般旅客自動車運送事業者（以下「事業者」という。）の事業用自動車の運行の安全を確保するために、国土交通省告示等に基づき運転者に対して行わなければならない指導監督及び特定の運転者に対して行わなければならない特別な指導に関する次の記述のうち、誤っているものを1つ選びなさい。なお、解答にあたっては、各選択肢に記載されている事項以外は考慮しないものとする。

1．一般貸切旅客自動車運送事業者が貸切バスの運転者に対して行う初任運転者に対する特別な指導は、事業用自動車の安全な運転に関する基本的事項、運行の安全及び旅客の安全を確保するために留意すべき事項等について、10時間以上実施するとともに、安全運転の実技について、20時間以上実施すること。

2．事業者は、事故惹起運転者に対する特別な指導については、当該交通事故を引き起こした後、再度事業用自動車に乗務する前に実施すること。ただし、やむを得ない事情がある場合には、再度事業用自動車に乗務を開始した後1ヵ月以内に実施すること。なお、外部の専門的機関における指導講習を受講する予定である場合は、この限りでない。

3．事業者（個人タクシー事業者を除く。）は、適齢診断（高齢運転者のための適性診断として国土交通大臣が認定したもの。）を運転者が65才に達した日以後1年以内に1回、その後75才に達するまでは3年以内ごとに1回、75才に達した日以後1年以内に1回、その後1年以内ごとに1回受診させること。

4．一般貸切旅客自動車運送事業者は、運転者に対して緊急時における制動装置の急な操作に係る技能の維持のため、当該運転者が実際に運転する事業用自動車と同一の車種区分（大型車、中型車及び小型車の別をいう。）の自動車を用いて、制動装置の急な操作の方法について指導しなければならない。

問8　次の記述のうち、旅客自動車運送事業者の事業用自動車の運転者が遵守しなければ
　　　ならない事項及び旅客が事業用自動車内でしてはならない行為（事故の場合その他やむ
　　　を得ない場合を除く。）等として、<u>誤っているものを1つ</u>選びなさい。なお、解答にあ
　　　たっては、各選択肢に記載されている事項以外は考慮しないものとする。

1．事業用自動車（乗車定員11人以上のものに限る。）の運転者は、旅客の現在する自動車
　　の走行中職務を遂行するために必要な事項以外の事項について話をしてはならない。

2．一般貸切旅客自動車運送事業者の事業用自動車の運転者は、運行中、所定の事項を記載し
　　た運行指示書が当該事業用自動車の運行を管理する営業所に備えられ、電話等により必要な
　　指示が行われる場合にあっては、当該運行指示書を携行しなくてもよい。

3．一般貸切旅客自動車運送事業者の事業用自動車の運転者は、夜間において長距離の運行を
　　行うときは、当該乗務の途中において少なくとも一回電話その他の方法による点呼を受け、
　　法令に定めるところにより、報告をしなければならない。

4．　般乗合旅客自動車運送事業者の事業用自動車を利用する旅客は、動物（身体障害者補助
　　犬法による身体障害者補助犬及びこれと同等の能力を有すると認められる犬並びに愛玩用の
　　小動物を除く。）を事業用自動車内に持ち込んではならない。

## 2．道路運送車両法

**問9** 自動車の登録等についての次の記述のうち、<u>誤っているものを1つ</u>選びなさい。なお、解答にあたっては、各選択肢に記載されている事項以外は考慮しないものとする。

1．何人も、国土交通大臣若しくは封印取付受託者が取付けをした封印又はこれらの者が封印の取付けをした自動車登録番号標は、これを取り外してはならない。ただし、整備のため特に必要があるときその他の国土交通省令で定めるやむを得ない事由に該当するときは、この限りでない。

2．自動車は、自動車登録番号標を国土交通省令で定める位置に、かつ、被覆しないことその他当該自動車登録番号標に記載された自動車登録番号の識別に支障が生じないものとして国土交通省令で定める方法により表示しなければ、運行の用に供してはならない。

3．登録自動車について所有者の変更があったときは、新所有者は、その事由があった日から30日以内に、国土交通大臣の行う移転登録の申請をしなければならない。

4．道路運送車両法に規定する自動車の種別は、自動車の大きさ及び構造並びに原動機の種類及び総排気量又は定格出力を基準として定められ、その別は、普通自動車、小型自動車、軽自動車、大型特殊自動車、小型特殊自動車である。

**問10** 自動車の検査等についての次の記述のうち、<u>正しいものを2つ</u>選びなさい。なお、解答にあたっては、各選択肢に記載されている事項以外は考慮しないものとする。

1．国土交通大臣の行う自動車（検査対象外軽自動車及び小型特殊自動車を除く。以下同じ。）の検査は、新規検査、継続検査、臨時検査、構造等変更検査及び予備検査の5種類である。

2．自動車検査証の有効期間の起算日については、自動車検査証の有効期間が満了する日の2ヵ月前（離島に使用の本拠の位置を有する自動車を除く。）から当該期間が満了する日までの間に継続検査を行い、当該自動車検査証に有効期間を記入する場合は、当該自動車検査証の有効期間が満了する日の翌日とする。

3．自動車運送事業の用に供する自動車は、自動車検査証を当該自動車又は当該自動車の所属する営業所に備え付けなければ、運行の用に供してはならない。

4．初めて自動車検査証の交付を受ける乗車定員5人の旅客を運送する自動車運送事業の用に供する自動車については、当該自動車検査証の有効期間は1年である。

**問11** 道路運送車両法に定める自動車の点検整備等に関する次の文中、A、B、C、Dに入るべき字句としていずれか正しいもの1つを選びなさい。

1. 自動車運送事業の用に供する自動車の使用者又は当該自動車を運行する者は、（A）、その運行の開始前において、国土交通省令で定める技術上の基準により、自動車を点検しなければならない。

2. 自動車の使用者は、自動車の点検及び整備等に関する事項を処理させるため、車両総重量8トン以上の自動車その他の国土交通省令で定める自動車であって国土交通省令で定める台数以上のものの使用の本拠ごとに、自動車の点検及び整備に関する実務の経験その他について国土交通省令で定める一定の要件を備える者のうちから、（B）を選任しなければならない。

3. 地方運輸局長は、自動車の（C）が道路運送車両法第54条（整備命令等）の規定による命令又は指示に従わない場合において、当該自動車が道路運送車両の保安基準に適合しない状態にあるときは、当該自動車の（D）することができる。

A ① 1日1回 ② 必要に応じて

B ① 安全統括管理者 ② 整備管理者

C ① 所有者 ② 使用者

D ① 使用を停止 ② 経路を制限

**問12** 道路運送車両の保安基準及びその細目を定める告示についての次の記述のうち、正しいものを2つ選びなさい。なお、解答にあたっては、各選択肢に記載されている事項以外は考慮しないものとする。

1. 乗車定員10人以上の自動車、幼児専用車及び危険物の規制に関する政令に掲げる指定数量以上の危険物を運送する自動車（被牽引自動車を除く。）には、消火器を備えなければならない。

2. 自動車に備えなければならない後写鏡は、取付部附近の自動車の最外側より突出している部分の最下部が地上1.8メートル以下のものは、当該部分が歩行者等に接触した場合に衝撃を緩衝できる構造でなければならない。

3. 非常口を設けた乗車定員30人以上の自動車には、非常口又はその附近に、見やすいように、非常口の位置及びとびらの開放の方法が表示されていなければならない。この場合において、灯火により非常口の位置を表示するときは、その灯光の色は、緑色でなければならない。

4. 一般乗用旅客自動車運送事業用自動車には、後方に表示する灯光の色が白色である社名表示灯を備えてはならない。

## 3. 道路交通法

**問13** 道路交通法に定める停車及び駐車等についての次の記述のうち、<u>誤っているものを1つ</u>選びなさい。なお、解答にあたっては、各選択肢に記載されている事項以外は考慮しないものとする。

1. 車両は、乗合自動車の停留所を表示する標示柱又は標示板が設けられている位置から10メートル以内の部分（当該停留所に係る運行系統に属する乗合自動車の運行時間中に限る）においては、法令の規定若しくは警察官の命令により、又は危険を防止するため一時停止する場合のほか、停車し、又は駐車してはならない。
2. 車両は、安全地帯が設けられている道路の当該安全地帯の左側の部分及び当該部分の前後の側端からそれぞれ前後に10メートル以内の部分においては、法令の規定若しくは警察官の命令により、又は危険を防止するため一時停止する場合のほか、停車し、又は駐車してはならない。
3. 車両は、踏切の前後の側端からそれぞれ前後に10メートル以内の道路の部分においては、法令の規定若しくは警察官の命令により、又は危険を防止するため一時停止する場合のほか、停車し、又は駐車してはならない。
4. 車両は、横断歩道又は自転車横断帯の前後の側端からそれぞれ前後に10メートル以内の部分においては、法令の規定若しくは警察官の命令により、又は危険を防止するため一時停止する場合のほか、停車し、又は駐車してはならない。

**問14** 道路交通法に定める追越し等についての次の記述のうち、<u>正しいものを2つ</u>選びなさい。なお、解答にあたっては、各選択肢に記載されている事項以外は考慮しないものとする。

1. 車両は、トンネル内の車両通行帯が設けられている道路の部分（道路標識等により追越しが禁止されているものを除く。）においては、他の車両を追い越すことができる。
2. 車両は、他の車両を追い越そうとするときは、その追い越されようとする車両（以下「前車」という。）の右側を通行しなければならない。ただし、前車が法令の規定により右折をするため道路の中央又は右側端に寄って通行しているときは、前車を追越してはならない。
3. 車両は、法令の規定若しくは警察官の命令により、又は危険を防止するため、停止し、若しくは停止しようとして徐行している車両等に追いついたときは、その前方にある車両等の側方を通過して当該車両等の前方に割り込み、又はその前方を横切ってはならない。
4. 車両は、進路を変更した場合にその変更した後の進路と同一の進路を後方から進行してくる車両等の速度又は方向を急に変更させることとなるおそれがあるときは、速やかに進路を変更しなければならない。

問15　道路交通法に定める車両通行帯についての次の文中、A、B、Cに入るべき字句として<u>いずれか正しいもの</u>を1つ選びなさい。

　　車両は、車両通行帯の設けられた道路においては、道路の左側端から数えて（A）の車両通行帯を通行しなければならない。ただし、自動車（小型特殊自動車及び道路標識等によって指定された自動車を除く。）は、当該道路の左側部分（当該道路が一方通行となっているときは、当該道路）に（B）の車両通行帯が設けられているときは、政令で定めるところにより、その速度に応じ、その最も（C）の車両通行帯以外の車両通行帯を通行することができる。

A　①1番目　　②2番目
B　①2以上　　②3以上
C　①右側　　　②左側

問16　道路交通法に定める交差点における通行方法等についての次の記述のうち、<u>正しいものを2つ</u>選び、解答用紙の該当する欄にマークしなさい。なお、解答にあたっては、各選択肢に記載されている事項以外は考慮しないものとする。

1．信号機の表示する信号の種類が赤色の灯火のときは、交差点において既に右折している自動車は、青色の灯火により進行することができることとされている自動車に優先して進行することができる。

2．車両は、環状交差点において左折し、又は右折するときは、あらかじめその前からできる限り道路の左側端に寄り、かつ、できる限り環状交差点の側端に沿って（道路標識等により通行すべき部分が指定されているときは、その指定された部分を通行して）徐行しなければならない。

3．車両は、左折するときは、あらかじめその前からできる限り道路の左側端に寄り、かつ、できる限り道路の左側端に沿って（道路標識等により通行すべき部分が指定されているときは、その指定された部分を通行して）徐行しなければならない。

4．車両等（優先道路を通行している車両等を除く。）は、交通整理の行われていない交差点に入ろうとする場合において、交差道路が優先道路であるとき、又はその通行している道路の幅員よりも交差道路の幅員が明らかに広いものであるときは、その前方に出る前に必ず一時停止しなければならない。

問17　道路交通法に定める乗車等についての次の記述のうち、<u>正しいものを２つ選びなさい。</u>なお、解答にあたっては、各選択肢に記載されている事項以外は考慮しないものとする。

1．一般旅客自動車運送事業の用に供される自動車の運転者が当該事業に係る旅客である幼児を乗車させるときは、幼児用補助装置を使用して幼児を乗車させて自動車を運転しなければならない。

2．自動車の運転者は、高速自動車国道に限り、法令で定めるやむを得ない理由があるときを除き、他の者を運転者席の横の乗車装置以外の乗車装置（当該乗車装置につき座席ベルトを備えなければならないこととされているものに限る。）に乗車させて自動車を運転するときは、その者に座席ベルトを装着させなければならない。

3．車両の運転者は、運転者の視野若しくはハンドルその他の装置の操作を妨げ、後写鏡の効用を失わせ、車両の安定を害し、又は外部から当該車両の方向指示器、車両の番号標、制動灯、尾灯若しくは後部反射器を確認することができないこととなるような乗車をさせて車両を運転してはならない。

4．車両（軽車両を除く。）の運転者は、当該車両について政令で定める乗車人員又は積載物の重量、大きさ若しくは積載の方法の制限を超えて乗車をさせ、又は積載をして車両を運転してはならない。ただし、第55条第1項ただし書の規定により、又は出発地警察署長が道路又は交通の状況により支障がないと認めて人員を限定した許可を受けて貨物自動車の荷台に乗車させる場合にあっては、当該制限を超える乗車をさせて運転することができる。

## 4．労働基準法

**問18** 労働基準法（以下「法」という。）の定めに関する次の記述のうち、<u>正しいものを2つ</u>選び、解答用紙の該当する欄にマークしなさい。なお、解答にあたっては、各選択肢に記載されている事項以外は考慮しないものとする。

1．法で定める労働条件の基準は最低のものであるから、労働関係の当事者は、当事者間の合意がある場合を除き、この基準を理由として労働条件を低下させてはならないことはもとより、その向上を図るように努めなければならない。

2．労働契約は、期間の定めのないものを除き、一定の事業の完了に必要な期間を定めるもののほかは、3年（法第14条（契約期間等）第1項各号のいずれかに該当する労働契約にあっては、5年）を超える期間について締結してはならない。

3．労働者は、労働契約の締結に際し使用者から明示された賃金、労働時間その他の労働条件が事実と相違する場合においては、少なくとも30日前に使用者に予告したうえで、当該労働契約を解除することができる。

4．使用者は、労働者の国籍、信条又は社会的身分を理由として、賃金、労働時間その他の労働条件について、差別的取扱をしてはならない。

**問19** 労働基準法の定めに関する次の記述のうち、<u>誤っているものを1つ</u>選びなさい。なお、解答にあたっては、各選択肢に記載されている事項以外は考慮しないものとする。

1．使用者は、産後8週間を経過しない女性を就業させてはならない。ただし、産後6週間を経過した女性が請求した場合において、その者について医師が支障がないと認めた業務に就かせることは、差し支えない。

2．使用者は、その雇入れの日から起算して6ヵ月間継続勤務し全労働日の8割以上出勤した労働者に対して、継続し、又は分割した10労働日の有給休暇を与えなければならない。

3．使用者は、この法律及びこれに基づく命令の要旨、就業規則、法令で定める協定並びに決議を、常時各作業場の見やすい場所へ掲示し、又は備え付けること、書面を交付することその他の厚生労働省令で定める方法によって、労働者に周知させなければならない。

4．使用者は、4週間（多胎妊娠の場合にあっては、12週間）以内に出産する予定の女性が休業を請求した場合においては、その者を就業させてはならない。

問20　「自動車運転者の労働時間等の改善のための基準」に定める一般乗用旅客自動車運送事業に従事する自動車運転者（隔日勤務に就く運転者及びハイヤーに乗務する運転者以外のもの。）の拘束時間及び休息期間についての次の文中、Ａ、Ｂ、Ｃに入るべき字句として<u>いずれか正しいものを１つ</u>選びなさい。

　１日（始業時刻から起算して24時間をいう。以下同じ。）についての拘束時間は、13時間を超えないものとし、当該拘束時間を延長する場合であっても、１日についての拘束時間の限度（最大拘束時間）は、（Ａ）とすること。ただし、車庫待ち等の自動車運転者について、次に掲げる要件を満たす場合には、この限りでない。

イ　勤務終了後、継続（Ｂ）以上の休息期間を与えること。
ロ　１日についての拘束時間が（Ａ）を超える回数が、１ヵ月について７回以内であること。
ハ　１日についての拘束時間が（Ｃ）を超える場合には、夜間４時間以上の仮眠時間を与えること。
ニ　１回の勤務における拘束時間が、24時間を超えないこと。

Ａ　①15時間　　　　②16時間
Ｂ　①８時間　　　　②20時間
Ｃ　①18時間　　　　②20時間

問21　「自動車運転者の労働時間等の改善のための基準」及び厚生労働省労働基準局長の定める「一般乗用旅客自動車運送事業以外の事業に従事する自動車運転者の拘束時間及び休息期間の特例について」に関する次の記述のうち、<u>誤っているものを1つ</u>選びなさい。なお、解答にあたっては、各選択肢に記載されている事項以外は考慮しないものとする。

1．使用者は、業務の必要上、バス運転者（1人乗務の場合）に勤務の終了後継続8時間以上の休息期間を与えることが困難な場合には、当分の間、一定期間における全勤務回数の2分の1を限度に、休息期間を拘束時間の途中及び拘束時間の経過直後に分割して与えることができるものとする。この場合において、分割された休息期間は、1日（始業時刻から起算して24時間をいう。）において1回当たり継続4時間以上、合計8時間以上でなければならないものとする。

2．使用者は、バス運転者が同時に1台の事業用自動車に2人以上乗務する場合（車両内に身体を伸ばして休息することができる設備がある場合に限る。）においては、1日（始業時刻から起算して24時間をいう。）についての最大拘束時間を20時間まで延長することができる。また、休息期間は、4時間まで短縮することができるものとする。

3．使用者は、業務の必要上やむを得ない場合には、当分の間、貸切バス運転者を隔日勤務に就かせることができる。この場合、2暦日における拘束時間は、21時間を超えないものとする。

4．使用者は、貸切バス運転者の運転時間については、2日（始業時刻から起算して48時間をいう。）を平均し1日当たり9時間、4週間を平均し1週間当たり40時間を超えないものとすること。ただし、労使協定があるときは、4週間を平均し1週間当たりの運転時間については改善基準告示で定める範囲内において延長することができる。

問22　下表の1〜4は、貸切バスの運転者の52週間における各4週間を平均し1週間当たりの拘束時間の例を示したものである。下表の空欄A、B、C、Dについて、次の選択肢ア〜ウの拘束時間の組み合わせをあてはめた場合、「自動車運転者の労働時間等の改善のための基準」に適合するものを1つ選びなさい。なお、「4週間を平均し1週間当たりの拘束時間の延長に関する労使協定」があるものとする。

1.

| | 1週~4週 | 5週~8週 | 9週~12週 | 13週~16週 | 17週~20週 | 21週~24週 | 25週~28週 | 29週~32週 | 33週~36週 | 37週~40週 | 41週~44週 | 45週~48週 | 49週~52週 |
|---|---|---|---|---|---|---|---|---|---|---|---|---|---|
| 拘束時間(時間) | 65 | 58 | 66 | 64 | 59 | 70 | 54 | A | 64 | 68 | 64 | 67 | 57 |

2.

| | 1週~4週 | 5週~8週 | 9週~12週 | 13週~16週 | 17週~20週 | 21週~24週 | 25週~28週 | 29週~32週 | 33週~36週 | 37週~40週 | 41週~44週 | 45週~48週 | 49週~52週 |
|---|---|---|---|---|---|---|---|---|---|---|---|---|---|
| 拘束時間(時間) | 59 | 63 | 61 | B | 66 | 59 | 71 | 60 | 61 | 65 | 67 | 65 | 58 |

3.

| | 1週~4週 | 5週~8週 | 9週~12週 | 13週~16週 | 17週~20週 | 21週~24週 | 25週~28週 | 29週~32週 | 33週~36週 | 37週~40週 | 41週~44週 | 45週~48週 | 49週~52週 |
|---|---|---|---|---|---|---|---|---|---|---|---|---|---|
| 拘束時間(時間) | 62 | 69 | 62 | 59 | 60 | 68 | 58 | 61 | 70 | C | 60 | 56 | 66 |

4.

| | 1週~4週 | 5週~8週 | 9週~12週 | 13週~16週 | 17週~20週 | 21週~24週 | 25週~28週 | 29週~32週 | 33週~36週 | 37週~40週 | 41週~44週 | 45週~48週 | 49週~52週 |
|---|---|---|---|---|---|---|---|---|---|---|---|---|---|
| 拘束時間(時間) | 58 | 59 | 71 | 62 | 63 | D | 69 | 59 | 60 | 63 | 68 | 58 | 61 |

| 選択肢 | | A (時間) | B (時間) | C (時間) | D (時間) |
|---|---|---|---|---|---|
| | ア | 64 | 71 | 63 | 65 |
| | イ | 62 | 68 | 73 | 67 |
| | ウ | 68 | 63 | 65 | 69 |

問23　下図は、一般貸切旅客自動車運送事業に従事する自動車運転者の1週間の勤務状況の例を示したものであるが、「自動車運転者の労働時間等の改善のための基準」（以下「改善基準告示」という。）に定める拘束時間等に関する次の記述のうち、適切なものを2つ選びなさい。ただし、すべて1人乗務の場合とする。なお、解答にあたっては、下図に示された内容及び各選択肢に記載されている事項以外は考慮しないものとする。

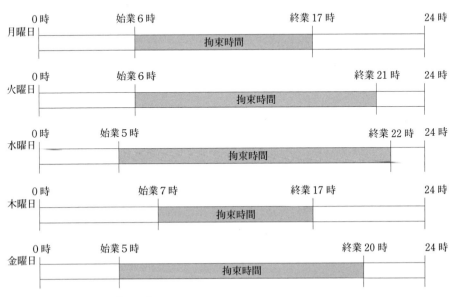

注）土曜日及び日曜日は休日とする。

1．1日についての拘束時間が改善基準告示に定める最大拘束時間に違反するものがある。

2．勤務終了後の休息期間が改善基準告示に違反するものはない。

3．1日についての拘束時間が15時間を超えることができる1週間についての回数は、改善基準告示に違反するものがある。

4．木曜日に始まる勤務の1日についての拘束時間は、この1週間の勤務の中で1日についての拘束時間が最も短い。

# 5．実務上の知識及び能力

問24　運行管理者の日常業務の記録等に関する次の記述のうち、適切なものをすべて選びなさい。なお、解答にあたっては、各選択肢に記載されている事項以外は考慮しないものとする。

1．運行管理者は、選任された運転者ごとに採用時に提出させた履歴書が、法令で定める乗務員台帳の記載事項の内容を概ね網羅していることから、これを当該台帳として使用し、索引簿なども作成のうえ、営業所に備え管理している。

2．運行管理者は、事業者が定めた勤務時間及び乗務時間の範囲内で、運転者が過労とならないよう十分考慮しながら、天候や道路状況などを勘案しつつ、乗務割を作成している。なお、乗務については、早めに運転者に知らせるため、事前に予定を示すことにしている。

3．運行管理者は、事業用自動車の運行中に暴風雪等に遭遇した場合、運転者から迅速に状況を報告させるとともに、その状況に応じて、運行休止を含めた具体的な指示を行うこととしている。また、報告を受けた事項や指示した内容については、異常気象時等の措置として、詳細に記録している。

4．運行管理者は、運転者に法令に基づく運行指示書を携行させ、運行させている途中において、自然災害により運行経路の変更を余儀なくされた。このため、当該運行管理者は、当該運転者に対して電話等により変更の指示を行ったが、携行させている運行指示書については帰庫後提出させ、運行管理者自ら当該変更内容を記載のうえ保管し、運行の安全確保を図った。

問25 　旅客自動車運送事業者が事業用自動車の運転者に対して行う指導・監督に関する次の
記述のうち、適切なものをすべて選びなさい。なお、解答にあたっては、各選択肢に記載
されている事項以外は考慮しないものとする。

1．近年、大型車のホイール・ボルトの折損等による車輪脱落事故が増加傾向にあり、冬季に
集中して起こっている。特に冬用タイヤへの交換作業後1ヶ月以内に多く発生する傾向にあ
る。このため、運行管理者は、運転者や交換作業者に対して、規定の締付トルクでの確実な
締め付けや日常点検での目視等によるチェック等を徹底するよう指導している。

2．道路上におけるバスの乗客の荷物の落下は、事故を誘発するおそれがあることから、運行
管理者は運転者に対し、バスを出発させる時には、トランクルームの扉が完全に閉まった状
態であり、かつ、確実に施錠されていることを確認するなど、乗客の荷物等積載物の転落を
防止するための措置を講ずるよう指導している。

3．心臓疾患、大血管疾患などの生活習慣病は日々における5つの生活習慣（食事、運動習慣、
休養、飲酒、喫煙）が大きく影響してくる。そのため、運行管理者は運転手の健康状態の把
握に努め、運転者に対し、日ごろの生活習慣に気を使い、健康起因事故を防ぐように指導し
ている。

4．四輪車を運転する場合、二輪車との衝突事故を防止するための注意点として、①二輪車は
死角に入りやすいため、その存在に気づきにくく、また、②二輪車は速度が実際より速く感
じたり、距離が近くに見えたりする特性がある。したがって、運転者に対してこのような点
に注意するよう指導する必要がある。

問26　旅客自動車運送事業者が事業用自動車の運転者に対して行う指導・監督に関する次の記述のうち、適切なものをすべて選びなさい。なお、解答にあたっては、各選択肢に記載されている事項以外は考慮しないものとする。

1．車長が長い自動車は、①内輪差が大きく、左折時に左側方のバイクや歩行者を巻き込んでしまう、②狭い道路への左折時には、車体がふくらみ、センターラインをはみ出してしまう、③右折時には、車体後部のオーバーハング部が隣接する車線へはみ出して車体後部が後続車に接触する、などの事故の要因となり得る危険性を有していることを運転者に対し指導している。

2．運転者が交通事故を起こした場合、乗客に対する被害状況を確認し、負傷者がいるときは、まず最初に運行管理者に連絡した後、負傷者の救護、道路における危険の防止、乗客の安全確保、警察への報告などの必要な措置を講じるよう運転者に対し指導している。

3．国土交通大臣が認定する適性診断（以下「適性診断」という。）を受診した運転者の診断結果において、「感情の安定性」の項目で、「すぐかっとなるなどの衝動的な傾向」との判定が出た。適性診断は、性格等を客観的に把握し、運転の適性を判定することにより、運転業務に適さない者を選任しないようにするためのものであるため、運行管理者は、当該運転者は運転業務に適さないと判断し、他の業務へ配置替えを行った。

4．飲酒により体内に摂取されたアルコールを処理するために必要な時間の目安については、個人差はあるが、例えばチューハイ350ミリリットル（アルコール7％）の場合、概ね2時間とされている。事業者は、これらを参考に、社内教育の中で酒気帯び運転防止の観点から飲酒が運転に及ぼす影響等について指導している。

問27　交通事故防止対策に関する次の記述のうち、<u>適切なものをすべて選びなさい</u>。なお、解答にあたっては、各選択肢に記載されている事項以外は考慮しないものとする。

1．踏切内での事故を防止するために、踏切を通過するときは変速装置を操作せずに通過しなければならず、また、事業用自動車の故障等により踏切内で運行不能となった場合は、速やかに旅客を誘導し退避させるとともに、列車に対して適切な防護措置をとること。

2．自動車にかかる遠心力は自動車の速度が大きくなるほど加速度的に大きくなる。例えば、時速30kmで走行する自動車と時速60kmで走行する自動車とでは遠心力に2倍の差があるため、速度が速い方がカーブ走行時に横転するリスクも高くなる。

3．衝突被害軽減ブレーキは、いかなる走行条件においても前方の車両等に衝突する危険性が生じた場合に確実にレーダー等で検知したうえで自動的にブレーキが作動し、衝突を確実に回避できるものである。当該ブレーキが備えられている自動車に乗務する運転者に対しては、当該ブレーキ装置の故障を検知し表示による警告があった場合の対応を指導する必要がある。

4．交通事故は、そのほとんどが運転者等のヒューマンエラーにより発生するものである。したがって、事故惹起運転者の社内処分及び再教育に特化した対策を講ずることが、交通事故の再発を未然に防止するには最も有効である。そのためには、発生した事故の調査や事故原因の分析よりも、事故惹起運転者及び運行管理者に対する特別講習を確実に受講させる等、ヒューマンエラーの再発防止を中心とした対策に努めるべきである。

問28　自動車の走行時に生じる諸現象とその主な対策に関する次の文中、A、B、C、Dに入るべき字句としていずれか正しいものを1つ選びなさい。

ア．（A）とは、路面が水でおおわれているときに高速で走行するとタイヤの排水作用が悪くなり、水上を滑走する状態になって操縦不能になることをいう。これを防ぐため、日頃よりスピードを抑えた走行に努めるべきことや、タイヤの空気圧及び溝の深さが適当であることを日常点検で確認することの重要性を、運転者に対し指導する必要がある。

　　1．ハイドロプレーニング現象　　　2．ウェットスキッド現象

イ．（B）とは、自動車の夜間の走行時において、自車のライトと対向車のライトで、お互いの光が反射し合い、その間にいる歩行者や自転車が見えなくなることをいう。この状況は暗い道路で特に起こりやすいので、夜間の走行の際には十分注意するよう運転者に対し指導する必要がある。

　　1．クリープ現象　　　2．蒸発現象

ウ．（C）とは、フット・ブレーキを使い過ぎると、ブレーキ・ドラムやブレーキ・ライニングなどが摩擦のため過熱してその熱がブレーキ液に伝わり、液内に気泡が発生することによりブレーキが正常に作用しなくなり効きが低下することをいう。これを防ぐため、長い下り坂などでは、エンジン・ブレーキ等を使用し、フット・ブレーキのみの使用を避けるよう運転者に対し指導する必要がある。

　　1．ベーパー・ロック現象　　　2．スタンディングウェーブ現象

エ．（D）とは、運転者が走行中に危険を認知して判断し、ブレーキ操作に至るまでの間に自動車が走り続けた距離をいう。自動車を運転するとき、特に他の自動車に追従して走行するときは、危険が発生した場合でも安全に停止できるような速度又は車間距離を保って運転するよう運転者に対し指導する必要がある。

　　1．制動距離　　　2．空走距離

問29　貸切バス事業の営業所の運行管理者は、旅行会社から運送依頼を受けて、次のとおり運行の計画を立てた。国土交通省で定めた「貸切バスの交替運転者の配置基準」（以下「配置基準」という。）等に照らし、この計画を立てた運行管理者の判断等に関する１～３の記述について、<u>正しいものをすべて選びなさい</u>。なお、解答にあたっては、〈運行の計画〉及び各選択肢に記載されている事項以外は考慮しないものとする。

（旅行会社の依頼事項）

　ハイキングツアー客（以下「乗客」という。）39名を乗せ、Ａ地点を23時50分に出発し、Ｄ目的地に翌日の４時50分までに到着する。その後、Ｅ目的地を13時40分に出発し、Ｇ地点に19時30分までに到着する。

〈運行の計画〉

ア　デジタル式運行記録計を装着した乗車定員45名の貸切バスを使用する。運転者は１人乗務とする。

イ　当該運転者は、本運行の開始前10時間の休息をとった後、始業時刻である23時00分に乗務前点呼を受け、点呼後23時20分に営業所を出発する。Ａ地点において乗客を乗せた後23時50分にＤ目的地に向け出発する。途中の高速自動車国道（法令による最低速度を定めない本線車道に該当しないもの。以下「高速道路」という。）のパーキングエリアにて、２回の休憩をとり乗務途中点呼後に、Ｄ目的地には翌日の４時25分に到着する。乗客を降ろした後、指定された宿泊所に向かい、当該宿泊所において電話による乗務後点呼を受けた後、４時55分に往路の業務を終了する。運転者は、同宿泊所において８時間05分休息する。

ウ　13時00分に同宿泊所において電話による乗務前点呼を受け、13時10分に出発する。Ｅ目的地において乗客を乗せた後13時40分にＧ地点に向け出発する。復路も高速道路等を運転し、２回の休憩をはさみ、Ｇ地点には19時10分に到着する。乗客を降ろした後、19時40分に営業所に帰庫し、乗務後点呼の後、20時00分に終業する。当該運転者は、翌日は休日とする。

（往 路）

23時00分　　23時50分　　　　　　　　　　　　　　4時25分　　4時55分

| 点呼 乗務前 | 回送 | 乗車 | 運転 | 運転 (高速道路) | 休憩 | 運転 (高速道路) | 休憩 | 乗務中点呼 | 運転 (高速道路) | 運転 | 降車 | 回送 | 点呼 乗務後 | 指定された宿泊所 |
|---|---|---|---|---|---|---|---|---|---|---|---|---|---|---|
| 20分 | 10分 | 20分 | 30分 | 1時間 | 20分 | 1時間 | 20分 | 5分 | 1時間 | 20分 | 10分 | 10分 | 10分 | |
| | 5km | 20km | | 90km | | 90km | | | 90km | 10km | | 5km | | |

営業所　　　　A地点　　（B料金所）　　　　　　　（C料金所）　D目的地

（復 路）

| 点呼 乗務後 | 回送 | 降車 | 運転 | 運転 (高速道路) | 休憩 | 運転 (高速道路) | 休憩 | 運転 (高速道路) | 運転 | 乗車 | 回送 | 点呼 乗務前 |
|---|---|---|---|---|---|---|---|---|---|---|---|---|
| 20分 | 20分 | 10分 | 40分 | 1時間30分 | 10分 | 1時間30分 | 10分 | 1時間 | 30分 | 20分 | 10分 | 10分 |
| | 10km | | 20km | 80km | | 90km | | 80km | 10km | | 5km | |

営業所　　　　G地点　　（B料金所）　　　　　　　（F料金所）　E目的地

20時00分　　19時10分　　　　　　　　　　　　　13時40分　　13時00分

1．当該運行計画の1日における実車距離は、配置基準に定める限度に違反していないと判断したこと。

2．1日における運転時間は、配置基準に定める限度に違反していないと判断したこと。

3．往路運行の実車運行区間の途中における休憩の確保は、配置基準に定める限度に違反していないと判断したこと。

**問30** 運行管理者が、次の貸切バスの事故報告に基づき、この事故の要因分析を行ったうえで、同種事故の再発防止及び被害軽減の対策として、<u>最も直接的に有効と考えられる組合せ</u>を、下の枠内の選択肢（1～8）から1つ選びなさい。なお、解答にあたっては、〈事故の概要〉及び〈事故関連情報〉に記載されている事項以外は考慮しないものとする。

〈事故の概要〉

　貸切バスの運転者は、営業所に6時前に出社し、運行管理者の乗務前点呼を受けて7時10分にワンマン運転により出庫した。貸切バス（定員47名）は、指定された場所にて8時に乗客39名を乗せ、その後、目的地に向かった。9時頃時速約50キロメートルで運行中、運転者はくも膜下出血により意識を喪失した。このため、当該バスは左側のガードレールを突き破り、約1m下の水田に転落した。

　この事故により、当該バスの運転者は死亡、乗客2名が重傷、33名が軽傷を負った。

　当該バスの運転者の死因は、内因性のくも膜下出血と断定されており、現場にブレーキ痕がないことから、事故直前に発症して意識を失ったと推定される。

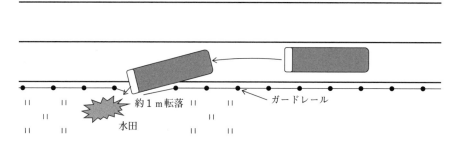

〈事故関連情報〉

○　当該運転者は、6時50分に乗務前点呼を受け、7時10分に出庫、8時に客扱いを開始し、8時30分に出発した。

○　乗務前点呼時、運行管理者は運転者の健康状態について、本人から特に申し出がなかったので、健康上の異常はないと判断した。

○　当該運転者の事故日前1ヵ月間の勤務において、夜間ワンマン運行が4回あり、「自動車運転者の労働時間等の改善のための基準」に関する軽微な違反が1回あった。

○　当該営業所は、宿直と日勤の組み合わせにより、運行管理者もしくは補助者が点呼時に点呼できる勤務体制としており、適正に実施されていた。

○　当該運転者は、適性診断を年度計画に沿って受診しており、結果に応じた個別指導を受けていた。

○　当該運転者は高血圧と高脂血症の持病を抱えていたが、健康診断の受診は不十分であり、事業者は労働安全衛生法で規定する深夜業従事者に対する定期健康診断を受診させていなかった。

○　事業者は、当該運転者に対し道路交通法違反に関する個別の指導は行っていたが、個別の疾病の予兆の把握や予防方法など、健康管理に関する指導は行っていなかった。

○　法令に定められた日常点検整備及び定期点検整備は実施されていた。

○　乗客に対するシートベルト着用の案内が徹底されていないこともあり、事故発生時、39名の乗客の半数はシートベルトを着用していなかった。

〈事故の再発防止及び被害軽減対策〉

ア　適性診断の結果により、運転者個人が持っている運転行動におけるくせを見出し、長所を伸ばし、また、短所は改善することで安全運転への意識を高める。

イ　乗務前点呼時において、運転者の酒気帯びの有無、健康状態及び疲労の度合などについて確認し、特に個別疾病を治療中の運転者については、安全な運転ができる状態かどうかを判断する。

ウ　運転者に対し、法定健康診断を確実に実施するとともに健康管理、生活習慣管理などに関して産業医等と連携して指導を行い、常に健康状態の把握を行う。

エ　シートベルトの装着が、事故の衝撃を軽減し、乗客の命を守り、外傷の程度を軽くする効果が高いことを認識させ、乗客全員のシートベルト着用を徹底する。

オ　運行経路等の調査とあわせて、「自動車運転者の労働時間等の改善のための基準」の違反が発生しないよう、運行の安全に係る指示について、運行指示書を作成して、運転者に適切に指示するとともに、これを携行させる。

カ　旅客自動車運送事業は、公共的な輸送事業であり、旅客を安全かつ確実に輸送することが社会的使命であることを運転者に十分認識させる。

キ　運転者に対し身体の異常を早期に発見できるよう疾病などの知識の向上を図るとともに、疾病の症状を感じたら早急に医療機関で診断を受けさせることとする。また、疾病などが交通事故の要因となるおそれがあることを理解させ、日頃の生活習慣の改善を指導する。

ク　法令に定められた日常点検整備及び定期点検整備を確実に実施する。

```
1．ア・イ・ウ・ク        2．ア・イ・オ・キ
3．ア・エ・オ・カ        4．ア・エ・キ・ク
5．イ・ウ・エ・キ        6．イ・ウ・カ・ク
7．ウ・オ・カ・キ        8．エ・オ・カ・ク
```

# 模擬試験 第1回 解答&解説

## 問1　　　　　　　　　　　　　　　　　　　　▶答え　1と3

1. **正しい**。道路運送法第15条第1項を参照。
2. 誤り。一般貸切旅客自動車運送事業は、一個の契約により乗車定員**11人以上**の自動車を貸し切って旅客を運送する一般旅客自動車運送事業をいう。道路運送法第3条第1項ロを参照。
3. **正しい**。道路運送法第15条第4項・道路運送法施行規則第15条の2第1項第3号を参照。
4. 誤り。事業者は、「営業所ごとに配置する事業用自動車の数」の事業計画の変更をしようとするときは、**あらかじめ**、その旨を、国土交通大臣に届け出なければならない。道路運送法第15条第3項を参照。

## 問2　　　　　　　　　　　　　　　▶答え　A−②, B−①, C−①

1. 一般旅客自動車運送事業者は、事業計画（路線定期運行を行なう一般乗合旅客自動車運送事業者にあっては、事業計画及び運行計画）の遂行に（**必要となる員数の**）運転者の確保、事業用自動車の運転者がその休憩又は睡眠のために利用することができる施設の整備、事業用自動車の運転者の適切な勤務時間及び（**乗務時間**）の設定その他の運行の管理その他事業用自動車の運転者の過労運転を防止するために必要な措置を講じなければならない。
2. 一般旅客自動車運送事業者は、事業用自動車の運転者が疾病により安全な運転ができないおそれがある状態で事業用自動車を運転することを防止するために必要な（**医学的知見**）に基づく措置を講じなければならない。

## 問3　　　　　　　　　　　　　　　　　　　　　▶答え　4

1. 正しい。運輸規則第48条第1項第6号・運輸規則第24条第3項を参照。
2. 正しい。運輸規則第26条の2第1項を参照。
3. 正しい。運輸規則第48条第1項第5号の2を参照。
4. **誤り**。アルコール検知器を備え置くのは**旅客自動車運送事業者の業務**。運行管理者の業務は、アルコール検知器を**常時有効に保持**することである。運輸規則第48条第1項第6号・運輸規則第24条第4項を参照。

## 問4　▶答え　2

1．誤り。乗務前の点呼においては、道路運送車両法第47条の2第1項及び第2項の規定による点検（**日常点検**）の実施又はその確認についての報告・確認が必要である。定期点検の実施又はその確認についての報告・確認は必要ない。運輸規則第24条第1項を参照。

2．**正しい**。運輸規則第24条第2項を参照。

3．誤り。点呼を行った際に記録しなければならない事項は、運転者ごとに点呼を行った旨、報告、確認及び指示の内容のほか、①点呼を行った者及び点呼を受けた運転者の氏名、**②点呼を受けた運転者が乗務する事業用自動車の自動車登録番号その他の当該事業用自動車を識別できる表示**、**③点呼の日時**、**④点呼の方法**、**⑤その他必要な事項**の5項目である。運輸規則第24条第5項各号を参照。

4．誤り。酒気帯びの有無は目視等のみの確認で終わらせず、**必ず運転者の所属する営業所に備えられたアルコール検知器を用いて確認**しなければならない。運輸規則第24条第4項を参照。

## 問5　▶答え　2と4

1．要しない。5人が軽傷を負っているが、負傷事故には該当しない。また、高速自動車国道が3時間にわたり通行止めとなった高速道路障害事故は、**速報を要する事故に該当しない**。事故報告規則第2条第1項第4号・第14号を参照。

2．**要する**。火災事故に該当するため速報を要する。事故報告規則第4条第1項第1号を参照。

3．要しない。**旅客事故は速報を要しない**。事故報告規則第2条第1項第7号を参照。

4．**要する**。旅客に1人以上の重傷者を生じた事故のため、速報を要する。事故報告規則第4条第1項第2号ハを参照。

## 問6　▶答え　1と3

1．**正しい**。運輸規則第21条第2項・「運輸規則の解釈及び運用」第21条第2項第1号ロを参照。

2．誤り。事業用自動車の運転者の**勤務時間**及び**乗務時間**を定め、当該運転者にこれらを遵守させなければならない。運輸規則第21条第1項を参照。

3．**正しい**。運輸規則第21条の2第1項・「運輸規則の解釈及び運用」第21条の2第2項第2号を参照。

4．誤り。事業者は、日日雇い入れられる者、**2ヵ月以内**の期間を定めて使用される者及び試みの使用期間中の者（14日を超えて引き続き使用されるに至った者を除く。）を運転者として選任してはならない。運輸規則第35条第1項・運輸規則第36条第1項各号を参照。

## 問7　　　　　　　　　　　　　　　　　　　　▶答え　2

1．正しい。「指導・監督の指針」第二章 2（2）を参照。

2．**誤り**。事故惹起運転者に対する特別な指導には「やむを得ない事情がある場合」という例外の規定はなく、**原則として再度事業用自動車に乗務する前に実施**する。ただし、外部の専門的機関における指導講習を受講する予定である場合は除く。「指導・監督の指針」第二章 3（1）①を参照。

3．正しい。「指導・監督の指針」第二章 4（3）を参照。

4．正しい。「指導・監督の指針」第一章 2（1）⑦を参照。

## 問8　　　　　　　　　　　　　　　　　　　　▶答え　2

1．正しい。運輸規則第49条第 3 項第 2 号を参照。

2．**誤り**。一般貸切旅客自動車運送事業者の運転者は、乗務中には運行指示書を携行しなければならない。電話等による指示があるとしても、**運行指示書を携行しなくてもよいという規定はない**。運輸規則第50条第11項を参照。

3．正しい。運輸規則第50条第10項を参照。

4．正しい。運輸規則第52条第 1 項第14号を参照。

## 問9　　　　　　　　　　　　　　　　　　　　▶答え　3

1．正しい。車両法第11条第 5 項を参照。

2．正しい。車両法第19条第 1 項を参照。

3．**誤り**。登録自動車について所有者の変更があったときは、新所有者は、その事由があった日から**15日以内**に、国土交通大臣の行う移転登録の申請をしなければならない。車両法第13条第 1 項を参照。

4．正しい。車両法第 3 条第 1 項・施行規則第 2 条第 1 項を参照。

## 問10 ▶答え 1と4

1. **正しい**。記述のとおり。
2. 誤り。自動車検査証の有効期間が満了する日の**1ヵ月前**（離島に使用の本拠の位置を有する自動車を除く。）から当該期間が満了する日までの間に継続検査を行い、有効期間を記入する場合は、当該自動車検査証の有効期間が満了する日の翌日とする。施行規則第44条第1項を参照。
3. 誤り。自動車検査証は**当該自動車に備え付けておかなければならない**。車両法第66条第1項を参照。
4. **正しい**。車両法第61条第1項を参照。

## 問11 ▶答え A-①, B-②, C-②, D-①

1. 自動車運送事業の用に供する自動車の使用者又は当該自動車を運行する者は、（**1日1回**）、その運行の開始前において、国土交通省令で定める技術上の基準により、自動車を点検しなければならない。車両法第47条の2第2項を参照。
2. 自動車の使用者は、自動車の点検及び整備等に関する事項を処理させるため、車両総重量8トン以上の自動車その他の国土交通省令で定める自動車であって国土交通省令で定める台数以上のものの使用の本拠ごとに、自動車の点検及び整備に関する実務の経験その他について国土交通省令で定める一定の要件を備える者のうちから、（**整備管理者**）を選任しなければならない。車両法第50条第1項を参照。
3. 地方運輸局長は、自動車の（**使用者**）が道路運送車両法第54条（整備命令等）の規定による命令又は指示に従わない場合において、当該自動車が道路運送車両の保安基準に適合しない状態にあるときは、当該自動車の（**使用を停止**）することができる。車両法第54条第2項を参照。

## 問12 ▶答え 2と3

1. 誤り。乗車定員**11人以上**の自動車、幼児専用車及び危険物の規制に関する政令に掲げる指定数量以上の危険物を運送する自動車（被牽引自動車を除く。）には、消火器を備えなければならない。保安基準第47条第1項第2号・第7号・第9号を参照。
2. **正しい**。保安基準第44条第2項・細目告示再224条第2項第2号を参照。を参照。
3. **正しい**。保安基準第26条第1項・第2項を参照。
4. 誤り。一般乗用旅客自動車運送事業用自動車には、後方に表示する灯光の色が白色である社名表示灯を**備えることができる**。保安基準第42条第1項・細目告示第218条第6項第18号を参照。

## 問13 ▶答え 4

1. **正しい**。道交法第44条第1項第5号を参照。
2. **正しい**。道交法第44条第1項第4号を参照。
3. **正しい**。道交法第44条第1項第6号を参照。
4. **誤り**。車両は、横断歩道又は自転車横断帯の前後の側端から**それぞれ前後に5メートル以内**の部分においては、法令の規定若しくは警察官の命令により、又は危険を防止するため一時停止する場合のほか、停車し、又は駐車してはならない。道交法第44条第1項第3号を参照。

## 問14 ▶答え 1と3

1. **正しい**。道交法第30条第1項第2号を参照。
2. **誤り**。前車が道路の中央又は右側端に寄って通行しているときは、その**左側を通行しなければならない**。道交法第28条第1項・第2項を参照。
3. **正しい**。道交法第32条第1項を参照。
4. **誤り**。車両は、進路を変更した場合にその変更した後の進路と同一の進路を後方から進行してくる車両等の速度又は方向を急に変更させることとなるおそれがあるときは、**進路を変更してはならない**。道交法第26条の2第2項を参照。

## 問15 ▶答え A—①, B—②, C—①

車両は、車両通行帯の設けられた道路においては、道路の左側端から数えて（**1番目**）の車両通行帯を通行しなければならない。ただし、自動車（小型特殊自動車及び道路標識等によって指定された自動車を除く。）は、当該道路の左側部分（当該道路が一方通行となっているときは、当該道路）に（**3以上**）の車両通行帯が設けられているときは、政令で定めるところにより、その速度に応じ、その最も（**右側**）の車両通行帯以外の車両通行帯を通行することができる。道交法第20条第1項を参照。

## 問16　　　　　　　　　　　　　　　　▶答え　2と3

1．誤り。すでに右折している自動車は、青色の灯火により進行することができることとされている自動車の**進行妨害をしてはならない**。道交法施行令第２条（赤色の灯火）４号を参照。
2．**正しい**。道交法第35条の２第１項を参照。
3．**正しい**。道交法第34条第１項を参照。
4．誤り。車両等（優先道路を通行している車両等を除く）は、交通整理が行われていない交差点に入ろうとする場合において、交差道路が優先道路であるとき、又はその通行している道路の幅員よりも交差道路の幅員が明らかに広いものであるときは、**徐行しなければならない**。道交法第36条第３項を参照。

## 問17　　　　　　　　　　　　　　　　▶答え　3と4

1．誤り。一般旅客自動車運送事業の用に供される自動車の運転者が当該事業に係る旅客である幼児を乗車させるときは、**幼児用補助装置を使用しないで**幼児を乗車させて自動車を運転することが**できる**。道交法第71条の３第３項・道交法施行令第26条の３の２第３項を参照。
2．誤り。**高速道路に限らず、すべての場合において**、運転者席以外の乗車装置に乗車させて自動車を運転するときは、座席ベルトを装着させなければならない。ただし、法令で定めるやむを得ない理由があるときを除く。道交法第71条の３第２項を参照。
3．**正しい**。道交法第55条第２項を参照。
4．**正しい**。道交法第57条第１項を参照。

## 問18　　　　　　　　　　　　　　　　▶答え　2と4

1．誤り。労基法で定める労働条件の基準は最低のものであるから、労働関係の当事者は、この基準を理由として労働条件を低下させてはならないことはもとより、その向上を図るように努めなければならない。したがって、**当事者間の合意のあるなしにかかわらず**、労基法の基準を理由として、**労働条件を低下させてはならない**。労基法第１条第２項を参照。
2．**正しい**。労基法第14条第１項を参照。
3．誤り。労働者は、使用者に明示された労働条件が事実と相違する場合においては、**即時に**当該労働契約を解除することができる。労基法第15条第１項・第２項を参照。
4．**正しい**。労基法第３条第１項を参照。

## 問19 ▶答え　4

1．正しい。労基法第65条第2項を参照。
2．正しい。労基法第39条第1項を参照。
3．正しい。労基法第106条第1項を参照。
4．**誤り**。使用者は、**6週間**（多胎妊娠の場合にあっては、**14週間**）以内に出産する予定の女性が休業を請求した場合においては、その者を就業させてはならない。労基法第65条第1項を参照。

## 問20 ▶答え　A-2, B-2, C-1

改善基準第2条第1項第2号を参照。

1日（始業時刻から起算して24時間をいう。以下同じ。）についての拘束時間は、13時間を超えないものとし、当該拘束時間を延長する場合であっても、1日についての拘束時間の限度（最大拘束時間）は、（**16時間**）とすること。ただし、車庫待ち等の自動車運転者について、次に掲げる要件を満たす場合には、この限りでない。

イ　勤務終了後、継続（**20時間**）以上の休息期間を与えること。

ロ　1日についての拘束時間が（**16時間**）を超える回数が、1ヵ月について7回以内であること。

ハ　1日についての拘束時間が（**18時間**）を超える場合には、夜間4時間以上の仮眠時間を与えること。

## 問21 ▶答え　1

1．**誤り**。分割された休息期間は、1日において1回当たり継続4時間以上、**合計10時間以上**でなければならない。特例通達1（1）を参照。
2．正しい。特例通達2を参照。
3．正しい。特例通達3（1）を参照。
4．正しい。改善基準第5条第1項第4号を参照。

改善基準第5条第1項第1号を参照。

拘束時間は、4週間を平均し1週間当たり**65時間を超えないもの**とすること。ただし、労使協定があるときは、52週間のうち16週間までは、4週間を平均し1週間当たり**71.5時間**まで延長することができる。設問では、4週間を1区分として、1週から52週まで13区分している。これでちょうど1年間となる。

※この時点で選択肢イは、Cが**73時間**となっていて、最大延長時間である71.5時間を超えるため、除外できる。

はじめに1〜4について、71.5時間まで延長できる区分が残っているかどうかを確認する。

1.

| | 1〜<br>4週 | 5〜<br>8週 | 9〜<br>12週 | 13〜<br>16週 | 17〜<br>20週 | 21〜<br>24週 | 25〜<br>28週 | 29〜<br>32週 | 33〜<br>36週 | 37〜<br>40週 | 41〜<br>44週 | 45〜<br>48週 | 49〜<br>52週 |
|---|---|---|---|---|---|---|---|---|---|---|---|---|---|
| 拘束時間<br>（時間） | 65 | 58 | 66 | 64 | 59 | 70 | 54 | A | 64 | 68 | 64 | 67 | 57 |

◎拘束時間が65時間を超えている区分は、9〜12週、21〜24週、37〜40週、45週〜48週の4区分。4区分×4週間＝16週間となり、71.5時間まで延長できる区分は**残っていない**。

2.

| | 1〜<br>4週 | 5〜<br>8週 | 9〜<br>12週 | 13〜<br>16週 | 17〜<br>20週 | 21〜<br>24週 | 25〜<br>28週 | 29〜<br>32週 | 33〜<br>36週 | 37〜<br>40週 | 41〜<br>44週 | 45〜<br>48週 | 49〜<br>52週 |
|---|---|---|---|---|---|---|---|---|---|---|---|---|---|
| 拘束時間<br>（時間） | 59 | 63 | 61 | B | 66 | 59 | 71 | 60 | 61 | 65 | 67 | 65 | 58 |

◎拘束時間が65時間を超えている区分は、17〜20週、25〜28週、41〜44週の3区分。3区分×4週間＝12週間。71.5時間まで延長できる16週まで**残り1区分**。

3.

| | 1〜<br>4週 | 5〜<br>8週 | 9〜<br>12週 | 13〜<br>16週 | 17〜<br>20週 | 21〜<br>24週 | 25〜<br>28週 | 29〜<br>32週 | 33〜<br>36週 | 37〜<br>40週 | 41〜<br>44週 | 45〜<br>48週 | 49〜<br>52週 |
|---|---|---|---|---|---|---|---|---|---|---|---|---|---|
| 拘束時間<br>（時間） | 62 | 69 | 62 | 59 | 60 | 68 | 58 | 61 | 70 | C | 60 | 56 | 66 |

◎拘束時間が65時間を超えている区分は、5〜8週、21〜24週、33〜36週、49〜52週の4区分。4区分×4週間＝16週間となり、71.5時間まで延長できる区分は**残っていない**。

4.

| | 1〜<br>4週 | 5〜<br>8週 | 9〜<br>12週 | 13〜<br>16週 | 17〜<br>20週 | 21〜<br>24週 | 25〜<br>28週 | 29〜<br>32週 | 33〜<br>36週 | 37〜<br>40週 | 41〜<br>44週 | 45〜<br>48週 | 49〜<br>52週 |
|---|---|---|---|---|---|---|---|---|---|---|---|---|---|
| 拘束時間<br>（時間） | 58 | 59 | 71 | 62 | 63 | D | 69 | 59 | 60 | 63 | 68 | 58 | 61 |

◎拘束時間が65時間を超えている区分は、9〜12週、25〜28週、41〜44週の3区分。3区分×4週間＝12週間。71.5時間まで延長できる16週まで**残り1区分**。

模擬試験第1回　解答＆解説

ここで条件をまとめ、A〜Dに入る区分を見てみる。

◎AとCは、71.5時間まで延長できない区分であるため、AとCに入る時間は65時間以下
となる。

◎BとDは、71.5時間まで延長できる区分であるため、BとDに入る時間は71.5時間以下
となる。

《結果》

選択肢イは、はじめに記述したとおり、Cが73時間で、延長できる71.5時間を超え、基
準に違反しているため除外される。

選択肢ウは、Aが68時間であり、拘束時間の65時間を超えるため除外される。

したがって、ABCDの条件をすべて満たしている選択肢「**ア**」が正解となる。

# 問23

▶答え　1と2

改善基準第５条第１項第２号・第３号を参照。

月曜日から金曜日までの拘束時間と休息期間は次のとおり。

| 月 | 拘束時間 | **11時間**（始業６時〜終業17時） |
|---|---|---|
| | 休息期間 | 13時間（月曜終業17時〜火曜始業６時） |
| 火 | 拘束時間 | 16時間（15時間（始業６時〜終業21時）＋翌日１時間） |
| | 休息期間 | ８時間（火曜終業21時〜水曜始業５時） |
| 水 | 拘束時間 | **17時間**（始業５時〜終業22時） |
| | 休息期間 | ９時間（水曜終業22時〜木曜始業７時） |
| 木 | 拘束時間 | 12時間（10時間（始業７時〜終業17時）＋翌日２時間） |
| | 休息期間 | 12時間（木曜終業17時〜金曜始業５時） |
| 金 | 拘束時間 | 15時間（始業５時〜終業20時） |

1．**適切**。改善基準に定める１日についての最大拘束時間は16時間とすること。水曜日の拘
束時間が17時間と最大拘束時間の16時間を超えているため、最大拘束時間に違反する勤務
がある。

2．**適切**。勤務終了後の休息期間は継続して８時間以上与えること。すべての日が８時間以上
になるため、改善基準に違反するものはない。

3．不適切。１日についての拘束時間が15時間を超える回数は、１週間について２回以内と
する。月曜日〜金曜日までのうち15時間を超えるのは、火曜日（16時間）、水曜日（17時
間）の**計２回**であるため、回数については改善基準に違反していない。

4．不適切。木曜日の拘束時間は12時間であり、月曜日〜金曜日のうち、最も拘束時間が短
いのは、**月曜日の11時間**となる。

# 問24

▶答え　2と3

1．不適切。**履歴書を乗務員台帳として使用することはできない**。一定の様式の乗務員台帳を作成しなければならない。運輸規則第37条第1項を参照。
2．**適切である**。乗務割は、早めに運転者に知らせることも大切であるため、1ヵ月分程度の予定を事前に示し、これに従って運転者に乗務させることが望ましい。運輸規則第48条第1項第3号を参照。
3．**適切である**。運輸規則第48条第1項第2号を参照。
4．不適切。運行の途中において運行経路の変更が生じた場合は、運転者に対し、電話等で変更の指示をし、また、**携行させている運行指示書に変更の内容を記載させなければならない**。運輸規則第28条の2第1項を参照。

# 問25

▶答え　1と2と3

1．**適切である**。
2．**適切である**。運転者に対し、出発時にトランクルームの扉が完全に閉まった状態であり、かつ、確実に施錠されていることを確認するよう指導することは、積載物の転落や飛散を防ぐための必要な措置として適切である。道交法第71条第1項第4号を参照。
3．**適切である**。
4．不適切。四輪車を運転する場合、二輪車は速度が実際より**遅く**感じたり、距離が**遠く**に見えたりするため、注意をするよう指導する必要がある。

# 問26

▶答え　1

1．**適切である**。
2．不適切。交通事故を起こし負傷者がいる場合は、**まず最初に負傷者の救護等を行い**、警察へ報告、その後、運行管理者に連絡をして指示を受けるよう指導する。道交法第72条第1項を参照。
3．不適切。適性診断は、運転者の運転行動や運転態度の長所や短所を診断し、運転のクセ等に応じた指導等を提供するためのもので、**運転者を選任する際の判断材料ではない**。
4．不適切。チューハイ350ミリリットル（アルコール7％）を処理するために必要な時間の目安は、**概ね4時間以上**とされていることをふまえて指導する。「指導・監督の指針」第1章2（1）⑨を参照。

## 問27　　　　　　　　　　　　　　　　　　　　　　　　▶答え　1

1．**適切**。踏切内での事故などを未然に防ぐため、踏切を通過する際は、変速せずに通過するように指導する。また、踏切の前で停車した後に発進するときも同様に、踏切内でのエンストを防止するため、変速せずに発進したときの低速ギヤで踏切を通過するように指導する。

2．不適切。自動車の重量及びカーブの半径が同一の場合には、時速30kmから時速60kmと**速度が2倍**になると**遠心力は4倍**となる。

3．不適切。衝突被害軽減ブレーキは、レーダー等で検知した前方の車両等に衝突する危険性が生じた場合、運転者にブレーキ操作を行うよう促し、さらに衝突する可能性が高くなると自動的にブレーキが作動して衝突による被害を軽減させるためのものである。したがって、運転者には、**確実に危険を回避できるものではないこと**等、ブレーキの機能等を正しく理解させる必要がある。

4．不適切。交通事故の再発を未然に防止するためには、**運転者の人的要因とともに**、事故が発生した要因について**様々な角度から情報を収集し、調査や事故原因の分析を行う**ことが必要である。なお、特別講習は、死亡又は重傷者を生じた事故を惹起した営業所の運行管理者、又は行政処分を受けた営業所の運行管理者が受講の対象である。

## 問28　　　　　　　　　　　　　　▶答え　A−1，B−2，C−1，D−2

ア．（**ハイドロプレーニング現象**）とは、路面が水でおおわれているときに高速で走行するとタイヤの排水作用が悪くなり、水上を滑走する状態になって操縦不能になることをいう。これを防ぐため、日頃よりスピードを抑えた走行に努めるべきことや、タイヤの空気圧及び溝の深さが適当であることを日常点検で確認することの重要性を、運転者に対し指導する必要がある。

イ．（**蒸発現象**）とは、自動車の夜間の走行時において、自車のライトと対向車のライトで、お互いの光が反射し合い、その間にいる歩行者や自転車が見えなくなることをいう。この状況は暗い道路で特に起こりやすいので、夜間の走行の際には十分注意するよう運転者に対し指導する必要がある。

ウ．（**ベーパー・ロック現象**）とは、フット・ブレーキを使い過ぎると、ブレーキ・ドラムやブレーキ・ライニングなどが摩擦のため過熱してその熱がブレーキ液に伝わり、液内に気泡が発生することによりブレーキが正常に作用しなくなり効きが低下することをいう。これを防ぐため、長い下り坂などでは、エンジン・ブレーキ等を使用し、フット・ブレーキのみの使用を避けるよう運転者に対し指導する必要がある。

エ．（**空走距離**）とは、運転者が走行中に危険を認知して判断し、ブレーキ操作に至るまでの間に自動車が走り続けた距離をいう。自動車を運転するとき、特に他の自動車に追従して走行するときは、危険が発生した場合でも安全に停止できるような速度又は車間距離を保って運転するよう運転者に対し指導する必要がある。

1．**正しい**。配置基準2（3）①を参照。

　**1日の合計実車距離**は、1人の運転者の1日の乗務が、夜間ワンマン運行又は昼間ワンマン運行の一運行のみの場合はそれぞれの運行に係る一運行の実車距離の規定を適用するが、2つ以上の運行に乗務する場合は**原則600km**までとなる。

　　往路（A地点〜D目的地）：300km（20km＋90km＋90km＋90km＋10km）

　　復路（E目的地〜G地点）：280km（10km＋80km＋90km＋80km＋20km）

　往路と復路の**合計580km**が実車距離となる。なお、回送運行の営業所〜A地点の5km、D目的地〜指定された宿泊所の5km、指定された宿泊所〜E目的地の5km、G地点〜営業所の10kmは、実車距離に含まない。

◎1日における実車距離は580kmとなるため、配置基準に定める限度（600km）に違反していない。

2．誤り。配置基準2（3）②を参照。

　**1日の運転時間**は、運行計画上、**原則9時間**までとする。また、1日とは始業から起算して24時間をいうため、1日の運転時間は**往路と復路の合計**になる。

　運行の計画による運転時間は以下のとおりとなる。

　　往路：4時間10分（10分＋30分＋1時間＋1時間＋1時間＋20分＋10分）。

　　復路：5時間40分（10分＋30分＋1時間＋1時間30分＋1時間30分＋40分＋20分）。

　　1日の運転時間は、4時間10分＋5時間40分＝**9時間50分**。

◎1日における運転時間が9時間50分となり、配置基準に定める限度（9時間）に**違反している**。

3．**正しい**。配置基準2（1）①・⑤を参照。

　夜間ワンマン運行の実車運行区間において、運行計画上、実車運行区間における運転時間概ね2時間毎に連続20分以上（一運行の実車距離が400km以下の場合にあっては、実車運行区間における運転時間概ね2時間毎に連続15分以上）の休憩を確保していなければならない。

　往路運行は夜間ワンマン運行の実車距離が**400km以下**（設問1より300km）であるため、運転時間**概ね2時間毎に連続15分以上**の休憩を確保していればよい。

◎夜間ワンマン運行の実車運行区間の途中における休憩は、30分＋1時間運行した後に20分休憩、1時間運行した後に20分休憩、1時間＋20分運行した後に降車しているため、実車運行区間の途中における休憩の確保は、配置基準に定める限度に違反していない。

夜間ワンマン運行（往路）の休憩の確保

実車運行区間

| 乗車 20分 | 運転 30分 | 運転 1時間 | 休憩 20分 | 運転 1時間 | 休憩 20分 | 運転 1時間 | 運転 20分 | 降車 10分 |

## 問30 ▶答え 5

〈事故の概要〉と〈事故関連情報〉から、事故の再発防止策として有効であるかどうかを判断する。

ア．×：運転者の疾病により起きた事故であり、適性診断とは関係がないため、同種事故の再発防止及び被害軽減の対策として直接的に**有効ではない**。

イ．○：運転者の疾病により起きた事故であるため、乗務前点呼時には、特に個別疾病を治療中の運転者について、安全な運転ができる状態かどうかを確認・判断することは、同種事故の再発防止及び被害軽減の対策として有効である。

ウ．○：持病があるにもかかわらず健康診断の受診が不十分であり、また、定期健康診断も受診させていなかったため疾病の予兆を見逃した可能性がある。健康診断を確実に実施し、また、産業医等と連携して指導を行い常に健康状態の把握を行うことは、同種事故の再発防止及び被害軽減の対策として有効である。

エ．○：39名の乗客の半数はシートベルトを着用していなかったため、乗客全員のシートベルト着用を徹底することは、同種事故の再発防止及び被害軽減の対策として有効である。

オ．×：運行指示書を作成、指示、携行させることは、今回の事故とは関係がないため、同種事故の再発防止及び被害軽減の対策として直接的に**有効ではない**。

カ．×：旅客自動車運送事業の社会的使命は、今回の事故とは関係がないため、同種事故の再発防止及び被害軽減の対策として直接的に**有効ではない**。

キ．○：運転者の疾病により起きた事故であるため、疾病の症状を感じたら早急に医療機関で診断を受けさせること、疾病の知識の向上を図ること及び日頃の生活習慣の改善を指導することは、同種事故の再発防止及び被害軽減の対策として有効である。

ク．×：日常点検整備及び定期点検整備は実施されており、運転者の疾病により起きた事故であるため関係がなく、同種事故の再発防止及び被害軽減の対策として直接的に**有効ではない**。

以上の結果、同種事故の再発を防止するための対策として、最も直接的に有効と考えられる組み合わせは、イ・ウ・エ・キとなり、選択肢「**5**」が正解となる。

# 模擬試験

## 運行管理者試験問題（旅客）第2回

## 1．道路運送法

問1　旅客自動車運送事業に関する次の記述のうち、正しいものを2つ選びなさい。なお、解答にあたっては、各選択肢に記載されている事項以外は考慮しないものとする。

1．旅客自動車運送事業とは、他人の需要に応じ、有償で、自動車を使用して旅客を運送する事業であって、一般旅客自動車運送事業及び特定旅客自動車運送事業をいう。

2．一般旅客自動車運送事業の許可の取消しを受けた者は、その取消しの日から2年を経過しなければ、新たに一般旅客自動車運送事業の許可を受けることができない。

3．一般貸切旅客自動車運送事業の許可は、5年ごとにその更新を受けなければ、その期間の経過によって、その効力を失う。

4．一般旅客自動車運送事業者は、「営業所ごとに配置する事業用自動車の数」の事業計画の変更をしたときは、遅滞なく、その旨を国土交通大臣に届け出なければならない。

問2　一般旅客自動車運送事業者（以下「事業者」という。）の安全管理規程等及び輸送の安全に係る情報の公表についての次の文中、A、B、Cに入るべき字句として、いずれか正しいものを1つ選びなさい。なお、解答にあたっては、各選択肢に記載されている事項以外は考慮しないものとする。

1．一般乗用旅客自動車運送事業の用に供する事業用自動車の保有車両数が（A）の事業者は、安全管理規程を定めて国土交通大臣に届け出なければならない。これを変更しようとするときも、同様とする。

2．道路運送法第22条の2第1項の規定により安全管理規程を定めなければならない一般旅客自動車運送事業者は、安全統括管理者を選任したときは、国土交通省令で定めるところにより、（B）その旨を国土交通大臣に届け出なければならない。

3．事業者は、毎事業年度の経過後（C）以内に、輸送の安全に関する基本的な方針その他の輸送の安全にかかわる情報であって国土交通大臣が告示で定める①輸送の安全に関する基本的な方針、②輸送の安全に関する目標及びその達成状況、③自動車事故報告規則第2条に規定する事故に関する統計について、インターネットの利用その他の適切な方法により公表しなければならない。

A　①200両　　②100両

B　①30日以内　②遅滞なく

C　①200日　　②100日

問3　次の記述のうち、旅客自動車運送事業者の運行管理者が行わなければならない業務として、正しいものを2つ選びなさい。なお、解答にあたっては、各選択肢に記載されている事項以外は考慮しないものとする。

1．一般貸切旅客自動車運送事業において、運転者として新たに雇い入れた者に対して、当該事業用自動車の運転者として選任する前に初任診断（初任運転者のための適性診断として国土交通大臣が認定したもの。）を受診させること。

2．法令に規定する運行管理者資格者証を有する者又は国土交通大臣が告示で定める運行の管理に関する講習であって国土交通大臣の認定を受けたもの（基礎講習）を修了した者のうちから、運行管理者の業務を補助させるための者（補助者）を選任すること並びにその者に対する指導及び監督を行うこと。

3．運転者に対し、事故により事業用自動車の運行を中断したときは、当該旅客自動車運送事業者とともに、当該事業用自動車に乗車している旅客のために、運送を継続するか又は出発地まで送還すること、及び旅客を保護することに関して適切な処置をしなければならないことについて、指導及び監督を行うこと。

4．運行管理者の職務及び権限、統括運行管理者を選任しなければならない営業所にあってはその職務及び権限並びに事業用自動車の運行の安全の確保に関する業務の実行に係る基準に関する規程（運行管理規程）を定めること。

問4　旅客自動車運送事業の事業用自動車の運転者に対する点呼に関する次の記述のうち、<u>正しいものをすべて</u>選びなさい。なお、解答にあたっては、各選択肢に記載されている事項以外は考慮しないものとする。

1．旅客自動車運送事業運輸規則に規定する「アルコール検知器を営業所ごとに備え」とは、営業所又は営業所の車庫に設置され、営業所に備え置き、又は営業所に属する事業用自動車に設置されているものをいう。また、「常時有効に保持」とは、正常に作動し、故障がない状態で保持しておくことをいう。

2．乗務終了後の点呼は、対面（運行上やむを得ない場合は電話その他の方法）により行い、当該乗務に係る事業用自動車、道路及び運行の状況について報告を求め、並びに酒気帯びの有無について確認を行わなければならない。この場合において、乗務を終了した運転者が他の運転者と交替した場合にあっては、当該運転者が交替した運転者に対して行った法令の規定による通告については省略できる。

3．次のいずれにも該当する一般旅客自動車運送事業者の営業所にあっては、当該営業所と当該営業所の車庫間で点呼を行う場合は、対面による点呼と同等の効果を有するものとして国土交通大臣が定めた機器による点呼を行うことができる。

　　①開設されてから3年を経過していること。

　　②過去3年間所属する旅客自動車運送事業の用に供する事業用自動車の運転者が自らの責に帰する自動車事故報告規則第2条に規定する事故を発生させていないこと。

　　③過去3年間自動車その他の輸送施設の使用の停止処分、事業の停止処分又は警告を受けていないこと。

4．旅客自動車運送事業者は、法令の規定により点呼を行ない、報告を求め、確認を行ない、及び指示をしたときは、運転者ごとに点呼を行なった旨、報告、確認及び指示の内容並びに法令で定める所定の事項を記録し、かつ、その記録を1年間保存しなければならない。

問5　次の自動車事故に関する記述のうち、一般旅客自動車運送事業者が自動車事故報告規則に基づき国土交通大臣への報告を要するものを2つ選びなさい。なお、解答にあたっては、各選択肢に記載されている事項以外は考慮しないものとする。

1．旅客を降車させる際、事業用自動車の運転者が乗降口の扉を開閉する操作装置の不適切な操作をしたため、旅客1名に11日間の医師の治療を要する傷害を生じさせた。

2．事業用自動車が右折の際、原動機付自転車と接触し、当該原動機付自転車が転倒した。この事故で、原動機付自転車の運転者に通院による30日間の医師の治療を要する傷害を生じさせた。

3．事業用自動車が乗客を乗せ、走行していたところ、運転者は意識がもうろうとしてきたので直近の駐車場に駐車させて乗客を降ろした。しかし、その後も容体が回復しなかったため、運行を中断した。なお、その後、当該運転者は脳梗塞と診断された。

4．事業用自動車が走行中、突然、自転車が道路上に飛び出してきたため急停車したところ、当該事業用自動車及び後続の自動車6台が次々と衝突する事故となり、この事故により8人が負傷した。

問6　一般旅客自動車運送事業者の過労運転の防止等に関する次の記述のうち、誤っているものを1つ選びなさい。なお、解答にあたっては、各選択肢に記載されている事項以外は考慮しないものとする。

1．貸切バスの交替運転者の配置基準に定める夜間ワンマン運行（1人乗務）の1運行の運転時間は、運行指示書上、9時間を超えないものとする。

2．貸切バスの交替運転者の配置基準に定める夜間ワンマン運行（1人乗務）の連続乗務回数は、2回（一運行の実車距離が400kmを超える場合にあっては、1回）以内とする。

3．乗務員の健康状態の把握に努め、疾病、疲労、睡眠不足その他の理由により安全な運転をすることができないおそれがある乗務員を事業用自動車に乗務させないこと。

4．一般貸切旅客自動車運送事業者は、運転者が長距離運転又は夜間の運転に従事する場合であって、疲労等により安全な運転を継続することができないおそれがあるときは、あらかじめ、交替するための運転者を配置しておかなければならない。

問7　一般旅客自動車運送事業者（以下「事業者」という。）の事業用自動車の運行の安全を確保するために、国土交通省告示等に基づき運転者に対して行わなければならない指導監督及び特定の運転者に対して行わなければならない特別な指導に関する次の記述のうち、誤っているものを1つ選びなさい。なお、解答にあたっては、各選択肢に記載されている事項以外は考慮しないものとする。

1．事業者は、事故惹起運転者に対する特別な指導については、当該交通事故を引き起こした後、再度事業用自動車に乗務する前に実施すること。ただし、やむを得ない事情がある場合には、再度事業用自動車に乗務を開始した後1ヵ月以内に実施すること。なお、外部の専門的機関における指導講習を受講する予定である場合は、この限りでない。

2．事業用自動車の運転者は、乗務を終了したときは、交替する運転者に対し、乗務中の当該の自動車、道路及び運行状況について通告すること。この場合において、乗務する運転者は、当該自動車の制動装置、走行装置その他の重要な部分の機能について点検をすること。

3．一般貸切旅客自動車運送事業者は、初任運転者以外の者であって、直近1年間に当該事業者において運転の経験（実技の指導を受けた経験を含む。）のある貸切バスより大型の車種区分の貸切バスに乗務しようとする運転者（準初任運転者）に対して、当該大型の車種区分の貸切バスに乗務する前に所定の特別な指導を実施すること。

4．事業者は、法令に基づき事業用自動車の常時選任する運転者その他事業用自動車の運転者を新たに雇い入れた場合には、当該運転者について、自動車安全運転センターが交付する無事故・無違反証明書又は運転記録証明書等により、事故歴を把握し、事故惹起運転者に該当するか否かを確認すること。また、確認の結果、当該運転者が事故惹起運転者に該当した場合であって、特別な指導を受けていない場合には、特別な指導を実施すること。

**問8** 次の記述のうち、旅客自動車運送事業者の事業用自動車の運転者等が遵守しなければ
ならない事項として、正しいものを2つ選びなさい。なお、解答にあたっては、各選択
肢に記載されている事項以外は考慮しないものとする。

1. 旅客自動車運送事業者の事業用自動車の運転者は、坂路において事業用自動車から離れる
とき及び安全な運行に支障がある箇所を通過するときは、旅客を降車させること。

2. 一般乗合旅客自動車運送事業者の事業用自動車を利用する旅客は、動物（身体障害者補助
犬法による身体障害者補助犬及びこれと同等の能力を有すると認められる犬並びに愛玩用の
小動物を除く。）を事業用自動車内に持ち込んではならない。

3. 一般乗合旅客自動車運送事業者の事業用自動車の運転者は、法令の規定により車掌が乗務
しない事業用自動車にあっては、発車の直前に安全の確認ができた場合は必ず警音器を吹鳴
すること。

4. 一般乗用旅客自動車運送事業者の事業用自動車の運転者は、食事若しくは休憩のため、及
び営業区域外から営業区域に戻るため、運送の引受けをすることができない場合又は乗務の
終了等のため車庫若しくは営業所に回送しようとする場合には、回送板を掲出すること。

## ２．道路運送車両法

問9　自動車の登録等についての次の記述のうち、<u>正しいものを２つ</u>選びなさい。なお、解答にあたっては、各選択肢に記載されている事項以外は考慮しないものとする。

1．自動車の所有者は、当該自動車の使用の本拠の位置に変更があったときは、道路運送車両法で定める場合を除き、その事由があった日から30日以内に、国土交通大臣の行う変更登録の申請をしなければならない。

2．臨時運行の許可を受けた者は、臨時運行許可証の有効期間が満了したときは、その日から15日以内に、当該臨時運行許可証及び臨時運行許可番号標を行政庁に返納しなければならない。

3．登録自動車の所有者は、当該自動車が滅失し、解体し（整備又は改造のために解体する場合を除く。）、又は自動車の用途を廃止したときは、その事由があった日（使用済自動車の解体である場合には解体報告記録がなされたことを知った日）から15日以内に、永久抹消登録の申請をしなければならない。

4．登録自動車の所有者は、当該自動車の自動車登録番号標の封印が滅失した場合には、国土交通大臣又は封印取付受託者の行う封印の取付けを受けなければならない。

問10　自動車の検査等についての次の記述のうち、<u>正しいものを２つ</u>選びなさい。なお、解答にあたっては、各選択肢に記載されている事項以外は考慮しないものとする。

1．乗車定員５人の旅客を運送する自動車運送事業の用に供する自動車については、初めて自動車検査証の交付を受ける際の当該自動車検査証の有効期間は２年である。

2．登録を受けていない法に規定する自動車を運行の用に供しようとするときは、当該自動車の使用者は、当該自動車を提示して、国土交通大臣の行なう新規検査を受けなければならない。

3．車両総重量８トン以上又は乗車定員30人以上の自動車の使用者は、スペアタイヤの取付状態等について、３ヵ月ごとに国土交通省令で定める技術上の基準により自動車を点検しなければならない。

4．自動車は、指定自動車整備事業者が継続検査の際に交付した有効な保安基準適合標章を表示している場合であっても、自動車検査証を備え付けなければ、運行の用に供してはならない。

問11　道路運送車両法に定める自動車の整備命令等についての次の文中、A〜Dに入るべき字句としていずれか正しいものを1つ選びなさい。

地方運輸局長は、自動車が保安基準に適合しなくなるおそれがある状態又は適合しない状態にあるとき（同法第54条の2第1項に規定するときを除く。）は、当該自動車の（A）に対し、保安基準に適合しなくなるおそれをなくするため、又は保安基準に適合させるために必要な（B）を行うべきことを命ずることができる。この場合において、地方運輸局長は、保安基準に（C）にある当該自動車の（A）に対し、当該自動車が保安基準に適合するに至るまでの間の運行に関し、当該自動車の使用の方法又は（D）その他の保安上又は公害防止その他の環境保全上必要な指示をすることができる。

A　①使用者　　　　　　　　　　　　②所有者
B　①整備　　　　　　　　　　　　　②点検
C　①適合しなくなるおそれがある状態　②適合しない状態
D　①使用の制限　　　　　　　　　　②経路の制限

問12　道路運送車両の保安基準及びその細目を定める告示についての次の記述のうち、誤っているものを1つ選びなさい。なお、解答にあたっては、各選択肢に記載されている事項以外は考慮しないものとする。

1．自動車の前面ガラス及び側面ガラス（告示で定める部分を除く。）は、フィルムが貼り付けられた場合、当該フィルムが貼り付けられた状態においても、透明であり、かつ、運転者が交通状況を確認するために必要な視野の範囲に係る部分における可視光線の透過率が70％以上であることが確保できるものでなければならない。

2．自動車に備えなければならない非常信号用具は、夜間150メートルの距離から確認できる赤色の灯光を発するものでなければならない。

3．自動車に備えなければならない後写鏡は、取付部附近の自動車の最外側より突出している部分の最下部が地上1.8メートル以下のものは、当該部分が歩行者等に接触した場合に衝撃を緩衝できる構造でなければならない。

4．自動車の後面には、夜間にその後方150メートルの距離から走行用前照灯で照射した場合にその反射光を照射位置から確認できる赤色の後部反射器を備えなければならない。

## 3. 道路交通法

**問13** 道路交通法に定める用語の意義についての次の記述のうち、<u>正しいものを2つ選びな</u>さい。なお、解答にあたっては、各選択肢に記載されている事項以外は考慮しないものとする。

1. 徐行とは、車両等が直ちに停止することができるような速度で進行することをいう。
2. 自動車とは、原動機を用い、かつ、レール又は架線によらないで運転する車であって、原動機付自転車、自転車及び身体障害者用の車いす並びに歩行補助車その他の小型の車で政令で定めるもの以外のものをいう。
3. 駐車とは、車両等が客待ち、荷待ち、貨物の積卸し、故障その他の理由により継続的に停止すること（荷待ちのための停止で5分を超えない時間内のもの及び人の乗降のための停止を除く。）、又は車両等が停止し、かつ、当該車両等の運転をする者がその車両等を離れて直ちに運転することができない状態にあることをいう。
4. 道路標識とは、道路の交通に関し、規制又は指示を表示する標示で、路面に描かれた道路鋲、ペイント、石等による線、記号又は文字をいう。

**問14** 道路交通法に定める追越し等についての次の記述のうち、<u>正しいものを2つ選びなさ</u>い。なお、解答にあたっては、各選択肢に記載されている事項以外は考慮しないものとする。

1. 車両は、道路のまがりかど附近、上り坂の頂上附近又は勾配の急な下り坂の道路の部分においては、前方が見とおせる場合を除き、他の車両（軽車両を除く。）を追い越すため、進路を変更し、又は前車の側方を通過してはならない。
2. 車両は、法令に規定する優先道路を通行している場合における当該優先道路にある交差点を除き、交差点の手前の側端から前に30メートル以内の部分においては、他の車両（軽車両を除く。）を追い越してはならない。
3. 自動車を運転する場合において、初心運転者標識を受けたものが表示自動車を運転しているときは、危険防止のためやむを得ない場合であっても、進行している当該表示自動車の側方に幅寄せをし、又は当該自動車が進路を変更した場合にその変更した後の進路と同一の進路を後方から進行してくる表示自動車が当該自動車との間に必要な距離を保つことができないこととなるときは進路を変更してはならない。
4. 車両は、トンネル内の車両通行帯が設けられている道路の部分（道路標識等により追越しが禁止されているものを除く。）においては、他の車両を追い越すことができる。

問15　道路交通法に定める交通事故の場合の措置について、次のA、B、C、Dに入るべき字句として、いずれか正しいものを1つ選びなさい。

　交通事故があったときは、当該交通事故に係る車両等の運転者その他の乗務員は、直ちに車両等の運転を停止して、（A）し、道路における（B）する等必要な措置を講じなければならない。この場合において、当該車両等の運転者（運転者が死亡し、又は負傷したためやむを得ないときは、その他の乗務員）は、警察官が現場にいるときは当該警察官に、警察官が現場にいないときは直ちに最寄りの警察署（派出所又は駐在所を含む。）の警察官に当該交通事故が発生した日時及び場所、当該交通事故における（C）及び負傷者の負傷の程度並びに損壊した物及びその損壊の程度、当該交通事故に係る車両等の積載物並びに（D）を報告しなければならない。

A　①　事故情報を確認　　　　　　　　②　負傷者を救護
B　①　危険を防止　　　　　　　　　　②　安全な駐車位置を確保
C　①　死傷者の数　　　　　　　　　　②　事故車両の数
D　①　当該交通事故について講じた措置　②　同乗者の数

問16　道路交通法に定める自動車免許について、次の記述のうち、正しいものを2つ選びなさい。なお、解答にあたっては、各選択肢に記載されている事項以外は考慮しないものとする。

1．運転免許証の有効期間については、優良運転者であって更新日における年齢が70歳未満の者にあっては5年、70歳以上の者にあっては3年である。
2．中型免許を受けた者は、車両総重量が7,500キログラム以上11,000キログラム未満のもの、最大積載量が4,500キログラム以上6,500キログラム未満のもの又は乗車定員が29人以下の中型自動車を運転することができる。
3．準中型免許を受けた者は、車両総重量が3,500キログラム以上7,500キログラム未満のもの、最大積載量が2,000キログラム以上4,500キログラム未満のもの又は乗車定員が10人以下の準中型自動車を運転することができる。
4．普通自動車免許を令和2年4月10日に初めて取得し、その後令和3年5月22日に準中型免許を取得したが、令和3年8月25日に準中型自動車を運転する場合、初心運転者標識の表示義務はない。

問17　次に掲げる標識のある道路における通行に関する各々の記述について、<u>誤っているも</u><u>のを１つ選びなさい</u>。なお、解答にあたっては、各選択肢に記載されている事項以外は考慮しないものとする。

1. 　幅2.2メートルの中型自動車であるバスは通行することができる。

2. 車両は、８時から20時までの間は駐停車してはならない。

3. 車両は、黄色又は赤色の灯火の信号にかかわらず左折することができる。

4. 車両は、指定された方向以外の方向に進行してはならない。

## 4．労働基準法

**問18**　労働基準法（以下「法」という。）に定める労働契約に関する次の記述のうち、<u>正しいものを２つ</u>選びなさい。なお、解答にあたっては、各選択肢に記載されている事項以外は考慮しないものとする。

1．使用者は、労働者を解雇しようとする場合においては、少くとも30日前にその予告をしなければならない。30日前に予告をしない使用者は、30日分以上の平均賃金を支払わなければならない。

2．労働契約は、期間の定めのないものを除き、一定の事業の完了に必要な期間を定めるもののほかは、１年（法第14条（契約期間等）第１項各号のいずれかに該当する労働契約にあっては、３年）を超える期間について締結してはならない。

3．法第20条（解雇の予告）の規定は、法に定める期間を超えない限りにおいて、「日日雇い入れられる者」、「２ヵ月以内の期間を定めて使用される者」、「季節的業務に４ヵ月以内の期間を定めて使用される者」又は「試の使用期間中の者」のいずれかに該当する労働者については適用しない。

4．出来高払制その他の請負制で使用する労働者については、使用者は、労働時間にかかわらず一定額の賃金の保障をしなければならない。

**問19**　労働基準法（以下「法」という。）に定める労働時間及び休日等に関する次の記述のうち、<u>誤っているものを１つ</u>選びなさい。なお、解答にあたっては、各選択肢に記載されている事項以外は考慮しないものとする。

1．使用者は、労働者に、休憩時間を除き１週間について40時間を超えて、労働させてはならない。また、１週間の各日については、労働者に、休憩時間を除き１日について８時間を超えて、労働させてはならない。

2．使用者は、当該事業場に、労働者の過半数で組織する労働組合がある場合においてはその労働組合、労働者の過半数で組織する労働組合がない場合においては労働者の過半数を代表する者との書面による協定をし、これを行政官庁に届け出た場合においては、法定労働時間又は法定休日に関する規定にかかわらず、その協定で定めるところによって労働時間を延長し、又は休日に労働させることができる。

3．使用者は、災害その他避けることのできない事由によって、臨時の必要がある場合においては、行政官庁の許可を受けて、その必要の限度において法に定める労働時間を延長し、又は休日に労働させることができる。ただし、事態急迫のために行政官庁の許可を受ける暇がない場合においては、事後に遅滞なく届け出なければならない。

4．使用者は、４週間を通じ８日以上の休日を与える場合を除き、労働者に対して、毎週少なくとも２回の休日を与えなければならない。

問20　「自動車運転者の労働時間等の改善のための基準」（以下「改善基準告示」という。）に定める一般乗用旅客自動車運送事業以外の旅客自動車運送事業に従事する自動車運転者（以下「バス運転者」という。）の拘束時間等についての次の文中、A、B、C、Dに入るべき字句としていずれか正しいものを1つ選びなさい。

1．労使当事者は、時間外労働協定においてバス運転者に係る一定期間についての延長時間について協定するに当たっては、当該一定期間は（A）及び（B）以内の一定の期間とするものとする。

2．使用者は、貸切バス運転者に労働基準法第35条の休日に労働させる場合は、当該労働させる休日は（C）について（D）を超えないものとし、当該休日の労働によって改善基準告示第5条第1項に定める拘束時間及び最大拘束時間の限度を超えないものとする。

A　①1週間　　　　　　　　　　②2週間
B　①1か月以上3か月以内　　　②2か月以上6か月以内
C　①1週間　　　　　　　　　　②2週間
D　①1回　　　　　　　　　　　②2回

問21　「自動車運転者の労働時間等の改善のための基準」及び厚生労働省労働基準局長の定める「一般乗用旅客自動車運送事業以外の事業に従事する自動車運転者の拘束時間及び休息期間の特例について」に関する次の記述のうち、誤っているものを1つ選びなさい。なお、隔日勤務には就いていない場合とする。また、解答にあたっては、各選択肢に記載されている事項以外は考慮しないものとする。

1．休息期間とは、勤務と次の勤務との間にあって、休息期間の直前の拘束時間における疲労の回復を図るとともに、睡眠時間を含む労働者の生活時間として、その処分は労働者の全く自由な判断にゆだねられる時間をいう。

2．使用者は、貸切バス運転者の連続運転時間（1回が連続5分以上で、かつ、合計が30分以上の運転の中断をすることなく連続して運転する時間をいう。）は、4時間を超えないものとすること。

3．使用者は、バス運転者が同時に1台の事業用自動車に2人以上乗務する場合（車両内に身体を伸ばして休息することができる設備がある場合に限る。）においては、1日（始業時刻から起算して24時間をいう。）についての最大拘束時間を20時間まで延長することができる。また、休息期間は、4時間まで短縮することができるものとする。

4．使用者は、バス運転者の休息期間については、当該バス運転者の住所地における休息期間がそれ以外の場所における休息期間より長くなるように努めるものとする。

問22　下表は、一般乗合旅客自動車運送事業者以外の旅客自動車運送事業に従事する運転者の４週間の運転時間の例を表したものであるが、「自動車運転者の労働時間等の改善のための基準」（以下「改善基準」という。）に定める４週間を平均し１週間当たりの運転時間等に関する次の基準のうち、<u>正しいものを１つ</u>選びなさい。なお、「４週間を平均し１週間当たりの運転時間の延長に関する労使協定」がないものとする。

| | | 第1週 | | | | | | | 第2週 | | | | | |
|---|---|---|---|---|---|---|---|---|---|---|---|---|---|---|
| | | 1日 | 2日 | 3日 | 4日 | 5日 | 6日 | 7日 | 8日 | 9日 | 10日 | 11日 | 12日 | 13日 | 14日 |
| 運転時間等（時間） | 休日 | 4 | 4 | 9 | 8 | 8 | 7 | 休日 | 4 | 9 | 10 | 9 | 6 | 5 | 休日 |

（起算日）

| | 第3週 | | | | | | | 第4週 | | | | | |
|---|---|---|---|---|---|---|---|---|---|---|---|---|---|
| | 15日 | 16日 | 17日 | 18日 | 19日 | 20日 | 21日 | 22日 | 23日 | 24日 | 25日 | 26日 | 27日 | 28日 |
| 運転時間等（時間） | 5 | 7 | 4 | 8 | 7 | 8 | 休日 | 7 | 9 | 8 | 5 | 5 | 4 | 休日 |

| ４週間の<br>運転時間計 |
|---|
| 160時間 |

（注1）　４週間の起算日は、1日とする。
（注2）　各労働日の始業時刻は午前8時とする。

1．当該４週間のすべての日を特定日とした２日を平均し１日当たりの運転時間（以下「２日を平均し１日当たりの運転時間」という。）は改善基準に違反していないが、４週間を平均し１週間当たりの運転時間が改善基準に違反している。

2．２日を平均し１日当たりの運転時間が改善基準に違反しているが、４週間を平均し１週間当たりの運転時間は改善基準に違反していない。

3．２日を平均し１日当たりの運転時間及び４週間を平均し１週間当たりの運転時間のいずれも改善基準に違反している。

4．２日を平均し１日当たりの運転時間及び４週間を平均し１週間当たりの運転時間のいずれも改善基準に違反していない。

問23　下表は、貸切バスの運転者の4週間の勤務状況の例を示したものであるが、「自動車運転者の労働時間等の改善のための基準」に定める拘束時間及び運転時間等に照らし、次の1～4の中から違反している事項をすべて選びなさい。なお、1人乗務とし、「4週間を平均し1週間当たりの拘束時間の延長に関する労使協定」、「4週間を平均し1週間当たりの運転時間の延長に関する労使協定」及び「時間外労働及び休日労働に関する労使協定」があり、下表の4週間は、当該協定により、拘束時間及び運転時間を延長することができるものとする。

（起算日）

| 第1週 | | 1日 | 2日 | 3日 | 4日 | 5日 | 6日 | 7日 | 週の合計時間 |
|---|---|---|---|---|---|---|---|---|---|
| | 各日の運転時間 | 7 | 5 | 8 | 8 | 9 | 8 | 休日 | 45 |
| | 各日の拘束時間 | 9 | 10 | 13 | 10 | 13 | 13 | | 68 |

| 第2週 | | 8日 | 9日 | 10日 | 11日 | 12日 | 13日 | 14日 休日労働 | 週の合計時間 |
|---|---|---|---|---|---|---|---|---|---|
| | 各日の運転時間 | 4 | 5 | 5 | 8 | 10 | 9 | 5 | 46 |
| | 各日の拘束時間 | 8 | 8 | 8 | 17 | 15 | 11 | 8 | 75 |

| 第3週 | | 15日 | 16日 | 17日 | 18日 | 19日 | 20日 | 21日 | 週の合計時間 |
|---|---|---|---|---|---|---|---|---|---|
| | 各日の運転時間 | 4 | 4 | 9 | 9 | 10 | 4 | 休日 | 40 |
| | 各日の拘束時間 | 8 | 8 | 12 | 11 | 16 | 8 | | 63 |

| 第4週 | | 22日 | 23日 | 24日 | 25日 | 26日 | 27日 | 28日 休日労働 | 週の合計時間 |
|---|---|---|---|---|---|---|---|---|---|
| | 各日の運転時間 | 9 | 10 | 8 | 4 | 5 | 6 | 5 | 47 |
| | 各日の拘束時間 | 13 | 13 | 12 | 10 | 9 | 13 | 9 | 79 |

| 4週間の合計時間 | |
|---|---|
| 運転時間 | 178 |
| 拘束時間 | 285 |

（注1）　7日、14日、21日及び28日は法定休日とする。
（注2）　法定休日労働に係る2週間及び運転時間に係る4週間の起算日は1日とする。
（注3）　各労働日の始業時刻は午前8時とする。
（注4）　当該4週間を含む52週間の運転時間は、2080時間を超えないものとする。

1．2週間における法定休日に労働させる回数

2．4週間を平均し1週間当たりの運転時間

3．当該4週間のすべての日を特定日とした2日を平均した1日当たりの運転時間

4．1日の最大拘束時間

## 5．実務上の知識及び能力

問24 旅客自動車運送事業の事業用自動車の運転者に対する点呼の実施等に関する次の記述のうち、適切なものをすべて選びなさい。なお、解答にあたっては、各選択肢に記載されている事項以外は考慮しないものとする。

1．乗務前の点呼においてアルコール検知器を使用し、呼気中のアルコール濃度1リットル当たり0.17ミリグラムであったため、乗務を中止させた。しかし、交替要員がないため、2時間休憩させ、あらためて、アルコール検知器を使用し、呼気中のアルコール濃度1リットル当たり0.10ミリグラムとなったため、乗務させた。

2．3日間にわたる事業用自動車の運行で、2日目は遠隔地の乗務のため、乗務後の点呼については、目的地への到着予定時刻が運行管理者等の勤務時間外となることから、乗務途中の休憩時間を利用して運行管理者等が営業所に勤務する時間帯に携帯電話により行い、所定の事項を点呼記録表に記録した。

3．以前に自社の運転者が自動車運転免許証の停止の処分を受けているにもかかわらず、事業用自動車を運転していた事案が発覚したことがあったため、運行管理規程に乗務前の点呼における実施事項として、自動車運転免許証の提示及び確認について明記した。その後、運行管理者は、乗務前の点呼の際の運転免許証の確認については、各自の運転免許証のコピーにより行い、再発防止を図っている。

4．乗務前の点呼において運転者の健康状態を的確に確認することができるようにするため、健康診断の結果等から異常の所見がある運転者又は就業上の措置を講じた運転者が一目で分かるように、個人のプライバシーに配慮しながら点呼記録表の運転者の氏名の横に注意喚起のマークを付記するなどして、これを点呼において活用している。

問25 点呼の実施等に関する次の記述のうち、適切なものをすべて選びなさい。なお、解答にあたっては、各選択肢に記載されている事項以外は考慮しないものとする。

1．A営業所においては、運行管理者は昼間のみの勤務体制となっている。しかし、運行管理者が不在となる時間帯の点呼が当該営業所における点呼の総回数の7割を超えていることから、その時間帯における点呼については、事業者が選任した複数の運行管理者の補助者に実施させている。

2．運行管理者は、乗務開始及び乗務終了後の運転者に対し、原則、対面で点呼を実施しなければならないが、遠隔地で乗務が開始又は終了する場合、車庫と営業所が離れている場合、又は運転者の出庫・帰庫が早朝・深夜であり、点呼を行う運行管理者が営業所に出勤していない場合等、運行上やむを得ず、対面での点呼が実施できないときには、電話、その他の方法で行っている。

3．乗務後の点呼において、乗務を終了した運転者からの当該乗務に係る事業用自動車、道路及び運行の状況についての報告は、特に異常がない場合には運転者から求めないこととしており、点呼記録表に「異常なし」と記録している。

4．輸送の安全及び旅客の利便の確保に関する取組が優良であると認められる営業所に属する運転者が、当該営業所の車庫において、当該営業所の運行管理者による国土交通大臣が定めた機器を使用して行う旅客IT点呼を受けた。

問26 運行管理に関する次の記述のうち、適切なものをすべて選びなさい。なお、解答にあたっては、各選択肢に記載されている事項以外は考慮しないものとする。

1．運行管理者は、運行管理業務に精通し、確実に遂行しなければならない。そのためにも自動車輸送に関連する諸規制を理解し、実務知識を身につけると共に、日頃から運転者と積極的にコミュニケーションを図り、必要な場合にあっては運転者の声を自動車運送事業者に伝え、常に安全で明るい職場環境を築いていくことも重要な役割である。

2．運行管理者は、運転者の指導教育を実施していく際、運転者一人ひとりの個性に応じた助言・指導（カウンセリング）を行うことも重要である。そのためには、日頃から運転者の性格や能力、事故歴のほか、場合によっては個人的な事情についても把握し、そして、これらに基づいて助言・指導を積み重ねることによって事故防止を図ることも重要な役割である。

3．運行管理者は、自動車運送事業者の代理人として事業用自動車の輸送の安全確保に関する業務全般を行い、交通事故を防止する役割を担っている。したがって、事故が発生した場合には、自動車運送事業者に代わって責任を負うこととなる。

4．事業用自動車の点検及び整備に関する車両管理については、整備管理者の責務において行うこととされていることから、運転者が整備管理者に報告した場合にあっては、点呼において運行管理者は事業用自動車の日常点検の実施について確認する必要はない。

問27　事業用自動車の運転者の健康管理及び就業における判断・対処に関する次の記述のうち、適切なものをすべて選びなさい。なお、解答にあたっては、各選択肢に記載されている事項以外は考慮しないものとする。

1．事業者は、業務に従事する運転者に対し法令で定める健康診断を受診させ、その結果に基づいて健康診断個人票を作成し3年間保存としている。また、運転者が自ら受けた健康診断の結果を提出したものについても同様に保存している。

2．事業者は、法令により定められた健康診断を実施することが義務づけられているが、運転者が自ら受けた健康診断（人間ドックなど）であっても法令で必要な定期健康診断の項目を充足している場合は、法定健診として代用することができる。

3．送迎業務である早朝の乗務前点呼において、これから乗務する運転者の目が赤く眠そうな顔つきであったため、本人に報告を求めたところ、連日、就寝が深夜3時頃と遅く寝不足気味ではあるが、何とか乗務は可能であるとの申告があった。このため運行管理者は、当該運転者に対し途中で眠気等があったときには、自らの判断で適宜、休憩をとるなどして運行するよう指示し、出庫させた。

4．事業者は、ある高齢運転者が夜間運転業務において加齢に伴う視覚機能の低下が原因と思われる軽微な接触事故が多く見られたため、昼間の運転業務に配置替えをした。しかし、繁忙期であったことから、運行管理者の判断で点呼において当該運転者の健康状態を確認しつつ、以前の夜間運転業務に短期間従事させた。

問28　自動車の走行時に生じる諸現象とその主な対策に関する次の文中、A、B、Cに入るべき字句としていずれか正しいものを1つ選びなさい。

1．乗車中の人間が両手両足で支えることのできる重量は、体重の約2～3倍程度といわれている。これは自動車が時速（A）km程度で衝突したときの力に相当する。

2．（B）は、交通事故やニアミスなどにより急停止等の衝撃を受けると、その前後の映像とともに、加速度等の走行データを記録する装置（常時記録の機器もある）。

3．（C）は、走行車線を認識し、車線から逸脱した場合あるいは逸脱しそうになった場合には、運転者が車線中央に戻す操作をするよう警報が作動する装置。

A　①7　　　　　　　　　　　　　②10
B　①デジタル式運行記録計　　　②映像記録型ドライブレコーダー
C　①ふらつき注意喚起装置　　　②車線逸脱警報装置

問29 旅行業者から貸切バス事業者に対し、ツアー客の運送依頼があった。これを受けて運行管理者は、下の図に示す運行計画を立てた。この運行に関する次の1〜3の記述について、解答しなさい。なお、解答にあたっては、〈運行計画〉及び各選択肢に記載されている事項以外は考慮しないものとする。

〈運行計画〉

　朝B駅にてツアー客を乗車させ、C観光地及びD道の駅等を経て、F駅に帰着させる行程とする。当該運行は、乗車定員36名乗りの貸切バスを使用し、運転者1人乗務とする。

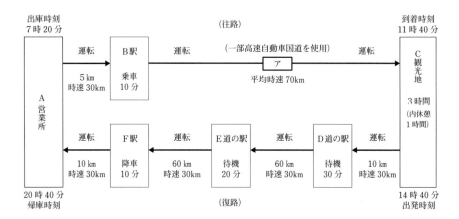

1. 当該運行においてC観光地に11時40分に到着させるためにふさわしいB駅〜C観光地までの距離アについて、次の①〜③の中から正しいものを1つ選びなさい。

　　① 266km　　② 280km　　③ 294km

2. 当該運転者は前日の運転時間が9時間10分であり、また、翌日の運転時間を9時間10分とした場合、当日を特定の日とした場合の2日を平均して1日当たりの運転時間が自動車運転者の労働時間等の改善のための基準告示（以下「改善基準告示」という。）に違反しているか否について、正しいものを1つ選なさい。

　　① 違反していない　　② 違反している

3. 当日の全運行において、連続運転時間は「改善基準告示」に、違反しているか否かについて、正しいものを1つ選びなさい。

　　① 違反していない　　② 違反している

問30 旅客自動車運送事業者において、次の概要のような事故が発生し、運行管理者はこの事故原因を下記の【事故の原因分析】のとおり「なぜなぜ分析」を行った。この分析結果をもとに導かれた「事故の原因」に基づき、社内の同種事故を防止するためにより直接的に有効な再発防止策として表中のA、B、Cに当てはまるものを、【考えられる再発防止策】の中からそれぞれいずれか1つ選びなさい。なお、解答にあたっては、【事故概要】及び【事故の原因分析】に記載されている事項以外は考慮しないものとする。

【事故概要】

　　貸切バスの運転者は、青信号で交差点に進入し、左折しようとしたところ、電柱の影から飛び出してきた歩行者と衝突し、重傷を負わせた。

・事故発生：17時
・天候　　：雨
・運転者は、不慣れな車高の高い新型バスを運転していた。
・運転者は、この地域への運行経験はなく、地図で経路を確認しながら運転してた。
・運転者は、復路につくハイキング客を乗車させるため約束の地点に向かっていたが、渋滞のため、到着時間に遅れそうになっていた。
・歩行者は、雨のため傘をさしていた。

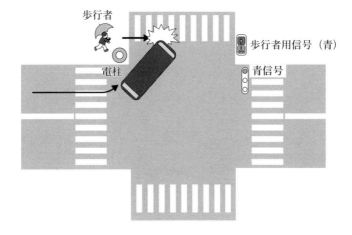

【事故の原因分析】

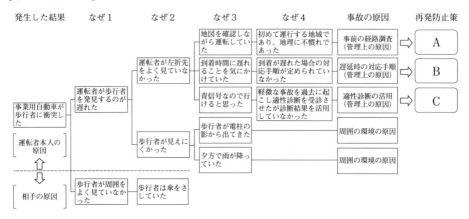

【考えられる再発防止策】

A　1．事業用自動車の運転者は、多様な地理的・気象的状況下での運転を余儀なくされることから、運行経路、交通状況等を事前に把握させるとともに、それらの状況下における適切な運転方法について十分に指導する。

　　2．事業用自動車の車高、視野、死角、内輪差及び制動距離等は車両ごとに異なることから、これらを十分に把握せずに運転したことに起因する交通事故やヒヤリ・ハットの事例を用いて、自動車の構造上の特性を把握することを含め安全運転について適切に指導する。

B　1．運行中の遅延、トラブル等の発生を考慮した対応マニュアルを作成し、これを確実に実施できる体制を整備するとともに、運転者等に周知・徹底する。

　　2．常に「安全運転」が最優先であることをあらためて運転者に徹底する。

C　1．事故惹起運転者に対し、適性診断結果を活用して、本人の運転上の弱点について助言・指導を徹底することにより、安全運転のための基本動作を励行させる。

　　2．適性診断結果の評価の低い事故惹起運転者については、特別な指導を行うことなく、当分の間運転業務から外して、他の業務を行わせる。

# 模擬試験 第2回 解答＆解説

## 問1　　　　　　　　　　　　　　　　　　　　　　　　▶答え　1と3

1. **正しい**。道路運送法第2条第3項を参照。
2. 誤り。一般旅客自動車運送事業の許可の取消しを受けた者は、その取消しの日から**5年**を経過しなければ、新たに一般旅客自動車運送事業の許可を受けることができない。道路運送法第7条第1項第2号を参照。
3. **正しい**。道路運送法第8条第1項を参照。
4. 誤り。事業者は、「営業所ごとに配置する事業用自動車の数」の事業計画の変更をしようとするときは、**あらかじめ**、その旨を、国土交通大臣に届け出なければならない。道路運送法第15条第3項を参照。

## 問2　　　　　　　　　　　　　　　　　　▶答え　A-①，B-②，C-②

1. 一般乗用旅客自動車運送事業の用に供する事業用自動車の保有車両数が（**200両**）の事業者は、安全管理規程を定めて国土交通大臣に届け出なければならない。これを変更しようとするときも、同様とする。道路運送車両法第22条の2を参照。
2. 道路運送法第22条の2第1項の規定により安全管理規程を定めなければならない一般旅客自動車運送事業者は、安全統括管理者を選任したときは、国土交通省令で定めるところにより、（**遅滞なく**）その旨を国土交通大臣に届け出なければならない。道路運送法第22条の2第5項を参照。
3. 事業者は、毎事業年度の経過後（**100日**）以内に、輸送の安全に関する基本的な方針その他の輸送の安全にかかわる情報であって国土交通大臣が告示で定める①輸送の安全に関する基本的な方針、②輸送の安全に関する目標及びその達成状況、③自動車事故報告規則第2条に規定する事故に関する統計について、インターネットの利用その他の適切な方法により公表しなければならない。運輸規則第47条の7第1項を参照。

## 問3　　　　　　　　　　　　　　　　　　　　　　　　▶答え　1と3

1. **正しい**。運輸規則第48条第1項第16号の2を参照。
2. 誤り。補助者を選任するのは、**旅客自動車運送事業者の業務**。運行管理者は補助者に対する指導及び監督を行う。運輸規則第48条第1項第18号を参照。
3. **正しい**。事故の場合の処置等の指導は、運行管理者の業務である乗務員の指導及び監督に含まれる。運輸規則第48条第1項第16号・運輸規則第18条第1項を参照。
4. 誤り。運行管理規程を定めるのは**旅客自動車運送事業者の業務**。運輸規則第48条の2第1項を参照。

模擬試験第2回　解答＆解説

303

## 問4　　　　　　　　　　　　　　　　　　　　▶答え　1と3と4

1．**正しい**。「運輸規則の解釈及び運用」第24条第2項第4号を参照。

2．誤り。乗務終了後の点呼では、運転者が交替した際の**通告については省略できない**。運輸規則第24条第2項を参照。

3．**正しい**。「運輸規則の解釈及び運用」第24条第1項第3号を参照。

4．**正しい**。運輸規則第24条第5項を参照。


## 問5　　　　　　　　　　　　　　　　　　　　▶答え　1と3

1．**要する**。操作装置の不適切な操作により旅客に軽傷を生じさせたものは、旅客事故に該当するため報告を要する。事故報告規則第2条第1項第7号を参照。

2．要しない。通院による30日間の医師の治療を要する傷害は、**重傷者の定義に当てはまらないため報告を要しない**。事故報告規則第2条第1項第3号を参照。

3．**要する**。運転者の疾病による疾病事故に該当するため、報告を要する。事故報告規則第2条第1項第9号を参照。

4．要しない。衝突台数が**10台未満**で、負傷者も**10人未満のため報告を要しない**。事故報告規則第2条第1項第2号・第4号を参照。


## 問6　　　　　　　　　　　　　　　　　　　　▶答え　2

1．正しい。配置基準2（1）②を参照。

2．**誤り**。貸切バスの交替運転者の配置基準に定める夜間ワンマン運行（1人乗務）の連続乗務回数は、**4回**（一運行の実車距離が400kmを超える場合にあっては、**2回**）以内とする。配置基準2（1）③を参照。

3．正しい。運輸規則第21条第5項を参照。

4．正しい。運輸規則第21条第6項を参照。


## 問7　　　　　　　　　　　　　　　　　　　　▶答え　1

1．**誤り**。事故惹起運転者に対する特別な指導には「やむを得ない事情がある場合」という例外の規定はなく、**原則として再度事業用自動車に乗務する前に実施する**。ただし、外部の専門的機関における指導講習を受講する予定である場合は除く。「指導・監督の指針」第二章3（1）①を参照。

2．正しい。運輸規則第50条第1項第8号を参照。

3．正しい。「指導・監督の指針」第二章3（1）③を参照。

4．正しい。「指導・監督の指針」第二章5（1）、（2）を参照。

## 問8 ▶答え　1と2

1．**正しい**。運輸規則第50条第1項第5号を参照。
2．**正しい**。運輸規則第52条第1項第14号を参照。
3．誤り。運転者は、法令の規定により車掌が乗務しない事業用自動車にあっては、発車の直前に安全の確認ができた場合を**除き**警音器を吹鳴すること。運輸規則第50条2項2号を参照。
4．誤り。営業区域外から営業区域に戻る場合は、**回送板を掲出する必要はない**。運輸規則第50条第6項を参照。

## 問9 ▶答え　3と4

1．誤り。当該自動車の使用の本拠の位置に変更があったときは、道路運送車両法で定める場合を除き、その事由があった日から**15日以内**に、国土交通大臣の行う変更登録の申請をしなければならない。車両法第12条第1項を参照。
2．誤り。臨時運行の許可を受けた者は、臨時運行許可証の有効期間が満了したときは、その日から**5日以内**に、当該臨時運行許可証及び臨時運行許可番号標を行政庁に返納しなければならない。車両法第35条第6項を参照。
3．**正しい**。車両法第15条第1項第1号を参照。
4．**正しい**。車両法第11条第4項を参照。

## 問10 ▶答え　2と3

1．誤り。旅客を運送する自動車運送事業の用に供する自動車は、初回車検の有効期間は**1年**である。車両法第61条第1項を参照。
2．**正しい**。車両法第59条第1項を参照。
3．**正しい**。車両法第48条第1項第1号・点検基準 別表第3を参照。
4．誤り。有効な保安基準適合標章を表示している場合は、**自動車検査証の交付、備え付け及び検査標章の表示の規定は適用されない**。車両法第94条の5第11項を参照。

模擬試験第2回　解答＆解説

305

## 問11　▶答え　A−①，B−①，C−②，D−②

車両法第54条第1項を参照。

　地方運輸局長は、自動車が保安基準に適合しなくなるおそれがある状態又は適合しない状態にあるとき（同法第54条の2第1項に規定するときを除く。）は、当該自動車の**（使用者）**に対し、保安基準に適合しなくなるおそれをなくするため、又は保安基準に適合させるために必要な**（整備）**を行うべきことを命ずることができる。この場合において、地方運輸局長は、保安基準に**（適合しない状態）**にある当該自動車の**（使用者）**に対し、当該自動車が保安基準に適合するに至るまでの間の運行に関し、当該自動車の使用の方法又は**（経路の制限）**その他の保安上又は公害防止その他の環境保全上必要な指示をすることができる。

## 問12　▶答え　2

1．正しい。保安基準第29条第4項第6号を参照。
2．**誤り**。自動車に備えなければならない非常信号用具は、**夜間200メートル**の距離から確認できる赤色の灯光を発するものでなければならない。保安基準第43条の2第1項・細目告示第220条第1項第1号を参照。
3．正しい。保安基準第44条第2項・細目告示第224条第2項第2号を参照。
4．正しい。保安基準第38条第2項・細目告示第210条第1項第3号を参照。

## 問13　▶答え　1と2

1．**正しい**。道交法第2条第1項第20号を参照。
2．**正しい**。道交法第2条第1項第8号を参照。
3．誤り。駐車とは、車両等が客待ち、荷待ち、貨物の積卸し、故障その他の理由により継続的に停止すること（**貨物の積卸しのための停止**で5分を超えない時間内のもの及び人の乗降のための停止を除く）、又は車両等が停止し、かつ、当該車両等の運転をする者がその車両等を離れて直ちに運転することができない状態にあることをいう。道交法第2条第1項第18号を参照。
4．誤り。道路標識とは、道路の交通に関し、**規制又は指示を表示する標示板**をいう。記述は、道路標示である。道交法第2条第1項第15号・第16号を参照。

## 問14 ▶答え　2と4

1．誤り。追越しを禁止する場所に、**前方が見とおせる場合という適用除外はない**。道交法第30条第1項を参照。

2．**正しい**。道交法第30条第1項第3号を参照。

3．誤り。初心運転者標識を受けたものが表示自動車を運転しているときは、**危険防止のためやむを得ない場合を除き**、進行している当該表示自動車の側方に幅寄せをし、又は当該自動車が進路を変更した場合にその変更した後の進路と同一の進路を後方から進行してくる表示自動車が当該自動車との間に必要な距離を保つことができないこととなるときは進路を変更してはならない。道交法第71条第1項第5号の4を参照。

4．**正しい**。道交法第30条第1項第2号を参照。

## 問15 ▶答え　A－②, B－①, C－①, D－①

道交法第72条第1項を参照。

　交通事故があったときは、当該交通事故に係る車両等の運転者その他の乗務員は、直ちに車両等の運転を停止して、**（負傷者を救護）** し、道路における **（危険を防止）** する等必要な措置を講じなければならない。この場合において、当該車両等の運転者（運転者が死亡し、又は負傷したためやむを得ないときは、その他の乗務員）は、警察官が現場にいるときは当該警察官に、警察官が現場にいないときは直ちに最寄りの警察署（派出所又は駐在所を含む。）の警察官に当該交通事故が発生した日時及び場所、当該交通事故における **（死傷者の数）** 及び負傷者の負傷の程度並びに損壊した物及びその損壊の程度、当該交通事故に係る車両等の積載物並びに **（当該交通事故について講じた措置）** を報告しなければならない。

## 問16 ▶答え　2と3

1．誤り。運転免許証の有効期間については、優良運転者であって更新日における年齢が70歳未満の者にあっては5年、**70歳の者にあっては4年、71歳以上の者にあっては3年**である。道交法第92条の2第1項を参照。

2．**正しい**。道交法第85条（中型免許）、施行規則第2条（中型自動車）を参照。

3．**正しい**。道交法第85条（準中型免許）、施行規則第2条（準中型自動車）を参照。

4．誤り。**準中型免許を取得してから1年未満であり、かつ、普通自動車免許を受けていた期間が2年未満であるため初心運転者標識の表示義務がある**。道交法第71条の5第1項を参照。

## 問17         ▶答え　4

1．正しい。通行できる車両の最大幅を指定している。
2．正しい。駐停車禁止時間（8時～20時）を指定している。
3．正しい。信号の灯火の色にかかわらず左折できることを指定している。
4．**誤り。車両横断禁止**を指定している。したがって、車両は横断（道路外の施設又は場所に出入するための左折を伴う横断を除く）することができない。

## 問18         ▶答え　1と3

1．**正しい。**労基法第20条第1項を参照。
2．誤り。労働契約は、期間の定めのないものを除き、一定の事業の完了に必要な期間を定めるもののほかは、**3年**（法第14条（契約期間等）第1項各号のいずれかに該当する労働契約にあっては、**5年**）を超える期間について締結してはならない。労基法第14条第1項。
3．**正しい。**労基法第21条第1項各号を参照。
4．誤り。出来高払制その他の請負制で使用する労働者については、使用者は、**労働時間に応じ**一定額の賃金の保障をしなければならない。労基法第27条第1項を参照。

## 問19         ▶答え　4

1．正しい。労基法第32条第1項・第2項を参照。
2．正しい。労基法第36条第1項を参照。
3．正しい。労基法第33条第1項を参照。
4．**誤り。**4週間を通じ**4日以上**の休日を与える場合を除き、労働者に対して、毎週少なくとも**1回**の休日を与えなければならない。労基法第35条第1項・第2項を参照。

## 問20      ▶答え　A－②，B－①，C－②，D－①

1．労使当事者は、時間外労働協定においてバス運転者に係る一定期間についての延長時間について協定するに当たっては、当該一定期間は（**2週間**）及び（**1か月以上3か月以内**）以内の一定の期間とするものとする。改善基準第5条第4項を参照。
2．使用者は、貸切バス運転者に労働基準法第35条の休日に労働させる場合は、当該労働させる休日は（**2週間**）について（**1回**）を超えないものとし、当該休日の労働によって改善基準告示第5条第1項に定める拘束時間及び最大拘束時間の限度を超えないものとする。改善基準第5条第5項を参照。

# 問21 　　　　　　　　　　　　　　　　　　　　　　　　　　　　　　　　▶答え　2

1．正しい。改善基準第5条第1項を参照。

2．**誤り**。貸切バス運転者の連続運転時間（1回が**連続10分以上**で、かつ、合計が30分以上
の運転の中断をすることなく連続して運転する時間をいう。）は、4時間を超えないものと
すること。改善基準第5条第1項第5号を参照。

3．正しい。特例通達2を参照。

4．正しい。改善基準第5条第2項を参照。

# 問22 　　　　　　　　　　　　　　　　　　　　　　　　　　　　　　　　▶答え　2

改善基準第5条第1項第4号を参照。

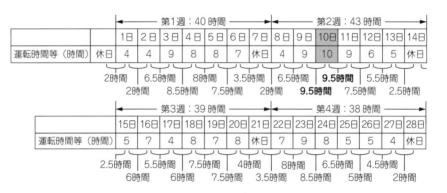

◎10日を特定日とした場合、「特定日（10時間）と特定日の前日（9時間)」の平均運転時
間は9.5時間。「特定日（10時間）と特定日の翌日（9時間)」の平均運転時間も9.5時間
となり、**いずれも9時間を超えているので、改善基準違反となる**。

◎4週間の運転時間を平均すると、160時間÷4＝40時間となり、改善基準に違反していな
い。

◎以上の結果、**2日を平均し1日当たりの運転時間が改善基準に違反している**が、2週間を
平均し1週間当たりの運転時間は改善基準に違反していない「**2**」が正しい。

模擬試験第2回　解答&解説

改善基準第5条第1項第2号・第4号、第5項を参照。

1．2週間における法定休日に労働させる回数は1回を超えると違反となる。第2週と第4週に休日労働をしているが2週間について1回なので、改善基準に違反していない。

2．4週間の運転時間の合計は178時間。4週間を平均した1週間当たりの運転時間は178時間÷4週間＝**44.5時間**。労使協定があるため44時間まで延長できるが超えているため、**改善基準に違反している。**

3．2日を平均した1日当たりの運転時間は、「特定日の前日＋特定日」及び「特定日＋特定日の翌日」の平均運転時間がともに9時間を超えないこと。2日を平均した1日当たりの運転時間は、それぞれ次のとおりとなる。

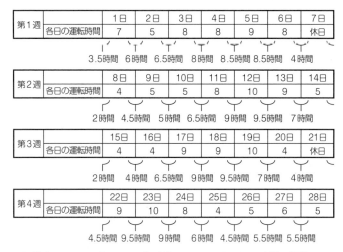

すべての日を特定日としても、2日を平均した1日当たりの運転時間は、ともに9時間を超えている日がないため、改善基準に違反していない。

4．1日についての最大拘束時間は、16時間である。4週間の勤務状況より、第2週の11日の拘束時間が**17時間**で16時間を超えるため、**改善基準に違反している。**

## 問24　　　　　　　　　　　　　　　　　　　　　　　▶答え　4

1．不適切。微量であっても**アルコールが残っている場合は乗務させてはならない**。「運輸規則の解釈及び運用」第24条第1項第7号・第2項第6号を参照。

2．不適切。運行管理者等の勤務時間外になるという理由で、乗務後の点呼を乗務途中に行ってはならない。この場合は、**事業者・運行管理者・補助者**のいずれかの者が、**乗務後の点呼を行わなければならない**。運輸規則第24条第2項を参照。

3．不適切。点呼の際は、自動車運転免許証のコピーによる確認ではなく、都度、**運転免許証の現物を提示させ、確認し、再発防止を図らなければならない**。

4．**適切である。**

## 問25　　　　　　　　　　　　　　　　　　　　　　　▶答え　4

1．不適切。補助者が点呼を行う場合でも、運行管理者は点呼全体の**3分の1以上**を実施しなければならない。運行管理者が不在となる時間帯の点呼が総回数の7割を超えているということは、運行管理者の行う点呼が**3分の1以下**になるため、**不適切**である。「運輸規則の解釈及び運用」第24条第1項第6号を参照。

2．不適切。車庫と営業所が離れている場合や、出庫・帰庫が早朝・深夜であり、運行管理者が出勤していない場合などは「運行上やむを得ない場合」に該当しないため、電話による点呼はできない。必要に応じて**運行管理者や補助者が車庫へ出向き、対面点呼を確実に実施する**。「運輸規則の解釈及び運用」第24条第1項第1号を参照。

3．不適切。乗務後の点呼では、乗務を終了した運転者から事業用自動車、道路及び運行の状況について、**特に異常がない場合であっても**その都度、**報告を求め確認しなければならない**。運輸規則第24条第2項を参照。

4．**適切である。**「運輸規則の解釈及び運用」第24条第1項第3号・第4号・第5号を参照。

## 問26　　　　　　　　　　　　　　　　　　　　　　　▶答え　1と2

1＆2．**適切である。**

3．不適切。運行管理者が事業者に代わって**責任を負うことはない**。ただし、適切な運行管理を行っていないことで交通事故が発生した場合は、厳しい処分を受ける場合がある。

4．不適切。運転者が整備管理者に報告した場合であっても、点呼時には必ず日常点検の実施についての**確認を行わなければならない**。運輸規則第24条第1項第1号を参照。

## 問27　▶答え　2

1．不適切。作成した健康診断個人票は**5年間保存**する。衛生規則第51条第1項を参照。

2．**適切である**。運転者が自ら受けた健康診断が、法令で必要な定期健康診断の項目を充足している場合は、法定健診として代用できる。

3．不適切。運転者本人から乗務が可能と申告があっても、運行管理者は点呼時に健康状態を確認し、**安全な運行ができないと判断した場合は、その運転者を乗務させてはならない**。運輸規則第24条第1項第3号・運輸規則第48条第1項第4号の2を参照。

4．不適切。繁忙期を理由に配置替えした運転者を戻すことに問題はないが、設問の運転者は夜間運転業務時に、加齢に伴う視覚機能の低下が原因と思われる軽微な接触事故を多く起こしている。その後、**改善されないまま運行管理者の判断で、繁忙期を理由に夜間運転業務に従事させることは不適切**である。

## 問28　▶答え　A−①，B−②，C−②

1．乗車中の人間が両手両足で支えることのできる重量は、体重の約2〜3倍程度といわれている。これは自動車が時速（**7**）km程度で衝突したときの力に相当する。

2．（**映像記録型ドライブレコーダー**）は、交通事故やニアミスなどにより急停止等の衝撃を受けると、その前後の映像とともに、加速度等の走行データを記録する装置。

3．（**車線逸脱警報装置**）は、走行車線を認識し、車線から逸脱した場合あるいは逸脱しそうになった場合には、運転者が車線中央に戻す操作をするよう警報が作動する装置。

## 問29　▶答え　1−②，2−①，3−②

1．はじめに、A営業所〜B駅の運転時間を次の式から求める。

$$運転時間＝\frac{距離}{平均速度}＝\frac{5\,km}{30km/h}＝\frac{1}{6}\,時間$$

1/6時間を一度「分」に換算してから、「時間」に換算する。「時間」を「分」に換算する場合は、60分をかける。1/6時間×60分＝10分

A営業所〜B駅の間の運転時間が10分となるため、B駅の到着時刻は7時30分となる。

B駅で10分間ツアー客の乗車を行なっているので、B駅の出発時刻は7時40分となる。

B駅〜C観光地の所要時間は4時間（11時40分−7時40分）となるため、B駅〜C観光地の距離は次のとおり。

距離＝平均速度×所要時間＝70km/h×4時間＝**280km**

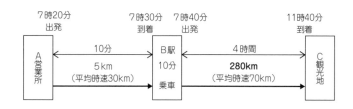

イ．すべての地点間の運転時間から、当日の運転時間を求める。

◎A営業所～B駅の運転時間

　１．より10分

◎B駅～C観光地の間の運転時間

　１．より4時間

◎C観光地～D道の駅の運転時間

$$運転時間 = \frac{距離}{平均速度} = \frac{10km}{30km/h} = \frac{1}{3} \ 時間$$

　⇒　1/3時間 × 60分 ＝ 20分

◎D道の駅～E道の駅の運転時間

$$運転時間 = \frac{距離}{平均速度} = \frac{60km}{30km/h} = 2 \ 時間$$

◎E道の駅～F駅の運転時間

$$運転時間 = \frac{距離}{平均速度} = \frac{60km}{30km/h} = 2 \ 時間$$

◎F駅～A営業所の運転時間

$$運転時間 = \frac{距離}{平均速度} = \frac{10km}{30km/h} = \frac{1}{3} \ 時間$$

　⇒　1/3時間 × 60分 ＝ 20分

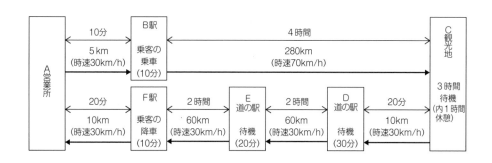

したがって、当日の運転時間は、8時間50分（10分＋4時間＋20分＋2時間＋2時間＋20分）となる。

「特定日の前日と特定日」の平均運転時間は（9時間10分＋8時間50分）÷2より9時間、「特定日と特定日の翌日」の平均運転時間は（8時間50分＋9時間10分）÷2より9時間となり、**いずれも9時間を超えていない**。したがって、2日を平均した1日当たりの運転時間は「改善基準」に照らし、違反していない。改善基準第5条第1項第4号を参照。

ウ．運転時間と中断時間をまとめると次のとおりとなる。なお、休憩及び乗車・降車を中断時間と考える。

| 乗務開始 | ① 運転 | 乗車 | 運転 | 待機・休憩 | 運転 | 待機 | 運転 | 待機 | 運転 | 降車 | 運転 | 乗務終了 |
|---|---|---|---|---|---|---|---|---|---|---|---|---|
| | 10分 | 10分 | 4時間 | 3時間 | 20分 | 30分 | 2時間 | 20分 | 2時間 | 10分 | 20分 | |

| 運転 | 中断 | 運転 |
|---|---|---|
| 10分 | 10分 | 4時間 |

合計運転：**4時間10分** (NG)
中断：10分

前の連続運転時間で改善基準違反のため省略 ✓

①往路の合計運転時間は**4時間10分**となり、**連続運転時間の4時間を超えている**。したがって、連続運転時間は「改善基準」に照らし、**違反している**。改善基準第5条第1項害5号を参照。

「事故概要」と「事故の原因分析」から、「考えられる再発防止策」に当てはまるかどうかを判断する。

A：1. ○：運転者は、この地域への運行経験はなく、地図を確認しながら運転をしていたため、歩行者の発見が遅れ、事故となった。事前の経路調査の不備が事故の一因であるため、運行経路、交通状況等を事前に把握させるとともに、それらの状況下における運転方法について、適切に指導することは、同種事故の再発防止対策としてより直接的に有効である。

    2. ×：事前の経路調査の不備が事故の一因であり、また、この事故は巻き込み事故ではないため、同種事故の再発防止対策には**当てはまらない**。

B：1. ○：運転者は、到着時間に遅れていることを気にしていた。遅延時の対応手順が定められていなかったことが事故の一因でもあるため、運行中の遅延、トラブル等の発生を考慮した対応マニュアルを作成し、これを確実に実施できる体制を整備するとともに、運転者等に周知・徹底することは、同種事故の再発防止対策としてより直接的に有効である。

    2. ×：遅延時の対応手順の不備が事故の一因であり、常に「安全運転」が最優先であることをあらためて運転者に徹底することは、同種事故の再発防止対策には**当てはまらない**。

C：1. ○：適性診断の診断結果を活用していなかったことが事故の一因でもある。事故惹起運転者に対し、適性診断結果を活用して、本人の運転上の弱点について助言・指導を徹底することにより、安全運転のための基本動作を励行させることは、同種事故の再発防止対策としてより直接的に有効である。

    2. ×：適性診断は、運転者の運転行動や運転態度の長所や短所を診断し、運転の癖などに応じたアドバイスを提供するためのもので、運転者に選任する際の判断材料ではない。適性診断結果の評価の低い事故惹起運転者に特別な指導を行うことなく、当分の間運転業務から外して他の業務を行わせることは、同種事故の再発防止対策には**当てはまらない**。

運行管理者試験　重要問題厳選集

旅客編　2023-2024　　　　　　　　　　　　定価1,870円／送料300円（共に税込）

■発行日　令和5年4月　　初版

■発行所　　株式会社　公論出版
　　　　　　〒110－0005
　　　　　　東京都台東区上野3－1－8
　　　　　　TEL：03-3837-5731（編集）
　　　　　　　　　03-3837-5745（販売）
　　　　　　FAX：03-3837-5740
　　　　　　HP：https://www.kouronpub.com/